新世纪高等学校教材
教育学专业方向课系列教材

Jiaoyu Faxue

教育法学

叶 芸◎主 编

北京师范大学出版集团
BEIJING NORMAL UNIVERSITY PUBLISHING GROUP
北京师范大学出版社

图书在版编目(CIP)数据

教育法学/叶芸主编. —北京：北京师范大学出版社，2015.5
(2021.4 重印)

新世纪高等学校教材　教育学专业方向课系列教材

ISBN 978-7-303-18902-1

Ⅰ.①教… Ⅱ.①叶… Ⅲ.①教育法—法的理论—中
国—高等学校—教材 Ⅳ.①D922.161

中国版本图书馆 CIP 数据核字(2015)第 079158 号

营　销　中　心　电　话　010-58802135　58802786
北师大出版社教师教育分社微信公众号　京师教师教育

出版发行：北京师范大学出版社　www.bnupg.com
　　　　　北京市西城区新街口外大街 12-3 号
　　　　　邮政编码：100088
印　　刷：北京溢漾印刷有限公司
经　　销：全国新华书店
开　　本：730 mm×980 mm　1/16
印　　张：18
字　　数：333 千字
版　　次：2015 年 5 月第 1 版
印　　次：2021 年 4 月第 6 次印刷
定　　价：38.00 元

策划编辑：郭兴举　　　责任编辑：李洪波
美术编辑：焦　丽　　　装帧设计：焦　丽
责任校对：陈　民　　　责任印制：马　洁

前　言

　　本书适合高等院校教育学专业、教育管理专业以及与师范教育有关的其他专业的本科生或研究生学习使用，也可作为校长培训、教师进修和广大教育行政干部、教育管理人员等在职继续教育师资培训教材，同时能够作为教师资格考试复习及辅导用书，以及关心依法治教和国家教育事业发展的读者学习与参考。

　　在编写的过程中，围绕着教育法学学科的基本知识与基本理论，本教程力争体现以下特点：（1）基础性。按照教育法学课程较为达成共识的理论体系来选择与编写内容，力求让学习者较为全面地理解与掌握本学科的理论知识。（2）新颖性。在教育法学基础知识的基础上，力争在教材中展示教育法学前沿理论知识与法律法规的修订等新内容，帮助学习者了解教育法规的发展变化规律及其发展趋势。（3）实践性。各章节均配有大量典型的教育法案例，通过案情陈述、案例评析，将案例、法理和法律规范三者融为一体，阐明法理、解释教育法律规范，理论联系实践，深入浅出地分析教育法知识，使教材内容易于理解、便于掌握。同时通过教育法案例的剖析，培养学习者联系相关法律、法规、政策知识分析问题、讨论问题的能力与习惯，帮助学习者更好地掌握教育法学学科理论知识。

　　本书由叶芸组织撰写，多位从事教育法研究的高校教师及学者共同参与完成。全书共八章，具体撰写分工如下：海南师范大学叶芸（第一章、第四章、第七章），华南师范大学王录平（第二章），华南农业大学刘辉和海南师范大学叶芸（第三章），闽南师范大学汪敏（第五章、第六章），华南农业大学林玲（第八章）。全书由叶芸修改、统稿并任主编。

在写作的过程中，我们参考、借鉴和引用了许多学者的研究成果，虽然力争做到尽可能详细注明出处，但也存在纰漏，在此表示感谢，也心存歉意。写作中，我们本着认真、严谨的态度并付出了努力，但因能力、经验等因素，本书的疏漏、不妥乃至错误之处或有存在，欢迎读者和专家、学者批评指正。

作　者

2015 年 3 月

目　录

第一章　教育法概论

【学习目的和要求】

1. 掌握教育法、教育法律规范、教育法律关系、教育法律责任的含义

2. 理解教育法律规范的结构

3. 理解教育法律关系、教育法律责任的构成要素

4. 了解教育法律关系产生、变更和消灭的条件

5. 了解我国现行教育法的体系

6. 理解教育法律责任的分类及类型

7. 掌握教育法律责任的归责要件和归责原则

8. 知道权利与义务的关系

9. 明确学习教育法的意义

【具体教学内容】

1. 教育法、教育法律规范、教育法律关系、教育法律责任的含义

2. 我国现行教育法的体系

3. 教育法律关系的构成要素

4. 教育法律责任的归责要件和归责原则

5. 教育法律关系的产生、变更和消灭

第一节　教育法概述

一、教育法的含义

（一）法律的含义

法律有广义与狭义之分。广义的法律是从整体意义上或抽象意义上来说的，是由一定的物质生活条件所决定的国家意志的体现，是由国家制定或认可，体现统治阶级意志，以国家强制力保证实施的并具有普遍效力的行为规则（行为规范）的总和，它包括宪法、法律、法令、条例、规则、决议、命令等。我国现行的法律包括全国人民代表大会及其常务委员会制定的法律，地方国家权力机关制定的地方性法规，国务院制定的行政规章，国务院各部委制定的有关规定、条例等。狭义的法律指拥有立法权的国家权力机关依照立法程序制定和颁布的规范性文件，在我国主要指全国人民代表大会及其常务委员会所制定的法律。

（二）教育法的含义

教育法也有广义与狭义之分。根据制定教育法律的主体性质的不同，广义的教育法是指国家制定或认可的并由国家强制力保证实施的教育活动的法律规范体系及其实施所形成的教育法律关系和法律秩序的总和。广义的教育法的制定主体是多元化的，不仅有最高权力部门，也有地方权力部门，还有其他政府部门等。在我国主要是指全国人民代表大会及其常务委员会所制定的教育法律，地方权力部门制定的地方性教育法规，国务院及其各部委所制定的规章、规定等。它包括有关教育的法律（主要是宪法中有关教育的条款、教育基本法律和教育专门法律等）、教育行政法规、地方性教育法规和具有一定法律效力的教育规章（包括部门教育规章和地方政府教育规章）以及国际教育条约与协定。

狭义的教育法，即教育法律，是指国家最高权力机关制定的有关教育的规范性文件，包括宪法中有关教育的条款和教育基本法律与教育专门法律，在我国主要是指全国人民代表大会及其常务委员会所制定的教育法律。

特狭义的教育法，在我国特指《中华人民共和国教育法》（1995年9月1日起实施，以下简称《教育法》）。

（三）教育法的本质属性

在实践中，由于教育活动的广泛性，教育主体的多样性，教育关系的复杂性等，决定了在一般意义上使用教育法概念时必然是广义的，而非狭义和特狭义的。在这个意义上，教育法就是关于教育方面的法，体现统治阶级在教育方面的意志，由国家制定或认可，并以国家强制力保证实施，调整教育活动中各种社会关系的一类法律规范的总称。因此，教育法的本质属性表现为以下几个方面。

1. 教育法是一种行为规范

法是人们的社会行为规范，法规定人们在一定条件下应该怎样行为，不应该怎样行为和可以怎样行为。同样，教育法是教育活动的行为规范，教育法不仅指出教育活动中国家、学校、教育者、受教育者、社会等各主体的行为方向，也规定各主体作为和不作为的行为规则，而且规定了指明行为条件和行为后果。即教育法为教育活动提供行为标准，要求人们遵守规则，并按照统一的标准处理问题，是教育活动有秩序开展的法律保障。

2. 教育法是由国家制定或认可的行为规范

教育法是由国家通过法定程序采取制定或认可两种方式确定的行为规则。国家制定教育法，是指国家机关按照法定权限和程序，创制具有不同法律效力的规范性文件。国家认可的教育法，是指国家机关通过一定的形式赋予某些早已存在的习惯、判例等以法律效力。然而从当前来看，认可的情况还是较少的。

3. 教育法是国家在教育方面意志体现的行为规范

教育法从其本质上来说，所确定的行为规则是国家在教育方面意志的反映。法是体现人的意志的事物，主要表达的是人有意识地支配和规范人的行为与社会秩序，并达到一定目的的意识结晶。但一般人的意志是不能上升为国家意志的，更不能上升为法。而国家的意志也只有经过立法程序并形成一定的法律文件才能成为法。现代社会，国家管理教育事业主要依靠教育法，教育法体现了国家在教育方面的意志。

4. 教育法是以国家强制力保证实施的行为规范

这是教育法与其他行为规范的最根本区别。法律规范、道德规范、社会习俗等社会规范对公民个人和社会组织都具有一定的约束力和强制性。道德规范是靠社会道德舆论和个体的自觉约束发挥作用，是从内向外控制个体的行为，主要是自律。社会习俗是各地长期的风俗习惯熏陶形成的生活规范，道德规范和社会习俗的遵守是以人的自觉自愿为前提的。法律规范则不同，它是由外向内控制个体的行为，是他律。从法的运行看，教育法是以国家强制力保证实施，以国家的名义规定人们在教育活动中应享有的权利和应履行的义务。为了使人们的法定权利免遭非法侵犯或剥夺，使人们的法定义务得以全面履行，以及把教育法所确定的行为规则变为社会现实，就必须以国家强制力为后盾，通过国家强制力量保证其实施。

5.教育法是调整教育活动的行为规范

教育法调整的是有关教育的活动中形成的各种社会关系。教育法所调整的有关教育的活动专指有目的、有计划、有组织地培养人的教育活动以及与此紧密相关的其他相关活动，包括各种主体举办、管理、实施、接受和参与教育的活动。教育法所调整的社会关系专指前述教育活动中产生的教育内部及教育外部关系。教育内部关系，包括教育行政机关与学校等教育机构的关系，教育机构与教育者的关系，教育机构与教育对象的关系，教育者与受教育者的关系，教育机构之间的关系等；教育外部关系，包括教育行政机关、教育机构、受教育者、教育者与其他国家机关、社会组织、公民在举办、管理、实施、接受以及参与教育的各种活动中产生的社会关系，教育法调整范围的区分是界定教育法与其他法的一个重要标准。

二、教育法的特点

教育法的特点指的是由教育法特定的调整对象和调整内容所决定的不同于其他法律的特征。教育法作为法的一个独立部门，也具有法的一般特点。

（一）法的特点

法作为调整人们社会行为的规范，一般具有以下几个方面的特征。

1.法的国家意志性

法作为一种行为规范是由国家制定或认可的，体现的是国家意志。人们的社会行为规范有许多种类，如道德、社会团体章程、乡规民俗等，法与其他行为规范的原则性区别在于法是由国家制定并认可的，而其他行为规范则不具备国家意志性。

2.法的国家强制性

法是以国家强制力为后盾，并由国家强制力保障实施的。对于违法行为，法是通过各种形式的制裁方式，使行为人承担相应的民事、刑事、行政等法律责任的形式来保证其责任的实施。其他各种行为规范如舆论、纪律制裁等，虽然也有一定的强制力，但国家并不以强制力保障其实施。

3.法的普遍性

在国家权力管辖和法所规范的界限内，一切国家机关、社会组织、自然人以及法人都必须遵守法律的效力。

4. 法的客观性

法作为上层建筑的一部分，取决于一定的经济关系，是由一定的社会经济基础所决定的。

（二）教育法的特点

教育法作为调整教育活动中各种社会关系的法律规范的总和，由于其特定的调整对象和范围，其除了具有上述法的一般的普遍的特点外，又有其自身的特殊性，具体表现如下。

1. 主体的多元性

教育是由一系列活动构成的一个复杂系统，教育活动包括兴办教育、管理教育、实施教育、接受教育、参与和支持帮助教育等诸多方面。国家机关、政府及其教育行政机关、学校以及其他办学组织、教师、学生、学生家长的教育行为及由此所引起的各种教育关系都是教育法调整和规范的对象，上述参与教育活动的诸多主体构成了教育法调整和规范主体的多元性。

2. 适用范围的广泛性

教育活动主体的多样性决定了教育法调整范围的广泛性。根据我国的教育体制，国家发展教育事业采取"两条腿走路"、多种形式办学的方式，不仅国家可以举办学校，企业、事业单位、社会团体以及公民个人都可以办学。办学者要分别与管理机关、教育对象以及有关办学的机关、组织发生法律关系，这些法律关系需要教育法加以规范。特别是由于教育在现代社会中的作用越来越重要，国家以法的形式干预教育的功能将逐步扩大，这使教育法适用的范围几乎涉及现代社会的各个方面。

3. 法律关系的多样性

教育法调整和规范的法律关系具有多样性。在现行教育法中，相当一部分是以国家或教育行政机关为一方，调整教育活动中的行政关系，属行政法律关系。同时，也涉及如教师聘任、学校间联合办学等平等主体间的民事法律关系。在国家和学校之间、学校与学校之间等也存在某些经济法律关系。而教育者与受教育者之间又存在着一种特殊的法律关系，在教育活动中，教育者即教师处于主导地位。他们的活动是按照国家的要求培养人的，不仅有专业性的特点，而且具有一定的"公务"性质，这就使之与双方权利义务一致平等的民事法律关系有很大区别。另一方面，尽管教师在教育活动中处于主导地位，但不等于说教师与学生的关系是上下级之间的隶属关系。教育活动中产生的教师与学生的传道授业、教学相长、尊师爱生的关系，是一种有别于民事关系和行政关系的一种特殊的师生关系。上述情形造成教育法律关系呈多样性，并且往往相互交叉，使法律关系复杂化。

4.法律后果的独特性

教育法后果的独特性主要表现在对违反教育法行为的处理方式上，与其他部门法相比，教育法的法律后果有其自身的特殊性。

第一，注重保护受教育者，尤其是未成年学生的合法权益。教育法的核心是保障公民的受教育权，尤其是保护尚无行为能力和限制行为能力的儿童、少年。对学生错误行为的处理主要是采取批评教育的方式，比如对不按时入学或流失的适龄儿童主要进行说服教育，只要他们入学或返校就读即可，对他们本人并不进行处罚，而是要适当对其家长或者其他监护人进行处罚。

第二，注重保护教师的特殊职业权利。在教育活动中，教师与学生的关系，对教师来说是由其职业活动引起的。因而只要教师依法执教，而学生由于自身原因造成财产损失或人身伤害的，教师不承担法律责任。当然，如果教师有过错，如体罚或变相体罚学生、侮辱学生或侵犯学生隐私权导致学生财产损失或人身伤害，则应承担相应的法律责任。

第三，注重维护学校的合法权益。教育是国家的公共事业，学校是专门培养人的场所，对其应给予特别的保护。教育法规定任何组织或者个人不得侵占、克扣、挪用义务教育经费，不得扰乱教学秩序，不得侵占、破坏学校的场地、房屋和设备。对违反者要根据不同情况分别给予行政处分、行政处罚；造成损失的，责令赔偿损失；情节严重构成犯罪的，依法追究刑事责任。

三、教育法的体系

法律体系，是指一国所有现行法律，按一定标准和原则划分，形成的同类规范性法律文件所组成的一个有机联系的整体。

教育法体系是指教育法作为一个专门的法律部门，按照一定的原则组成的一个相互联系、相互协调、完整统一的整体。我国的教育法体系可分为纵向结构和横向结构，纵向结构是以教育法的效力等级为主，表现为教育法的形式结构；横向结构是以教育法的具体内容为主，表现为教育法的内容结构。

（一）教育法体系的纵向结构

教育法的纵向结构，是指对相同调整内容的教育法，按效力等级划分形成的法律体系。由于各种表现形式的教育法是由不同性质、不同地位的国家机关制定的，制定机关的性质和法律地位的不同，造成教育法具有不同的效力，不同效力的教育法居于不同的等级，不同等级的教育法具有不同的效力。纵向结构中教育法的效力不同，其约束力依据等级的位阶也依次递减。

　　我国现行教育法的纵向结构包括以下方面内容：宪法中关于教育的条款、教育基本法律、教育单行法律、教育行政法规、地方性教育法规、部门教育规章、地方政府教育规章。根据教育法的效力，上述纵向结构中教育法的约束力，以宪法中关于教育条款的效力为最高，其他法的约束力依次递减，其效力、等级从属情况具体如表 1-1 所示。

表 1-1　我国相关教育法规

法的层级	表现形式	制定机关	效力范围
最高层级	宪法中关于教育的条款	全国人民代表大会	全国
第一层级	教育基本法律	全国人民代表大会	全国
第二层级	教育单行法律	全国人民代表大会常务委员会	全国
第三层级	教育行政法规	国务院	全国
第四层级	地方性教育法规	省、自治区、直辖市人民代表大会或其常务委员会省会市、自治区府市、计划单列市人民代表大会或其常务委员会	本行政区域
第五层级	部门教育规章	教育部及国务院有关部、委	全国
	地方政府教育规章	省、直辖市、自治区人民政府省会市、自治区府市、计划单列市人民政府	本行政区域

　　以调整义务教育活动的义务教育法为例，教育法的纵向结构具体表现如图 1-1 所示。[①]

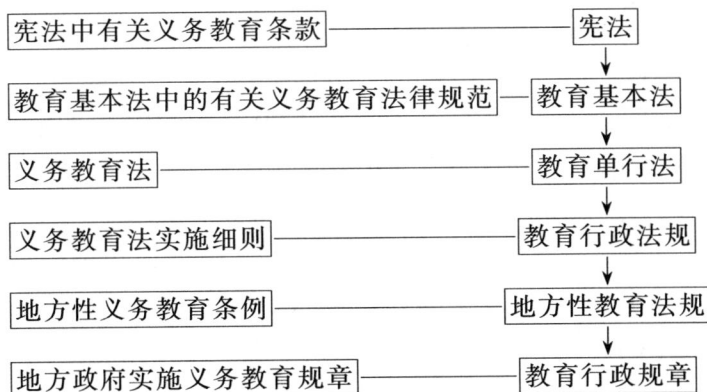

图 1-1　义务教育法纵向结构

---

　　①　黄葳. 教育法学 [M]. 广州：广东高等教育出版社，2002：51-52.

在法律实践中，下位法不能与上位法相抵触，上位法为下位法的制定提供依据和指导。下位法从属于上位法，与上位法有关条文相抵触的下位法条文是无效的，必须以上位法条文为准。

（二）教育法体系的横向结构

教育法的横向结构是以调整对象的不同为依据，由各部门教育法构成的部门法体系。目前我国教育法的横向结构包括教育基本法、基础教育法、职业教育法、高等教育法、民办教育法、教师法、教育经费投入法等主要方面，具体内容如下。

教育基本法，即1995年3月第八届全国人民代表大会第三次会议通过，2015年12月27日第十二届全国人民代表大会常务委员会第十八次会议第二次修订的《教育法》，是教育法律体系的母法，是制定其他教育法的依据。它是以宪法为依据制定的，规定了我国教育的基本性质、地位、任务、基本原则和基本制度等。

基础教育法是对基础教育中的法律关系进行调整的教育法，包括学前教育、初等教育、中等教育、义务教育及未成年人教育等方面的教育法。1986年4月，第六届全国人民代表大会第四次会议通过，1986年7月1日起实施，后经过修订，2006年6月第十届全国人民代表大会常务委员会第二十二次会议通过，2006年9月1日实施，2018年12月29日第十三届全国人民代表大会常务委员会第七次会议第二次修订的《中华人民共和国义务教育法》（以下简称《义务教育法》），是目前我国基础教育法律中的一部重要法律。

职业教育法是指调整各种职业教育涉及的法律关系的教育法。它包括各级各类职业学校教育和各种形式的职业培训，目前我国调整职业教育法律关系的法律是，1996年5月第八届全国人民代表大会常务委员会第十九次会议通过，1996年9月1日起实施的《中华人民共和国职业教育法》（以下简称《职业教育法》）。

高等教育法是指对高等教育中的法律关系进行调整的教育法，通常包括专科教育、本科教育和研究生教育方面的教育法。目前我国调整高等教育法律关系的法律主要有：1998年8月，第九届人民代表大会常务委员会颁布1999年1月1日起实施，2015年12月27日第十二届全国人民代表大会常务委员会第十八次会议修订的《中华人民共和国高等教育法》（以下简称《高等教育法》）；1980年2月，第五届全国人民代表大会常务委员会第十三次会议通过1981年1月1日起实施的《中华人民共和国学位条例》（以下简称《学位条例》）。其中，《学位条例》是新中国成立以来由国家最高权力机关制定的第一部教育法律，是调整高等教育机构对本科教育和研究生教育有关学位授予工作中产生的法律关系。《高等教育法》针对高等教育的职责和管理，高等教育基本制度，高校的举办、设立、组织和活动，高校的教师、学生和其他工作者的地位，高等教育投入和条件等作了较为全面的规定。

民办教育促进法是指对国家机构以外的社会组织或者个人，利用非国家财政性经费，面向社会举办学校及其他教育机构中的法律关系进行调整的教育法。目前我国调整民办教育法律关系的法律是，2002 年 12 月第九届全国人民代表大会常务委员会第三十一次会议通过 2003 年 9 月 1 日起实施，2016 年 11 月 7 日中华人民共和国第十二届全国人民代表大会常务委员会第二十四次会议第二次修订的《中华人民共和国民办教育促进法》（以下简称《民办教育促进法》）。

教师法是指调整教育教学活动中教师的权利、义务、责任等法律关系的教育法。目前我国调整教师教育法律关系的法律是，1993 年 10 月第八届全国人民代表大会常务委员会第四次会议通过 1995 年 9 月 1 日起实施的《中华人民共和国教师法》（以下简称《教师法》）。

教育经费投入法是指调整教育经费的投入、分配和使用关系的教育法。教育经费投入法是保证教育正常运转的有力手段，然而目前我国的教育经费投入法却处于缺位状态。我国目前需要制定教育经费投入法，明确各法律关系主体在教育发展中的权利、义务与责任，以规范教育成本，约束教育收费，构建健全的教育法律财政体系。[①]

迄今为止，我国的教育法体系已经初步形成了以宪法确立的基本原则为基础，以《教育法》为核心，以教育单行法和行政法规为骨干，以教育规章和地方性法规、规章为主体的有中国特色社会主义的教育法律体系。[②]

四、学习教育法的意义

实现四个现代化，建设社会主义国家，必须依靠法治。改革开放初期，邓小平同志就曾说："为了保障人民民主，必须加强法制。"并提出"有法必依，执法必严，违法必究，法律面前人人平等"的法律原则，强调"一手抓建设，一手抓法制"。我国于 1999 年 3 月 15 日第九届全国人民代表大会第二次会议通过了宪法修正案，将"中华人民共和国实行依法治国，建设社会主义法治国

① 杨颖秀．教育法学［M］．北京：中央广播电视大学出版社，2012：26-27．
② 劳凯声．变革社会中的教育权与受教育权：教育法学基本问题研究［M］．北京：教育科学出版社，2003：58．

家"写入宪法第五条第一款，作为治国的根本方略。当今中国新一届领导人在党的十八大会议精神中进一步强调要依法治教。

依法治教是依法治国的必然要求，教育在当代国家的发展中居于举足轻重的地位。学习研究教育法对于加强教育管理，健全教育法制、推动依法治教的进程，完善教育法学等具有重要意义。

（一）学习研究教育法是贯彻依法治教的必然要求

依法治教是现代教育发展的一个重要特征，是世界各国教育发展的共同经验，是我国教育改革与发展的迫切要求和必然趋势。依法治教是指依据法律来管理教育，要求国家机关以及有关机构依照法律规定，在其职权范围内从事教育管理活动，要求各极各类学校及其他教育机构、社会组织和公民依照教育法律的规定从事办学活动、教育教学活动以及其他教育活动。此类活动包括教育立法、教育法律的宣传普及、教育行政执法、教育司法、教育法制监督以及教育法律的遵守等内容。长期以来，我国教育事业的管理主要靠的是行政手段，却忽视了教育法律的作用，"以言代法"现象较为严重。随着治国方略的转变，教育管理要由过去的主要靠行政手段转向主要依靠法律手段，各级政府及其教育主管部门，乃至学校的校长都必须学会依法管理、依法办事。认真学习教育法，树立依法治教的观念，这是全面依法治教的基础要求。

（二）学习研究教育法有助于教育教学工作者法律素养的养成

法律素养包括法律意识、法律观念和守法行为。法律意识，是人们关于教育法律现象的思想、观点和心理的总和。内容包括对教育法的本质、作用和看法，对教育法的态度、评价和解释，以及对人们行为的法律意义评价。教育法制观念是人们对教育法和教育法律现象的理性反映，对于正确执行和遵守教育法律有着重要的指导作用。党的十一届三中全会以来，我国的法制建设进入了新的历史发展阶段，重要的法律相继颁布实施，同时又辅之以全民普法教育，人们的法律意识、法制观念有很大提高。但目前仍有相当一部分人对法制建设的重要性认识不足，有法不依、执法不严的现象依然存在，违反教育法律的现象不断发生；有些人对教育法律的强制性认识不足，把教育法视为"软法"，这都影响了教育法的贯彻实施。由此可见，要想健全教育法制，真正把教育纳入法制轨道，必须首先提高全社会，尤其是教育工作者的法律意识和法制观念。作为教育工作者，必须认真学习和研究教育法律，提高教育法律意识，增强法制观念，自觉遵行教育法律、法规。

（三）学习研究教育法有助于促进教育法制的建设

在我国，教育法制只是刚刚起步，尚未形成完整的立法体系，还不能完全适应我国教育事业发展的需要。就教育立法而言，由最高权力机关制定的法律有《教育法》《义务教育法》《教师法》《职业教育法》《高等教育法》《学位条例》，而在教育活动中还有许多行为规范尚未立法。此外，我国现有的教育行政法规和规章种类繁多，时间跨度大，有一些已经过时，有一些相互重复，有一些相互矛盾，还有不少领域尚未制定必要的行政法规，存在立法空白，所有这一切都亟须全面加以研究和系统化。

　　加强立法标准化是加强教育法制建设必须予以重视的问题，这也是教育法学研究的重要任务之一。制定法规文件，必须区别于一般的行政文件，必须含有法律规范，包括假定、处理和制裁；必须具有法律的稳定性，不能朝令夕改；必须根据法定的程序通过和发布；必须使用规范的法规名称，杜绝乱用、滥用、错用的现象。要加强和完善我国的教育立法工作，提高立法水平离不开对教育法学的研究。只有认真研究教育法学的原理、原则，研究我国学校教育制度和教育行政制度的历史和现状，研究和比较各国教育法律制度的优劣长短，才能使我们排除任意性和盲目性，才能制定出符合教育规律、符合人民利益的高水平的教育法律、法规。

（四）学习研究教育法有助于完善教育法学学科体系的构建

　　国外的教育法学研究起步较早，并已形成了一个相对独立的重要的研究领域。在我国，教育法学的研究起步较晚，随着教育立法的开展，我国教育法律、法规的数量日益增多。这些法律规范渗透到教育领域的各个层面，对各类教育教学活动和各种教育关系予以调整。这一切不仅为教育法学的完善打下了基础，同时也迫切要求教育法学早日完善。不仅如此，在教育领域中，教育法学的兴起和发展，将对教育学科的完善产生越来越大的影响。为尽早建立一个完善的教育法学学科体系，必须加快对教育法和教育法学的研究。[①]

第二节　教育法律规范

一、教育法律规范的含义

（一）教育法律规范的定义

　　法是规范人们行为的规则，法对具体的主体的行为规范是通过法律规范来

[①]　黄才华，刘冬梅．依法治教概论［M］．北京：教育科学出版社，2002：11-17.

完成的。法律规范是构成法律的细胞，一个国家的现行法律就是该国全部法律规范的总和。法律规范是由国家制定或认可，并以国家强制力保证实施的一种特殊的行为规则。法律的主要内容是法律规范，法律规范与法律的关系是部分和整体的关系。

教育法律规范也称教育法律规则，是教育法的主要构成要素，是由国家制定或认可的，体现国家在教育方面的意志，通过一定的教育法律条文表现出来，规定了教育主体的权利义务及法律后果，并具有内在逻辑结构的教育行为标准和准则。

每部具体的教育法都是由若干个行为规范组成的有机整体。

（二）几个相关的概念

1. 教育法律条文

教育法律规范需要通过教育法律文件中的具体条文表现出来，但是教育法律规范不等于教育法律条文。教育法律规范与教育法律条文的关系表现为，教育法律条文是教育法律规范的外部表现形式，是教育法律规范的载体，教育法律规范要用教育法条文来表现。但是教育法条文不一定包括教育法律规范，有的教育法律条文包括教育法律规范，有的教育法律条文不包括教育法律规范。一些只表达立法依据、立法目的、法律概念、法律原则、法律技术性规定等内容的法律条文，不具有教育法律规范的基本要素，不是教育法律规范。另外，有时一条法律条文可能包含了多种教育法律规范，所以教育法律条文与教育法律规范并不是一一对应的关系。

2. 教育法律文件

教育法律规范是教育法律文件的主体和核心内容，是教育法各种规范性文件的基本内容，但它不是教育法律文件的全部。教育法律文件包括规范性文件（如法律规范、立法目的、立法原则、立法方针、适用范围、生效时间、解释权等）与非规范性文件，非规范性文件（判决书、处罚决定书等）不是法律规范。各个教育法文件中，除了大量的教育法律规范外，还有关于立法目的、立法依据和有关概念等方面的说明性文字，它们是非规范性的内容，不属于教育法律规范。

3. 教育法

教育法律规范是教育法内容的文字表述，但教育法律规范不等同于教育法。从逻辑上看，教育法与教育法律规范是从属关系，是包含与被包含的关系，教育法是种概念，教育法律规范是属概念。教育法包括立法目的、立法原则、立法方针、适用范围、生效时间、解释权、修正等事项的规定及法律规范。从表现形式看，教育法律规范是教育法的内容，教育法的各种规范性文件或法律条文是教育法律规范的载体，两者之间是内容与形式的关系。教育法律规范是一种特定的行为规范，在一般的意义上，教育法的执行实际上是教育法律规范的执行。教育法则是国家制定或认可，并以国家强制力保证实施的教育活动中全部行为规则的总称。

二、教育法律规范的结构

教育法律规范的结构是指构成教育法律规范内容的各个组成部分及相应关系。从逻辑结构上看，法律规范通常由法定条件、行为准则和法律后果三个要素构成。

（一）法定条件

法定条件又称"假定"，是指法律规范适用的条件和范围。它表明在什么条件下，这一规则生效，表现为"在……情况下"。例如，《义务教育法》第四款规定："凡具有中华人民共和国国籍的适龄儿童、少年，不分性别、民族、种族、家庭财产状况、宗教信仰等，依法享有平等接受义务教育的权利，并履行接受义务教育的义务。"这里的"凡具有中华人民共和国国籍"就是法律规范的假定部分。第十一条："凡年满六周岁的儿童，其父母或者其他法定监护人应当送其入学接受并完成义务教育；条件不具备的地区的儿童，可以推迟到七周岁。"上述的"凡年满六周岁"和"条件不具备"也是法律规范的假定部分。

（二）行为准则

行为准则又称"处理"，是指法律规范中明确规定的对于某类行为的基本要求，是法律规范的核心部分，也是规则的主要内容。它规定当教育法律规范中规定的某种条件和情况出现时人们应该做什么、可以做什么、禁止做什么。例如，《义务教育法》第五款规定："各级人民政府及其有关部门应当履行本法规定的各项职责，保障适龄儿童、少年接受义务教育的权利。适龄儿童、少年的父母或者其他法定监护人应当依法保证其按时入学接受并完成义务教育。依法实施义务教育的学校应当按照规定标准完成教育教学任务，保证教育教学质量。社会组织和个人应当为适龄儿童、少年接受义务教育创造良好的环境。"这是规定应该做什么。第十四第一款规定："禁止用人单位招用应当接受义务教育的适龄儿童、少年。"第二十九条第二款规定："教师应当尊重学生的人格，不得歧视学生，不得对学生实施体罚、变相体罚或者其他侮辱人格尊严的行为，不得侵犯学生合法权益。"这是表示禁止或不应该做什么。《教师法》第三十九条规定："教师对学校或者其他教育机构侵犯其合法权益的，或者对学校或者其他教育机构作出的处理不服的，可以向教育行政部门提出申诉，教育行政部门应当在接到申诉的三十日内，作出处理。教师认为当地人民政府有关行政部门侵犯其根据本法规定享有的权利的，可以向同级人民政府或者上一级人民政府有关部门提出申诉，同级人民政府或者上一级人民政府有关部门应当作出处理。"《高等教育法》第十七条第三款："高等学校根据实际需要，报主管的教育行政部门批准，可以对本学校的修业年限作出调整。"第二十二条："国家实行学位制度。学位分为学士、硕士和博士。公民通过接受高等教育或者自学，其学业水平达到国家规定的学位标准，可以向学位授予单位申请授予相应的学位。"这是表示可以或者允许做什么。

（三）法律后果

法律后果又称"奖惩"，是指在某种条件或情况出现后，人们按照规定做出或没有按照规定做出行为时，应当承担的法律责任，包括遵守法律规范的肯定性奖励和违反法律规范的否定性制裁。例如，《教师法》第三十三条规定："教师在教育教学、培养人才、科学研究、教学改革、学校建设、社会服务、勤工俭学等方面成绩优异的，由所在学校予以表彰、奖励。"这是肯定性的法律后果。第三十五条规定："侮辱、殴打教师的，根据不同情况，分别给予行政处分或者行政处罚；造成损害的，责令赔偿损失；情节严重，构成犯罪的，依法追究刑事责任。"这是否定性的法律后果。

三、教育法律规范的类型

按照不同的分类标准，教育法律规范可以有不同的表现形式，较常见的有按照行为的性质和按照法律后果来划分。

（一）按行为的性质划分

按照法律规范行为性质的不同，教育法律规范可分为义务性规范、禁止性规范和授权性规范。

义务性规范，即在某种条件或情况出现时，人们必须做出某种行为的法律规范。义务性规范在文字表述上通常采用"必须""应当""义务"等字样。例如，《教育法》第五条："教育必须为社会主义现代化建设服务、为人民服务，必须与生产劳动相结合，培养德、智、体、美等方面全面发展的社会主义事业的建设者和接班人。"第五十五条规定："国家财政性教育经费支出占国民生产总值的比例应当随着国民经济的发展和财政收入的增长逐步提高。具体比例和实施步骤由国务院规定。全国各级财政支出总额中教育经费所占比例应当随着国民经济的发展逐步提高。"第十九条第二款规定："适龄儿童、少年的父母或者其他监护人以及有关社会组织和个人有义务使适龄儿童、少年接受并完成规定年限的义务教育。"

禁止性规范，直接规定人们不准做出某种行为的法律规范。禁止性规范在文字表述上一般有"禁止""不准""不得"等字样。例如，《义务教育法》第十四条规定："禁止用人单位招用应当接受义务教育的适龄儿童、少年。"《教育法》第八条规定："教育活动必须符合国家和社会公共利益。国家实行教育与宗教相分离。任何组织和个人不得利用宗教进行妨碍国家教育制度的活动。"第六十一条："国家财政性教育经费、社会组织和个人对教育的捐赠，必须用于教育，不得挪用、克扣。"《高等教育法》第九条第二款规定："高等学校必须招收符合国家规定的录取标准的残疾学生入学，不得因其残疾拒绝招收。"禁止性规范的特点，一是对行为规则本身有明确的规定；二是对违法者给予应有的制裁。

授权性规范，是指某种条件或情况出现时，人们有权做出或不做出某种行为的法律规范。其中授权于公民的权利可以放弃但不能非法剥夺，即公民依法享受权利是其自主的选择。在文字的表述形式上，通常采用"可以""有权""不受干涉""有的自由"等字样。例如，《教育法》第十二条第二款规定："民族自治地方以少数民族学生为主的学校及其他教育机构，从实际出发，使用国家通用语言文字和本民族或者当地民族通用的语言文字实施双语教育。"这里，给民族自治地方以少数民族学生为主的学校和其他教育机构一定的权限，也就是说它们可以使用本民族或当地民族通用的语言文字进行教学也可以不用，使用和不使用都不承担任何法律责任。《职业教育法》第十六条规定："普通中学可以因地制宜地开设职业教育的课程，或者根据实际需要适当增加职业教育的教学内容。"这也是授权性法律规范。《高等教育法》第五十四条规定："高等学校的学生应当按照国家规定缴纳学费。家庭经济困难的学生，可以申请补助或者减免学费。"即家庭经济困难的高校学生，有申请补助的自由，其申请补助不受干涉，或者根据条件可以减免学费。

（二）按法律后果划分

按照法律规范"法律后果"，可分为制裁性规范和奖励性规范。

制裁性规范，是指规定对人们做出违反"行为准则"的有过错行为进行制裁的规范，在事前起预警作用，并在事后起惩戒作用。如《教师法》第三十五条规定："侮辱、殴打教师的，根据不同情况，分别给予行政处分或者行政处罚；造成损害的，责令赔偿损失；情节严重，构成犯罪的，依法追究刑事责任。"《义务教育法》第五十八条规定："适龄儿童、少年的父母或者其他法定监护人无正当理由未依照本法规定送适龄儿童、少年入学接受义务教育的，由当地乡镇人民政府或者县级人民政府教育行政部门给予批评教育，责令限期改正。"

奖励性规范，是指规定对人们做出有益于社会的"行为"时给予奖励的规范。如《教师法》第三十三条规定："教师在教育教学、培养人才、科学研究、教学改革、学校建设、社会服务、勤工俭学等方面成绩优异的，由所在学校予以表彰、奖励。"

第三节　教育法律关系

一、教育法律关系概述

（一）法律关系

在社会生活与交往中人们形成了各种各样的社会关系。在这些社会关系中，有些不被法律调整，有些受到法律的调整。不被法律调整的社会关系，就不能评价为法律关系，而成为法外空间，如常见的友谊关系、政党的内部关系等，一般不受法律调整。受法律调整的社会关系，就成为法律关系，如常见的婚姻关系、劳动关系等。

法律关系具有以下几个方面的特征：第一，法律关系是受法律规范确认和调整的社会关系。没有法律规范作为前提，就不能形成与之相应的法律关系。通过法律规范的规定，使人们的某些社会关系成为法律关系。第二，法律关系是以现实的权利与义务为内容的社会关系。一般地，法律规范规定的权利与义务指向的是抽象的人、事或行为，而法律关系中人们之间的权利与义务是具体的，指向的是特定的人、事或行为。第三，法律关系是以国家强制力保障实施的社会关系。法律关系中的权利、义务与责任都是国家意志的体现，违背了法律相关的规定，就意味着国家会以强制性的手段加以制裁。

（二）教育法律关系

人们在教育活动中，也会形成各种各样的教育关系。当法律规范、约束、调整教育关系时，人们之间的教育关系就形成了教育法律关系。教育法律关系是由教育法律规范确认和调整的、以主体之间权利与义务关系的形式表现出来的特殊的社会关系。常见的教育法律关系，如教育行政机关与学校、学校与教师、学校与学生、教师与学生、学校与一些组织和个人之间，若因为有相应的教育法律规范的明确规定，都属于教育法律关系。

由于在教育活动中，人们形成的教育法律关系复杂多样，而且依据认识角度和划分标准的不同，教育法律关系的类型会有多种。但就其性质的不同，教育活动领域中较为常见的法律关系表现为两类，一类是纵向的具有隶属关系的教育行政法律关系；另一类是横向的平权关系的教育民事法律关系。教育行政法律关系反映的是国家行政机关在履行行政管理职权中发生的关系，其中一方当事人必然是国家行政机关，国家行政机关及其行政管理相对人之间是领导与被领导、管理与被管理的关系。教育民事法律关系不同于教育行政法律关系，教育民事法律关系双方当事人的地位平等，两者的关系基于双方当事人的意愿、自愿发生，并在一定程度上体现等价有偿的权利与义务的关系。

教育法律关系的基本特征表现如下：第一，教育法律关系是依教育法形成的社会关系，是教育法律规范在教育活动中的体现；第二，教育法律关系是由国家强制力保证执行的社会关系；第三，某种教育法律关系的存在或产生总是以现行的教育法律规范存在为前提，教育法律关系的产生，变更或消灭由教育法律规范所决定。

二、教育法律关系的构成要素

教育法律关系由教育法律关系的主体、客体和内容三个要素构成。

（一）教育法律关系主体

1. 教育法律关系主体的概念

教育法律关系主体是指教育法律关系的参加者，即在教育法律关系中权利的享有者和义务的承担者。享受权利者称为权利主体，承担义务者称为义务主体。

教育法律关系的主体具有多样性，国家、教育行政机关、学校及其他教育机构、教育者、学生及其他受教育者、企业事业单位、公民个人等，若与教育活动有关都可能成为教育法律关系主体。虽然教育法律关系主体种类繁多，但概括起来主要有三种：一是公民（自然人）；二是机构和组织（法人）；三是国家。

公民包含两类：一类是我国公民；另一类是居住在中国境内或在境内活动的外国公民或者无国籍人。

机构和组织（法人）也主要包含两类：一类是国家机关；另一类是社会组

织，包括政党、企事业单位和社会团体等。法人是指具有民事权利能力和民事行为能力，依法独立享有民事权利和承担民事义务的组织。法人的民事权利能力和民事行为能力，从法人成立时产生，到法人终止时消灭。

国家也是教育法律关系的主体。从国际方面讲，国家主体主要以国际法主体的名义参与国际教育活动、签署国际教育协议等。从国内方面讲，教育法律关系的国家主体主要通过各级权力机关、各级司法机关、各级政府以及教育行政机关等来行使国家教育立法权力、教育司法权力和教育行政权力，从而成为具体教育法律关系的主体。

【案例】

2004年3月，某市某饮料厂生产了一种新的乳酸饮料，为了扩大影响，厂家决定举行一次新产品展销会，并与某电视台商定，对展销会进行现场录像，然后制作成40秒的广告，厂家付给电视台广告设计费和播放费共计1万元，为使展销会更为壮观和广告效果更好，厂家和本市第一小学约定，厂家支付3000元，学校组织40名学生在展销会上吹小号，奏乐捧场，厂家还告知学校，届时有电视台在现场摄像，并根据摄像制作广告。4月8日，饮料厂的展销会如期举行，电视台和学校各自履行与厂家的约定：学校以"参加校队活动"为由召集、组织了40名小号手来到会场表演，电视台将之摄进镜头，融进了新产品的广告之中。饮料厂新产品广告在电视台正式播放。在播放的第一天，几名家长发现了自己的子女吹小号肖像出现在广告中，当得知自己的子女是被"骗"上广告时，要求停止播放广告，但电视台以未侵权为由，未予采纳。不几日，又有5位家长，向电视台提出抗议，但电视台仍未予理睬。几位家长协商，由家长肖某代表40名学生的家长向法院提起诉讼，状告学校、饮料厂和电视台侵犯了40名学生的肖像权，请求法院依法制止三被告对40名学生肖像权的不法侵害，并赔偿损失。

讨论：结合案例，指明上述案例中的教育法律关系主体。

分析：这个案例涉及多个教育法律关系主体，具体包括决定举行新产品展销会，并要求电视台播放包含学生肖像内容广告的饮料厂厂家；直接对展销会进行现场录像，制作成包括学生肖像内容在内的40秒的广告，并播放广告的电视台；以"参加校队活动"为由召集、组织40名学生组成的小号手来到会场表演的学校；在电视广告中出现形象的学生及其家长等都是教育法律关系主体。

2. 教育法律关系主体的条件

要成为教育法律关系的主体需要具备享有权利和承担义务的资格，即要具备权利能力和行为能力。

（1）权利能力是指法律关系主体依法享有权利与承担义务的资格，是法律关系主体实际取得权利和承担义务的前提条件。

自然人的权利能力分为一般与特殊权利两种。自然人的一般权利能力与生俱来，始于出生，终于死亡。《中华人民共和国民法典》（以下简称《民法典》）第十三条规定："自然人从出生时起到死亡时止，具有民事权利能力，依法享有民事权利，承担民事义务。"自然人的特殊权利是自然人在特殊条件下具有的法律资格，如只有达到法定的年龄，自然人才有参加选举与被选举的政治权利。

法人的权利能力，一般而言根据其成立时产生，解体时消灭。《民法典》第五十九条规定："法人的民事权利能力和民事行为能力，从法人成立时产生，到法人终止时消灭。"法人的权利能力的内容与范围与法人成立的目的直接相关，也与法人的性质不同而不同，不同法人的不同权利能力由相关的法律与法人组织的章程加以规定。

（2）行为能力是指法律关系主体依法能够以自己的行为行使权利和承担义务的能力。在法律上，行为能力必须以权利能力为前提，无权利能力就谈不上行为能力。

对自然人来讲，有权利能力不一定有行为能力。如《民法典》将公民的民事行为能力分为完全民事行为能力、限制民事行为能力和无民事行为能力三种，与此相对应，自然人的责任能力也分为完全责任能力、限制责任能力和无责任能力三种。衡量自然人的行为能力和责任能力的标准有两个：年龄和智力状况。自然人的行为能力的具体规定集中体现在《民法典》第十八到第二十四条的规定中，责任能力的相关规定在《中华人民共和国刑法》（以下简称《刑法》）第十七到第十九条。

法人或其他组织的行为能力分为完全民事行为能力和无民事行为能力两种，与此相对应，法人或其他组织的责任能力也分为完全责任能力和无责任能力两种。

（二）教育法律关系的客体

教育法律关系客体是指教育法律关系主体的权利和义务所指向的对象。教育法律关系客体是将教育法律关系主体之间的权利与义务联系在一起的中介，如果没有教育法律关系客体，教育法律关系主体的权利和义务就失去存在的基础，也就不存在教育法律关系。教育法律关系客体的数量很多，但是概括来看，一般包括物、行为以及与人身相联系的精神财富等几类。

1. 物

法律意义上的物包括一切可以成为财产权利对象的自然之物和人造之物。即物既可以表现为自然物，如森林、土地、自然资源等，也可以表现为人的劳动创造物，如建筑、机器、各种产品等。以是否因为移动而改变用途和降低价值为标准，物又可分为动产与不动产两类：不动产，包括土地、房屋和其他建筑设施，如学校的场地、办公、教学、实验用房及其必要的附属建筑物；动产，包括资金和教学仪器设备等。教育资金包括国家教育财政拨款、社会捐资等，其表现形式为货币以及其他各种有价证券，如支票、汇票、存折、债券等。教育法律意义上的物，既可以表现为国家和集体的财产，也可以表现为公民个人的财产。

2. 行为

在教育法律关系客体的意义上，行为指的是教育法律关系主体为实现自己的权利与义务所进行的实际活动，包括作为与不作为。如行政机关制定教育管理法规及行政执法等行政行为；学校和其他教育机构制定内部管理规范和教学计划，具体组织实施教学科研活动、奖励或处分学生等管理行为；教育者与受教育者之间的教育教学活动行为等。

3. 精神财富

精神财富包括教育法律关系主体创作活动的产品和其他与人身相联系的非财产性的财富。前者也被称作智力成果，在教育领域中主要包括各种教材、著作、教案、教学方法、教具及各种创造发明等在内的成果。其他与人身相联系的非物质财富主要指人格利益和身份利益，是人格权和身份权的客体。主要包括公民（如教师、学生和其他个人主体）或组织（如教育行政机关、学校和其他组织）的姓名或名称，以及公民的生命健康、身体、肖像、名誉、身份、隐私等。

【案例】

重庆市某校教师高某，二十几年里遵守校规，向校方交了40多本教案。当高某临近退休时，她要求学校返还那些教案，学校却因"早已处理掉了"，而拒绝返还高某教案。高某以学校未经她的许可擅自处理她的教案为由，要求学校进行赔偿，但是学校却以"教案是学校财产为由"拒绝了高某的赔偿要求。

讨论：教师的教案能否成为教育法律关系的客体？为什么？

分析：教师的教案应该是教育法律关系的客体。因为教育法律关系客体指的是教育法律关系主体的权利和义务所指向的对象，在本案中，高某的教案在一定程度上是高某在教育教学活动中智力活动的成果，属于高某的精神财富。

（三）教育法律关系内容

教育法律关系内容是指教育法律关系主体依据法律规定所享有的权利和承担的义务，即教育法律关系主体在依法成立的法律关系中享有的某种权能和必须承担的某种责任。权利和义务是法律的核心问题，也是制定法律的依据。在教育法律关系中，教育法律关系主体的权利和义务是相互对应、相互影响、相互制约的。

1. 权利与义务

权利是指以法律形式规定并加以保障的，权利人应当或者可以享有的利益。权利对权利人来说具有可选择性，权利人可以根据自己的意愿选择享有或者放弃。义务指的是以法律形式规定，义务人应当或者必须履行的法定责任。义务对于义务人而言，必须履行，不得放弃。

权利与义务是密不可分的，没有无义务的权利，也没有无权利的义务。权利与义务是一种相互依存的关系，从权利与义务的主体之间的关系看，存在一个人的权利与他人的义务，一个人的权利与他自己的义务这样的双重关系。第一，在任何一种法律关系中，权利人享受的权利依赖于义务人义务的承担，如果没有义务人对义务的承担，权利人就不可能享受权利；权利与义务表现的是同一行为，对一方当事人来说是权利，对另一方来说则是义务。第二，权利与义务主体双方之间不存在一方只享受权利而不承担任何义务，另一方只承担义务而不享受任何权利的情况。权利人在行使权利时必须承担一定的义务，义务人在履行义务时也同时享受一定的权利。

2. 教育权利与义务

教育权利是教育法律权利的简称，教育法律权利是指教育法律关系主体依法享有的某种利益，它通常表现为以下形式：行为权、要求权和请求权。

行为权是指教育法律关系的主体为或不为一定行为的权利，教育法律关系主体的行为权是自己以做出或不做出某种行为的方式来满足其利益要求的权利。要求权是指教育法律关系主体要求义务人做出或者不做出某种行为的权利。请求权是指教育法律关系主体在法律权利受到侵害时申请国家提供保护的权利，这一权利直接体现国家的强制力。这种权利主要体现在诉讼教育法律关系之中，表现为对受侵害权利的一种法律救济，可以通过申诉、控告等不同途径来实现。

教育法律义务是指教育法律关系主体依法所应承担的某种责任。它通常有以下与教育法律权利相对应的形式：不作为、积极作为和接受国家强制。

不作为，指行为人负有实施某种积极行为的特定的法律义务，并且能够实行而不实行的行为。在这个意义上，义务人的不作为是权利人权利实现的前提条件，义务人若作了法律所禁止的行为，权利人的权利就没有办法得到实现。积极作为，即义务人应该按照法律的规定或权利人的要求，做出积极的行为以满足权利人的利益要求。在这里，义务人的任何不作为，都会使权利人要求的权利得不到满足，义务人的义务与权利人的权利一一对应。接受国家强制，即义务人不履行义务时，必须接受国家的强制。这一义务与权利人的请求权利相对应，权利人请求权的行使将会引起国家强制力的行使。

【案例】

被告××中学从初一到初三学生中优选包括原告彭××在内的34名学生，参加当地某电视台"快乐假期"综艺节目，并向原告等34名学生每人收取25元，共计人民币850元。被告与电视艺术中心签订一份"广告发布业务合同"，合同签订后，被告按合同规定向该中心交纳了2000元（含原告等34名学生交的850元）费用。被告宣布：无论是领导、教师，还是学生，凡中了奖，奖品统一由学校处理。在预定的时间里，被告带领原告等34名学生和7名教师共计41人参加"快乐假期"综艺节目。原告彭××摸出了价值6800元的豪华家具一套的兑奖券一张。被告将兑奖券拿走，后兑取了奖品。事后，原告对该奖品向被告主张权利，但是被告已经将该奖品捐赠给当地社会福利院。原告认为被告侵犯了其合法权益，遂向当地市人民法院提起诉讼。

讨论：本案中被告有无侵犯了原告的合法权益？为什么？

分析：本案中被告侵犯了原告的合法权益。因为法律关系主体的权利与义务是密不可分的，不存在无义务的权利，也不存在无权利的义务。

本案中原告出资25元由被告组织参加电视台"快乐假期"综艺活动，原告理应享受观赏节目、幸运摸奖、获取奖品机会等权利。被告在参加节目之前，宣布不论是谁中奖奖品都归校方所有，违背了权利义务一致的原则。侵犯了作为原告合法分得财产的权益，被告宣布中奖奖品归校方所有的民事行为是无效的民事行为。被告领取奖品并捐赠他人，因奖品数额较大，被告并未征得原告法定监护人同意，被告捐赠奖品的行为侵犯了原告合法取得的财产权利，应当予以返还或赔偿相应损失。

三、教育法律关系的产生、变更和消灭

（一）教育法律关系产生、变更和消灭的条件

虽然教育法律关系具有相对的稳定性，但是教育活动的运行会使得教育法

律关系发生变化，使教育法律关系主体之间的权利和义务得以产生、变更和终止。教育法律关系的产生指的是由于一定的教育法律事实出现，导致教育法律关系主体间形成一定权利义务关系的过程。教育法律关系的变更指的是由于教育法律关系构成要素的变更即教育法律关系主体、客体、内容的变更而引起教育法律关系主体权利义务发生变化。教育法律关系的消灭指的是由于一定法律事实的出现而导致教育法律关系主体间权利义务关系归于消灭。

导致教育法律关系产生、变更和消灭的条件包括两个方面：一是抽象的条件，即教育法律规范，这是教育法律关系形成、变更和终止的前提与依据；二是具体的条件，即教育法律事实的存在，它是教育法律规范中假定部分所规定的各种情况，一旦出现，教育法律规范中有关权利与义务的规定以及有关法律后果的规定就发挥作用，从而使一定的教育法律关系产生、变更或消灭。

（二）教育法律事实的类型

教育法律事实是指由教育法律规定，能够引起教育法律关系的产生、变更和消灭的各种客观事实的总称。教育法律事实根据标准的不同可以有多种分类，最常见的分类包括教育法律事件和教育法律行为。

教育法律事件是指在教育活动中导致了一定的法律后果，但又不能够以人的意志为转移的事件。教育法律行为是指在教育活动中发生的具有教育法律效力的人们的意志行为，包括合法行为和违法行为。

第四节　教育法律责任

一、教育法律责任的含义

（一）法律责任

法律责任包括广义与狭义两种不同的解释。广义的法律责任，既包括法律规范所规定的不必强制履行的各种应尽的义务，此时与法律义务同义，指任何组织和公民都有遵守法律的义务；也包括因违法行为所应承担的法律后果。狭义的法律责任，仅指法律关系主体因实施了违法行为而必须承担的否定性的法律后果。人们通常所讲的法律责任，是指狭义的法律责任。

（二）教育法律责任

一般意义上，教育法律责任指的是狭义的法律责任，是教育法律关系主体因实施了违反教育法的行为，依照有关教育法律、法规的规定应当承担的否定性的法律后果。这一概念主要包含以下几层含义。

第一，教育法律责任有明确的法律规定。违反教育法律规范的行为是承担教育法律责任的前提，教育法律责任是针对违反教育法的行为而设定的。只有在违反教育法律、法规的情况下才会承担法律后果，遵纪守法的行为是不会产生这种法律后果的。

第二，教育法律责任由国家强制力保证实施，具有国家强制性。公民个人、社会团体、国家机关、学校等任何教育法律关系主体，必须遵守教育法律规范，任何违反教育法律规范的行为都必然受到法律的制裁。

法律制裁是特定国家机关对违法者依法追究法律责任而采取的惩罚措施。法律责任作为一种否定性的法律后果，体现在国家对违反教育法律、法规行为的制裁方面。法律制裁主要表现为刑事制裁、民事制裁和行政制裁，三者之间既有联系也有区别。从制裁的目的看，刑事制裁旨在预防犯罪，民事制裁旨在补救受害人的损失，从一定意义上讲，行政制裁以补救受损权益为目的；从制裁的程序看，刑事制裁一般以国家名义提起公诉，而民事制裁一般要由受害人主动向法院起诉，遵循不告不理的原则，行政制裁则一般由有关国家机关做出决定。其中行政处分由受处分者所在的国家机关或其上级机关决定，行政处罚由行政机关或行政执法人员做出决定，只有在公民或法人等组织提起行政诉讼时，才由法院做出判决；从法律制裁的形式看，刑事制裁主要是剥夺或限制犯罪嫌疑人的自由，甚至剥夺生命，民事制裁主要是对受害人的经济赔偿，行政制裁是介于民事制裁与刑事制裁之间的责任形式。总之，法律制裁基于违法行为的存在而产生，是追究法律责任的直接后果。

第三，教育法律责任的追究，是由国家司法机关或者国家授权的行政机关来执行，即教育法律责任的专权追究性，任何个人和其他组织都无权行使这一职权。

第四，教育法律责任由违法的教育法律关系主体所承担，即归责的特定性。当事人必须是教育法律关系中义务的履行者，因其未履行相关的义务而须承担教育法律责任；否则，就不会导致教育法律责任。

二、教育法律责任的类型

教育法律责任可以按不同标准进行分类，最为常见的分类是按违法的性质和危害程度不同做出的划分。之所以以此为标准进行划分，是因为在引起法律责任的条件中，违法行为是最主要的条件。依此标准，教育法律责任可分为：

教育行政法律责任、教育民事法律责任、教育刑事法律责任和违宪法律责任。

（一）教育行政法律责任

行政法律责任是指行为人由于违反了行政法律规范而承担的否定性法律后果。教育行政法律责任指教育法律关系主体违反了教育行政法律规范而承担的否定性法律后果。由于我国现行的教育法的相当一部分是以政府及其教育行政部门为一方，调整教育活动中的行政关系，具有行政法的属性，违反教育法的行为就带有行政违法性，所以行政法律责任是违反教育法最主要的一种法律责任。根据有关教育法律法规的规定，违反教育法的行政法律责任的承担方式主要有行政处分和行政处罚两类。

1. 行政处分

行政处分是根据法律、法规或国家机关、企事业单位的规章制度的规定，由国家机关或企事业单位给予犯有违法失职行为或违犯内部纪律的所属人员的一种行政制裁。有时也称"纪律处分"，其种类包括警告、记过、记大过、降级、降职、撤职、开除留用察看和开除等8种形式。行政处分是教育法律责任较为常见的一种法律责任，如《教师法》第三十七条规定，体罚学生经教育不改的、品行不良、侮辱学生非常恶劣的，由所在学校、其他教育机构或者教育行政部门给予行政处分，或者解聘。《中华人民共和国未成年人保护法》（以下简称《未成年人保护法》）第六十三条第二款规定："学校、幼儿园、托儿所教职员工对未成年人实施体罚、变相体罚或者其他侮辱人格行为的，由其所在单位或者上级机关责令改正；情节严重的，依法给予处分。"《教育法》对不按照预算核拨教育经费，挪用、克扣教育经费，向学校及其他教育机构乱收费和摊派费用，乱办学、乱招生以及在招生工作中徇私舞弊，向受教育者乱收费，非法举办国家教育考试等一系违法行为，都做了对直接责任人员依法给予行政处分的相关规定。

2. 行政处罚

行政处罚是由特定的国家行政机关或法定授权的其他组织，对违反特定的行政法规但尚未构成犯罪的当事人给予的一种惩戒、制裁措施。行政处罚的种类有很多，根据1998年国家教委发布的《教育行政处罚暂行实施办法》的规定，教育行政处罚的种类主要有10种形式：①警告；②罚款；③没收违法所得，没收违法颁发、印制的学历证书、学位证书及其他学业证书；④撤销违法举办的学校和教育机构；⑤取消颁发学历、学位和其他学业证书的资格；⑥撤销教师资格；⑦停考、停止申请认定资格；⑧责令停止招生；⑨吊销办学许可证；⑩法律、法规规定的其他行政处罚。根据《教育法》第八十二条的规定，违法颁发学位证书、学历证书或者其他学业证书的，由教育行政部门宣布证书无效，责令收回或者予以没收；有违法所得的，没收违法所得，情节严重的，取消其颁发证书的资格。《教育法》上述规定就是教育法律责任中的行政处罚。

行政处罚包括以下方面的内涵：第一，行政处罚是一种职权，只有法律、法规规定享有处罚权的行政机关才能进行行政处罚，即行政处罚虽由行政机关做出，但并不是任何机关都有行政处罚权。第二，行政处罚是对行政管理相对人的处罚。第三，行政处罚只在行政管理相对人实施了违反行政法律法规的行为时才适用。第四，行政处罚所采取的只能是行政制裁。行政处罚只能针对那些情节轻微尚未构成犯罪的违法行为，行政上的违法行为一旦超出行政的范围、构成刑事犯罪的行为，应给予的是刑事制裁。

行政处分和行政处罚虽然都是行政制裁措施，但两者有较大区别，主要表现在：行政处分是内部行政行为，属于行政单位内部的管理行为，处分对象只能是作为公民的个体。行政处罚是外部行政行为，是国家特定的具有行政处罚权的行政机关依照法定权限和程序执行做出的行为，属于外部行政管理职能，其处罚对象既可以是个人，也可以是组织。

【案例】

某学校规定：学生迟到每次罚款1元，旷课一次罚款2元，不上课间操一次罚款1元，不交作业一次罚款1元，打架骂人罚款5元，吸烟罚款10元，损坏桌椅罚款10～150元，损坏玻璃罚款5～20元，损害门窗罚款50～1000元，迟还图书罚款5元，乱放自行车罚款1元。教师迟到一次罚款10元，教师旷班罚款20元。

讨论：某学校制定的上述规章制度合法吗？为什么？

分析：某学校制定的上述规章制度不合法。理由如下，第一，从学校与学生、教师的法律关系看，学校在实施对学生与教师的管理时，其身份并非行政机关，即学校不是以行政主体的身份管理教师、学生的行政机关；第二，学校在法律、法规授权下对教师、学生的管理属于内部管理，不是对社会公共事务的外部管理，即学校拥有行政处分权，但无行政处罚权。另根据《中华人民共和国义务教育法实施细则》（以下简称《义务教育法实施细则》）第十七条第三款规定："其他行政机关和学校不得违反国家有关规定，自行制定收费的项目及标准；不得向学生乱收费用。"所以，某学校制定的上述规章制度不合法。

（二）教育民事法律责任

民事法律责任是指行为人由于民事违法行为所应承担的法律后果。《民法典》第一百八十五条规定："侵害英雄烈士等的姓名、肖像、名誉、荣誉，损害社会公共利益的，应当承担民事责任。"第一百八十六条规定："因当事人一方的违约行为，损害对方人身权益、财产权益的，受损害方有权选择请求其承担违约责任或者侵权责任。"民事责任的承担主体是公民和法人，典型表现是违约行为和侵权行为。其中，违约行为直接违反了当事人协议中所规定的义务，而侵权行为直接违反了法律所设定的义务。民事责任主要表现为一种财产上的责任，违反民事义务往往与财产损害有关，因为即使是因人身关系而导致的纠纷，如侵犯姓名权、名誉权等，其承担责任的方式也可以是财产责任。

教育民事法律责任是指教育法律关系主体违反教育法律、法规，破坏了平等主体之间正常的财产关系或人身关系，依照法律规定应承担的民事法律责任，是一种以财产为主要内容的责任。在我国的教育法律、法规中，关于追究民事法律责任方面，有直接做出决定的，也有援用民法通则有关规定的。如《未成年人保护法》第一百二十九条第一款规定："违反本法规定，侵犯未成年人合法权益，造成人身、财产或者其他损害的，依法承担民事责任。"这里的"依法承担民事责任"就是对违反教育法的民事责任作的直接规定。《教育法》第八十一条规定："违反本法规定，侵犯教师、受教育者、学校或者其他教育机构的合法权益，造成损失、损害，应当依法承担民事责任。"这是对违反教育法的民事责任作的原则性规定。根据《民法典》的一百七十九条规定，承担民事责任的主要方式包括停止侵害，排除妨碍，消除危险，返还财产，恢复原状，修理、重作、更换，继续履行，赔偿损失，支付违约金，消除影响、恢复名誉，赔礼道歉等。以上各种方式，可以分别适用，也可合并适用。

【案例】

2000年12月28日，安徽省淮南市某小学6年4班班主任李某，认为其班上的9名挤进学校会议室观看演讲比赛的学生给班级丢了脸，学生的"脸皮太厚"，于是要求这些学生当众用小刀刮脸，直到出血为止。事发后，学校对李某做出了停职检查的决定。2001年8月，其中6名学生及家长向淮南市中级人民法院提起诉讼。2001年12月，淮南市中级人民法院作出一审判决：被告李某及淮南某小学在全校师生面前向6名原告公开赔礼道歉；淮南某小学赔偿6名原告精神抚慰金各3000元。

讨论：结合案情，分析上述教育法律关系主体的法律责任。

分析：这是一起典型的侵犯学生民事权利的案件，侵权主体应当承担教育民事法律责任。在本案中，班主任李某要求学生当众用小刀刮脸，直到出血为止的行为，是一种伤害了学生生命健康权的侵犯学生民事权利的行为。班主任李某应当为其侵权行为承担相应的教育民事法律责任，法院判决班主任李某及淮南某小学对学生公开赔礼道歉及赔偿精神抚慰金，属于民事法律责任的范畴。

（三）教育刑事法律责任

刑事法律责任是指行为人违反刑事法律规定所应承担的法律后果。刑事法律责任是一种惩罚最为严厉的法律责任。我国《刑法》中，刑罚分为主刑和附加刑。主刑包括管制、拘役、有期徒刑、无期徒刑和死刑五种。附加刑包括罚金、剥夺政治权利和没收财产三种。附加刑也可以独立使用。人民法院在审理案件时，以事实为依据，以法律为准绳，对犯罪人依法给予相应的刑事制裁。

教育刑事法律责任指教育法律关系主体实施的违反教育法的行为，同时又触犯了刑法，达到犯罪程度时，必须承担的法律后果。追究教育刑事法律责任是国家对违反教育法的行为人最为严厉的法律制裁。我国的教育法对教育刑事法律责任有明确的规定，如《教育法》第七十一条、七十二条、七十三条、七十七条规定，对挪用克扣教育经费，扰乱学校教育教学秩序，破坏校舍、场地及其他财产，明知校舍或教育教学设施有危险而不采取措施，造成人员伤亡或重大财产损失，在招生工作中徇私舞弊等，且构成犯罪的，对其直接责任人员依法追究刑事责任。《义务教育法》第六十条规定，违反本法规定，构成犯罪的，依法追究刑事责任。《教师法》第三十五条、三十六条、三十七条、三十八条规定，承担刑事责任主要有以下几种情形：（1）侮辱殴打教师，情节严重构成犯罪的；（2）国家工作人员对教师打击报复，构成犯罪的；（3）体罚学生，情节严重构成犯罪的；（4）品行不良、侮辱学生，影响恶劣，构成犯罪的；（5）挪用国家财政用于教育的经费，严重妨碍教育教学工作，拖欠教师工资，情节严重，构成犯罪的。

【案例】

某学校的房舍由于年久失修，损坏严重，上级主管部门为其专门拨出经费2万元，让学校完善整修校舍，而该学校校长却把此款用来为其情妇修建了房屋。在一个阴雨天，校舍倒塌，致使三名学生和当堂教师死亡，10人受伤。案发后，引起了上级有关部门的高度重视，对其立案调查。地方人民法院从重判处该校校长有期徒刑20年，没收一切非法所得。

讨论：该学校校长承担法律责任的法理依据。

分析：教育法律责任，是指教育法律关系主体因实施了违反教育法的行为，依照有关教育法律、法规的规定应当承担的否定性的法律后果。本案中学校校长的行为已经违反了相关教育法的规定，且法律后果严重，达到了违法犯罪的程度。其承担法律责任的相关法律规定如下。

《教育法》第七十三条："明知校舍或者教育教学设施有危险，而不采取措施，造成人员伤亡或者重大财产损失的，对直接负责的主管人员和其他直接责任人员，依法追究刑事责任。"《义务教育法实施细则》第三十九条规定："有下列情形之一的，由地方人民政府或者有关部门依照管理权限对有关责任人员给予行政处分；情节严重，构成犯罪的，依法追究刑事责任：侵占、克扣、挪用义务教育款项的；玩忽职守致使校舍倒塌，造成师生伤亡事故的。"

案例中该校校长的行为兼有侵占义务教育款项与玩忽职守的性质，且情节严重，已构成贪污罪与玩忽职守罪两项罪名。《刑法》第一百五十五条规定："国家工作人员利用职务上的便利，贪污公共财物的，处 5 年以下有期徒刑或者拘役；数额巨大、情节严重的，处 5 年以上有期徒刑；情节特别严重的，处无期徒刑或者死刑。""犯前款罪的，并处没收财产，或者判令退赔。"

（四）违宪法律责任

违宪法律责任是指因违反宪法而应当承担的法律后果。教育活动领域的违宪法律责任主要有两种情况：一是有关国家机关制定的与教育活动有关的法律、法规或规章与宪法的关于教育的规定相抵触；二是国家机关、社会组织或公民的某种教育活动与宪法的关于教育的规定相抵触。由于宪法具有最高的法律地位与约束力，所以，任何与宪法相违背的法律、法规、规章和活动都自行无效，并承担因此产生的相应的法律责任。

三、教育法律责任的构成要件

法律责任的构成要件就是指构成法律责任所必备的客观要件和主观要件的总和。根据违法行为的一般特点可以把法律责任的构成要件概括为责任主体、违法行为、主观过错、损害事实和因果关系等五个方面。

（一）责任主体

责任主体是指因违反法律或法律规范规定的事由而承担法律责任的，具有法定责任能力的自然人、法人或其他社会组织。但是并不是只要实施了违法行为就必须承担法律责任，也就是说违法主体和责任主体也不总是一致。判断违法主体是否承担法律责任，需要依据责任人的行为能力与责任能力来判断。

（二）违法行为

违法行为是指责任人实施了违反法律规定的行为。只有实施了具体的违法行为才会有法律责任，纯粹的思想不会导致法律责任。行为包括作为和不作为，作为是指做了法律禁止做的事，侵害了其他主体的法定权利；不作为就是不做法律要求其做的事，不履行行为主体的法定义务。违法行为与法律责任的关系存在两种情况：一是违法行为是法律责任产生的前提，没有违法行为就没有法律责任，这是两者的一般情形或多数情形；二是法律责任的承担不以违法的构成为条件，而是以法律规定为条件，这是两者关系的特殊情形。

（三）主观过错

主观过错是指行为主体实施违法行为时的主观故意或主观过失。故意是指明知道自己行为的不良后果，却希望或放任其发生的心理。过失是应当预见到自己的行为可能发生的不良后果而没有预见，或者已经预见而轻信不会发生或自信可以避免的心理。在不同的法律责任中，主观过错作为法律责任的构成要件所起的作用是不一样的。在刑事法律责任中，主观过错是犯罪的必要条件，对于区分是否犯罪以及罪刑的轻重都有重要的作用。而在民事责任中有时不以过错为前提条件。如《民法典》第一百八十条规定："因不可抗力不能履行民事义务的，不承担民事责任。法律另有规定的，依照其规定。"

（四）损害事实

损害事实是指行为人的违法行为对受害方的合法权益造成客观存在的确定的损害后果。损害事实存在是构成法律责任的必要前提，任何臆想的、虚构的、尚未发生的现象，都不是承担法律责任的必然，只有客观存在的真实的损害发生，才是法律责任承担的要件。

（五）因果关系

因果关系是指违法行为与损害事实二者之间存有必然的联系。损害事实是由行为人的行为直接引起的，二者存在着直接的关系，即违法行为是导致损害事实发生的原因，损害事实是违法行为造成的必然结果。有直接因果联系的，行为人要承担责任，而有间接因果联系的，只有在法律有规定的情况下行为人才承担法律责任。

【案例】

某年4月20日，11岁的张某参加由所在学校嘉华小学组织的军营一日活动。下午在训练活动中，张某突然感觉肚子疼向老师提出要上厕所，经老师同意后，张某按老师所指的方向穿越训练场地匆匆跑向厕所，途中被垒球砸中头部倒地，造成左上臂骨折。经当地部队医院诊治，认定"患者头部被硬物击中，造成轻微脑震荡、左上臂骨折"。

讨论：结合案例，分析法律责任的构成要件。

分析：教育法律责任的构成要件包括责任主体、违法行为、主观过错损害事实和因果关系五个方面。在本案例中，学生张某在穿越训练场地匆匆跑向厕所的途中被垒球砸中头部倒地，造成左上臂骨折的事实是分析法律关系主体承担法律责任构成要件的依据。第一，学生张某人身受到损伤的事实，具备了法律责任构成要件的损害事实的条件；第二，学生张某是经老师同意，按照老师所指的方向穿越训练场地的，具备了法律责任主体的条件；第三，在主观过错方面，基本可以排除嘉华小学老师对学生张某实施主观故意的行为，只能是嘉华小学老师的主观过失造成的，即嘉华小学老师应当预见到自己的行为可能发生不良后果而没有预见，或者已经预见而轻信不会发生或自信可以避免的心理，造成了这起事故的发生；第四，这起事故存在违法行为吗？即嘉华小学老师做了法律禁止做的事，或者不做法律要求做的事，不履行行为主体的法定义务，并侵害了学生张某的法定权利了吗？第五，嘉华小学老师的行为与学生张某被硬物击中，造成轻微脑震荡、左上臂骨折二者之间存有必然的联系吗？对上述问题的回答是嘉华小学及其教师承担法律责任的理论依据。

四、教育法律责任的归责原则

法律责任的归责原则是指确认和承担法律责任时必须依照的准则。归责原则是法律责任制度的核心问题，虽然法理学和民法学对归责原则的界定并不完全相同。但一般来说，教育活动中较为常用的归责原则，主要有以下几种形式。

（一）过错责任原则

过错责任原则是指主体由于过错侵害了他人权利而应承担的法律责任。是否有过错是行为人承担法律责任的依据，在过错责任中，行为人责任的范围、责任的大小都要依据过错来确认，无过错就无责任。《民法典》第一千一百六十五条第一款规定："行为人因过错侵害他人民事权益造成损害的，应当承担侵权责任。"

（二）过错推定原则

过错推定原则是指如果原告能证明其所受的损害是由被告所致，而被告不能证明自己没有过错，则应推定被告有过错并应承担民事责任。《民法典》第一千一百六十五条第二款："依照法律规定推定行为人有过错，其不能证明自己没有过错的，应当承担侵权责任。"本条就是过错推定原则对民事法律责任的规定。

（三）无过错原则

无过错原则是指当损害发生后，当事人无过错也要承担责任的一种法定责任形式，其目的在于补偿受害人所受到的损失。《民法典》第一千一百六十六条规定："行为人造成他人民事权益损害，不论行为人有无过错，法律规定应当承担侵权责任的，依照其规定。"这一规定体现了无过错责任的原则。

（四）免责原则

免责原则指的是侵权事件发生后，对免除责任条件的基本要求。实践中，当损害发生后，在某些特殊的情形下，行为人存在不承担法律责任的事实。如《民法典》第一千一百七十四条规定："损害是因受害人故意造成的，行为人不承担责任。"第一千一百七十六条规定："自愿参加具有一定风险的文体活动，因其他参加者的行为受到损害的，受害人不得请求其他参加者承担侵权责任；但是，其他参加者对损害的发生有故意或者重大过失的除外。"以上是民事法律责任免责原则的重要法律依据。

【复习思考题】

1. 界定下列概念：教育法、教育法律规范、教育法律关系、教育法律责任、教育法律关系主体、客体和内容、权利与义务。

2. 简述我国现行的教育法体系。

3. 教育法律规范的构成要素有哪些？

4. 教育法调整的教育法律关系有哪些类型？

5. 如何理解行政处分与行政处罚的异同？

6. 教育法设定的教育法律责任有哪些种类？

7. 简述教育法律责任的归责要件。

8. 教育法律责任的构成要素有哪些？

9. 简述不同教育法律关系主体承担教育法律责任的主要形式。

【案例分析题1】

某县一重点中学，在1997年公布初中升高中的录取分数线时，擅自对男女学生分别划定不同的分数线，男生是640分，女生是660分，女生的录取分数线比男生高20分。同时规定，女生的分数线上了640分，未达660分的，若想进入该校高中部学习，需要另交1万元的费用，并属于自费生。学校的这一做法，引起舆论一片哗然。许多家长，特别是女生家长表示无法理解，非常愤慨，认为学校的行为是对宪法规定的男女平等原则的公然践踏，并向多方反映。该县县政府及教育行政部门了解到这一情况，立即采取措施，责令该校立即停止违法行为，要求该校对男女学生统一划线；同时，对直接责任人员进行了严肃批评，并责令该校公开检讨这一错误做法。

问题：结合案例，分析教育法律关系的构成要素。

【案例分析题 2】

某中学的周老师任高三（5）班班主任已三年了，该班是他从高一就开始带的，一直带到现在。该班班风、班纪都非常好，年年被学校评为"先进班集体"，还被县团委评为"先进团支部"。该班的学习成绩在同年级也遥遥领先，这与周老师的辛勤工作是分不开的。7月7～9日，高三（5）班的同学参加了高考。不久，绝大多数学生都拿到了满意的成绩单，然而沈某、王某、孙某三位同学，没有拿到成绩单，三人找周老师一打听，原来，他们的成绩单被县招生办扣留（省招生办通知的），并被处罚停考一年。沈某跑到县招生办一看，他考了 626 分，是高分，其中数学考了 104 分，王某、孙某也是同样的分数。沈某随即找招生办主任反映有关情况，要求撤销对他的处理。县招生办迅速派出调查组驻该校调查。调查结果是："沈某反映的情况属实，周老师为使本班成绩更出色，以省三好学生作诱饵，唆使沈某在高考数学考试中帮助数学较差的王某、孙某二同学。"

问题：（1）周老师应不应该承担法律责任？为什么？

（2）如果周老师应当承担法律责任，应当承担什么形式的法律责任？

【案例分析题 3】

河南省首例因考试作弊引发的受教育权诉讼×日开庭审理。郑州市二七区人民法院一审判决：撤销被告××大学对原告大学生董某作出的"勒令退学"的处分决定。

原告董某现年 23 岁，原是××大学材料工程学院 2001 级的一名学生。2003 年 3 月 2 日，读大二的董某在《概率论与数理统计》课程补考时，因家境贫穷担心交不起补考费用，再加上当天鼻炎发作，让同学张某代考，被监考老师发现。

3 月 6 日，董某向学校呈交检查，并多次向老师作出检讨，希望学校给其一个改过自新的机会。但××大学仍然以严肃校纪为由，于 2003 年 4 月 4 日对董某和替考者作出"勒令退学"处分。

董某认为，××大学作出的"勒令退学"处分，侵犯了他受教育的权利；且受教育者对学校给予的处分不服，有提出申诉或诉讼的权利，但学校没有给予自己申辩的机会。2003 年 12 月 3 日，董某把母校告上法庭，请求依法撤销或变更学校作出的处分决定。

××大学认为对董某作出的处分是适当的。校方解释说，根据《高等教育法》的规定，高等学校有权对学生进行学籍管理并实施奖励或处分，被告对原告作出的处分是一种内部行政行为，不属于外部行政行为，故不属于行政诉讼的受案范围；且被告作出处分之后，已将结果告之原告本人，已履行了法定的告知义务，故原告诉称被告未给予其书面材料的说法不能成立。

审理此案的郑州二七区人民法院认为，原告在校期间与被告存在管理与被管理的特殊行政关系，且被告对原告的处分已侵犯到原告的受教育权，故该行政行为不是内部管理行为，而是准行政行为，原告、被告之间因"勒令退学"引发的争议属于法院行政诉讼的受案范围。该案中，学校作出处分决定后，并未将决定送达，也没有告诉学生申辩、申诉权，更没有将处分送报有关部门备案，属行政程序违法；另外，学校制定的校规不符合《普通高等学校学生管理规定》的有关规定，学校据此作出的处分明显过重，显失公正。据此，法院作出了上述判决。

问题：结合案例讨论教育法律关系主体的权利能力和行为能力。

第二章　教育法的历史发展

【学习目的和要求】

1. 掌握新中国成立以来教育立法的进程与内容
2. 了解第二次世界大战后德国教育立法的情形
3. 了解美国 1970 年至今教育立法的具体内容
4. 掌握日本现代教育法制建设的内容
5. 了解日本国家主义教育制度形成的背景
6. 知道民国时期教育立法的内容
7. 了解清末的教育立法

【具体教学内容】

1. 德国教育立法的历史沿革
2. 美国教育立法的历史沿革
3. 日本教育立法的历史沿革
4. 我国教育立法的历史发展

第一节　国外教育法的历史发展

一、德国教育立法的历史沿革

德国在西方国家中素有重视教育的优良传统，是最早以国家教育立法的形式实施强迫义务教育的国家。魏玛共和国时期首先通过了有关法律草案，规定义务性的职业教育，所有 14～18 岁没有进入中学的青少年须接受免费的职业继续教育，是现代双元制职业教育模式的雏形。第二次世界大战后，联邦德国通过制定一系列的职业教育法律、法规，如《职业教育法》《手工业法》《企业基本法》《青少年劳动保护法》以及《职业教育促进法》等，确立了德国在世界职业教育中的典范地位。而在高等教育方面，洪堡的教育改革为世界创建了第一所现代性的大学——柏林大学，并确立了"科研自由""大学自治"的现代大学精神，而《魏玛宪法》第 142 条对大学的科研和教学自由给予了宪法保护。21 世纪后，德国又在积极探求建设"精英大学"，为开启新世纪的教育改革做好了准备。我国作为大陆法系国家，对德国在教育立法技术、内容、形式、程序等层面应该适时、适宜地予以借鉴，以促进我国教育法制化的建设和教育事业的全面发展。

（一）德国统一前后的教育立法（16 世纪中期至 20 世纪初）

1. 义务教育层面的教育立法

义务教育领域内的教育立法源于马丁·路德在宗教改革中要求加强国家对教育的控制。它是政府为促使学校教育摆脱教会控制，实现初等教育世俗化与国家化的重要举措。在 16 世纪末 17 世纪初，德国统一前的一些封建邦国就开始把初等教育的学校管理权回收到国家的控制中，实施强迫教育。16 世纪后半期，维登堡、萨克森、魏玛等邦相继颁布强迫教育法令。其中大邦普鲁士的有关法令影响最大。1716 年和 1717 年弗里德里希·威廉一世连续颁布强迫教育法令，成为普鲁士"第一个实行强迫教育的人"[①]。1763 年，弗里德里希二世又颁布普通学校规章，宣布对 5～14 岁的少年儿童实行强迫教育，否则要处以罚金。学校教育因此第一次归于国家的统一思想之下。1794 年，弗里德里希二世颁布"普遍国家法令"，宣布"凡公立学校与教育机关俱应受国家的监

---

① ［德］弗·鲍尔生. 德国教育史［M］. 北京：人民教育出版社，1987：94.

督,任何时候均应接受国家的监督试验与视察"。法令还规定,对教师的委任权属于国家,不能强迫儿童接受与其信仰不同的宗教教育。① 通过一系列教育法令的颁布,国家最终完成了对教育的控制权,打破了教会教育的垄断地位。普法战争失败后,普鲁士进一步强化了对教育的控制,于 1808 年在内务部成立了教育局,1817 年分离为教育部,作为正式的国家教育行政机关。之后,普鲁士加强了义务教育,巩固了双轨制学校教育,将教育权全部从教会收回,彻底结束了封建教会掌控教育的局面。洪堡就任公共教育部部长后,实施了著名的洪堡教育改革。1825 年,普鲁士政府颁布法令,实行强迫义务教育制度,受教育被视为公民的基本义务,7~14 岁的儿童必须入校学习。1816 年,普鲁士的儿童入学率为 43%,到 60 年代已达到 97.5%。文化更为发达的萨克森公国,学龄儿童入学率达到 100%。

1870 年普法战争以普鲁士大获全胜,德国完成统一。紧接着在 1872 年德国公布普通学校法。这一法令是为了巩固新生的地主资产阶级政权,培养有知识的劳动者和效忠帝国的士兵,它规定 6~14 岁为义务教育阶段。截至 19 世纪末,德国几乎都实施了 6~14 岁儿童的普及义务教育,其文盲大大减少,以普鲁士为例,如表 2-1 所示。②

表 2-1 普鲁士各省文盲百分比

年份 地区	1841	1864—1865	1881	1894—1895
东普鲁士	15.33	16.5	7.05	0.99
西普鲁士			8.79	1.23
波米拉尼亚	1.23	1.47	0.43	0.12
西里西亚	9.22	3.78	2.33	0.43
萨克森	1.19	0.49	0.28	0.09
波森	41.00	16.90	9.97	0.98
西伐利亚	2.14	1.03	0.60	0.02
莱茵普鲁士	7.06	1.13	0.23	0.05
豪海劳伦	0.00	0.00	0.00	0.00
全邦	9.30	5.52	2.38	0.33

---

① 戴本博. 外国教育史:中册 [M]. 北京:人民教育出版社,1990:474.
② 李楠. 德国义务教育法制变迁历程探究 [J]. 安康学院学报,2012(2):120.

2. 中等教育层面的教育立法

洪堡根据爱国主义和人文主义的精神对中等教育进行了重大变革。一是改革教师聘用制度。1810 年 7 月出台相关法令规定，凡要担任中学教师者都得通过国家考试，合格的给以中学教师称号。而这项考试由国家委托大学办理，从而打破了教会对中等学校教育的控制。二是改革毕业考试制度。1812 年普鲁士修订了 1788 年公布的中学毕业考试制度，注重对学生实际能力的测试，打破了文法中学的控制地位，文科中学成为正规和唯一类型的中等学校，而毕业考试成为进入大学的唯一途径。

德国统一后，中等教育得到了较快的发展，经费开支有了较大的增加。以普鲁士邦为例，1871 年，中学经费开支大约为 743 马克，到 1892 年时已增加约为 3091 马克。每个中学生的平均费用，1871 年为 62.5 马克，到 1892 年时已经增加为 184.3 马克。另外，确立了三种中学类型：文科中学、文实中学和高等实科中学。由于资本主义经济迅速发展对自然科学人才的需求增加，实科中学得到迅猛发展。

3. 职业教育层面的教育立法

1815 年以后，普鲁士政府开始注重发展科技教育和职业教育，而柏林成为德国技术教育和科学研究最先进的城市。各种培训建筑师和技术工人的学校从 1816 年开始相继建立。

德国统一后，1872 年，俾斯麦政府颁发《学校基本法》，该法律规定：德国正在向工业国转变，需要学校训练工人，应鼓励开办职业学校和成人业余补习学校。同时，联邦宪法还规定工厂所在地要建立补习学校，厂主必须让工人入学等。[①] 为了进一步适应工业的发展，对青年进行职业技术教育，培养中等技术和各类专业人才，德国设置了不同类型的职业学校：一是各类工艺和专业学校（工艺学校、中等技术学校、建筑学校和纺织学校等）。二是专门为就业青年创办的职业教育学校，学习年限为 4 年，每周进行两个半天的文化和职业教育。

4. 高等教育层面的教育立法

高等教育层面的教育改革主要还是基于洪堡的教育改革。1810 年洪堡根据费希特的建议创办了柏林大学，在国家负担着沉重的战争税的情况下，通过

---

① 蔡颖. 试析德国现代化进程中的教育改革 [J]. 湖州师范学院学报，2007（3）：120.

了每年给这所大学和科学艺术院校 22 500 镑拨款的表决。柏林大学改变了旧大学的培养目标，把原来大学主要为国家培养官吏和神职人员，转变成为向学生传授科学知识，进行科学研究，提高国家学术水平为中心，采用了新的教学方法，实行师生间自由讨论和学术自由政策。以柏林大学为榜样，从 1811—1826 年，德国又相继创办了布来斯劳大学（1811 年）、波恩大学（1818 年）和慕尼黑大学（1826 年）。

德国统一后，实行中央集权的行政管理体制，大学作为一种国家机构，逐步趋向统一化和国有化。这一时期的高等教育在继续遵循洪堡大学精神的背景下，取得更大的进步。一是高校学生人数不断增加，促进了高等教育的普及。接受大学教育不再是贵族子弟的专有权利，中产阶级的子女也跻身大学生行列。德国高校学生人数出现高速增长，从 1872 年的 17 954 人增加到 1902 年的 52 538 人。[①] 19 世纪 60 年代以后，中等阶级子弟在柏林、波恩、阿根廷、莱比锡和蒂宾根大学学生中所占比重已经达到了 1/3。[②] 二是组织形式、教学方法等变革与更新。大学开设科学实验室，教学和研究范围扩大；柏林大学开设各种研讨班和研究所，丰富了大学的教学组织形式；教学方法采用讲座和报告、讨论和练习以及调查和实验等方法。

（二）魏玛共和国时期德国的教育立法（1918—1933 年）

魏玛共和国是德国历史上的第一个共和国。以《魏玛宪法》颁布与实施为标志，德国开启了民主法制化建设的新时期，也开启了德国当代教育法制化建设时期。《魏玛宪法》规范了教育与学校的各项事务，并对教育和学校立法权本身进行调整，赋予共和国在立法中提出有关学校和教育事业基本原则的权利，以及在此框架中行使对各邦教育立法进行国家监督的权利（第十条第三款，第十五条第二款）。该法又在第一百四十二至一百四十九条的相关规定中，针对公立普通义务教育、私立教育、宗教教育以及中央、各邦以及乡镇在发展和促进教育中的权责等重大问题作出了明确规定。

---

① Gerd Hohorst，Jürgen Kocka，Gerhard A. Ritter. Sozialgeschichtliches Arbeits-buch，Band 2，Materialien zur Statistik des Kaiserreichs 1870-1914 ［M］. München，1978：159-161.

② Hans-Ulrich Wehler. Deutsche Gesellschaftsgeschichte，Band 3，Von der Deutschen Doppelrevolution bis zum Beginn des Ersten Weltkrieges 1849-1914 ［M］. München，1995：1217.

1. 义务教育层面的教育立法

《魏玛宪法》第一百四十三条第一款:"设立公立教育机构实施对青少年的教育,公立机构由中央,各邦和乡镇共同负责";第一百四十五条第一款:"国家实行普通义务教育,义务教育的实施机构原则上为至少 8 年制的国民学校,以及与之相连的直至满 18 岁教育的进修学校,国民学校和进修学校免学费和书本费。"另外,1920 年 4 月,魏玛共和国又颁布了《有关基础学校和废止学前学校的法案》(简称基础学校法)。其主要内容是具体落实魏玛宪法中有关废止私立学前学校的规定,并在此基础上作出了设立四年制基础学校的相关法律规定,而颁布实施《儿童宗教教育法》的最突出意义,则在于从法律上承认家长对子女的教育权。魏玛共和国在义务教育层面的法制建设,对普及八年制义务教育具有重要的现实意义。另外,废除入学特权,建立了统一的四年制基础学校,保证劳动人民子弟学习成绩优异者可进入四年制的高等国民学校继续学习,完成义务教育,这在一定程度上体现了教育机会均等的原则。

2. 职业教育层面的教育立法

魏玛共和国时期,继续推进双元制的职业教育制度,规定所有 14～18 岁没有进入中学的青少年须接受免费的职业继续教育。学校委员会专门就此问题进行了讨论,提出教学应由每周最多 6 小时扩充到每周 2 个半天共 8 小时,并要进行相应的体育训练。由此,魏玛共和国首先通过有关法律草案,规定了职业教育义务,强调了继续教育学校的地位和作用。到共和国晚期,大约有 2/3 应该接受义务职业教育的青年均受到了相应的教育。魏玛时期的教育政策使得双元制职业培训制度向制度化方向迈进了一步,而且初步形成了现代双元制的雏形。

3. 在高等教育层面教育立法

《魏玛宪法》第一百四十二条规定,科研和教学是自由的并受到法律的保护。这是德国历史上第一次从宪法的高度对这项自由原则给予确认。同时,宪法又规定大学是国家的机构,进而继续保留了几个世纪以来德国大学国家化的传统。另外,魏玛共和国并没有行使自己对高等教育的权限,而是在遵守文化主权原则的前提下,将其交给了联邦各州。[①]

4. 教师层面的教育立法

《魏玛宪法》赋予所有的教师与公务员同等的权利和义务,把教师的地位

---

① 胡劲松.20 世纪上半叶的德国教育现代化进程 [J].华南师范大学学报(社会科学版),2005(3):108.

提升到国家公务员的标准，大大提高了教师工作的积极性，也有助于创造全社会崇尚学问、尊师重教的风气。为了培养高质量的师资，共和国建立了一批师范学院，规定招收高级中学毕业生入学，相比原师范学校只招收 8 年制的国民学校毕业生，入学条件提高了。师范教育的改革提升了德国学校的师资水平，提高了教育质量。①

（三）第二次世界大战后德国的教育立法（1949 年至今）

德国是联邦制国家，根据《德意志联邦共和国基本法》第七条之一"整个教育制度应受国家之监督"、第九十一条之二"联邦及各邦经由协议得对教育计划及超地区经济研究计划之推动，共同进行，其费用之分摊于协议中定之"的规定，德国的教育立法权归各州，即所谓各州享有"文化主权"，而州与联邦政府就教育事业通过"国家协议"达成意见一致。德国各州享有广泛的民主自治权，实行地方分权的教育管理体制。联邦宪法规定："整个教育事业置于国家监督之下，教育、科学的立法管理主要由各联邦州负责。"联邦政府行使竞争性立法权，即联邦政府在某教育领域如果不立法，各州就可自行立法，如果联邦已立法，各州应以联邦立法为依据，制定有关规定；行使框架立法权，主要是确定高等教育的基本原则，与各州共同承担高等学校的新建、扩建，参与具有跨地区意义的教育规划和科研事务。②

1949 年联邦德国教育《基本法》的制定与各州学校法规的先后颁布，这标志着德国教育上的重建工作基本完成，形成了较为完整的教育体系（见图 2-1）。德国的教育行政管理是地方分权制。联邦政府只负责制定教育政策和法规，对各州的教育实行监督和调节。各州宪法规定本州教育的基本原则和目的。联邦德国学校内部管理体制则实行校长负责制，但是又有"教师协商会议"与校长共同管理学校。

1. 义务教育层面的教育立法

1959 年 2 月联邦德国公布了《改组和统一公立普通学校教育的总纲计划》，提出所有儿童均接受四年制的基础学校教育，然后再接受两年促进阶段的教育，以观察学生性向，给学生提供充分发展能力和特长的机会，以便通过考试遴选进入不同类型的中学教育机构。

---

① 秦雅勤．透视魏玛共和时期教育改革［J］．学理论，2012（20）：170.

② 赖秀龙．德国教育政策的制定及启示［J］．现代教育管理，2009（11）：113.

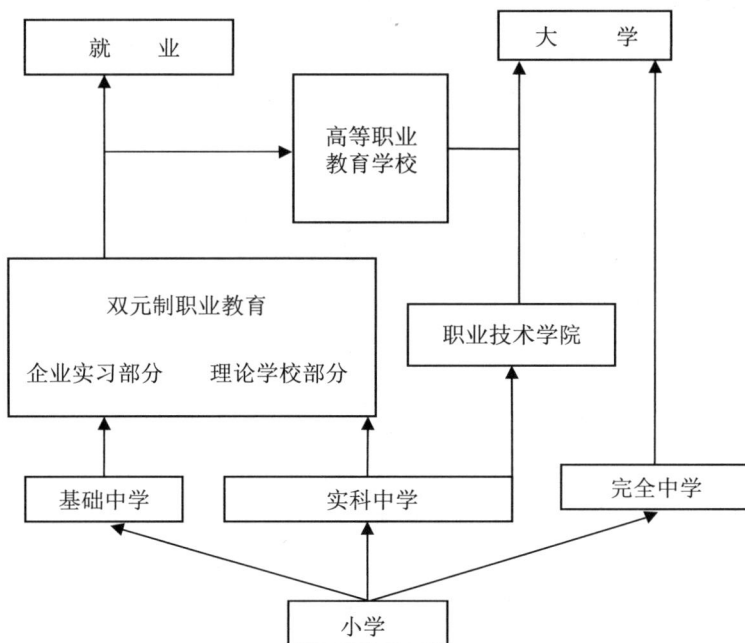

图 2-1 德国教育体系框架图①

1964 年，为适应欧洲一体化和工业化的发展需求，联邦德国各州州长在汉堡签订了《关于统一学校教育事业的修正协定》（简称《汉堡协定》）。《汉堡协定》的主要内容涉及把四年的国民学校高级班改为五年制中学，称"主要学校"，增加 1 年义务教育，全日制义务教育的年限延伸至 9 年。受完 9 年义务教育的青少年，如不进实科中学或文科中学，则须受 3 年时间制职业学校的义务教育。由此，联邦德国的义务教育一般为 12 年，即从 8～20 岁。

2004 年 1 月，德国又颁布了修改后的新《义务教育法》，该法主要从三个方面发生了转变：一是给予适龄青少年受教育的机会，实现机会均等；二是提高义务教育质量；三是通过义务教育促进一体化。②

2. 中等教育层面的教育立法

1971 年由联邦和各州政府共同委任的"德国教育审议会"提出的《教育

① 甄瑞 . 德国教育体系概况 [J] . 时代教育（教育教学版），2010（1）：101.

② 李楠 . 德国义务教育法制变迁历程探究 [J] . 安康学院学报，2012（2）：121-122.

结构计划》以及 1973 年由"联邦与州教育计划委员会"提出的《教育总计划》实施了一系列的中等教育改革，设"中等教育第一阶段"和"中等教育第二阶段"，取消实科学校、主要学校、完全中学之间以职业教育为目标或者以学术教育为方向的区别。建立三类学校联合制度，使它们之间有很大的渗透性，易于转学。在中等教育的第二阶段分设职业学校、职业补习学校、职业专科学校、专科学校、高级专科学校、专科高中和完全中学高级阶段。而且加强这些机构的垂直和横向两方面的联合，另外这一时期还出现了综合实验中学。①

3. 职业教育层面的教育立法

德国是一个联邦制国家，各州享有文化主权，所有的学校包括中小学、职业类学校和高等学校均属于州一级的国家设施，故各级各类学校教育的立法权在州这一级（如州学校法）。但是，作为一个特例，由于德国职业教育的"双元制"属性，使得德国职业教育的立法权在联邦一级。所谓德国的"双元制"是指国家办的职业学校与私人办的企业合作开展职业教育的模式，即职业学校这"一元"遵循《州学校法》，由州教育部管理。而"教育企业"（并非每个企业都有资格开展职业教育，只有经过资质认定的企业，即"教育企业"，才能开展职业教育）这"一元"则遵循《联邦职业教育法》，由联邦教育部管理。由于企业自身的法人特性，即作为营利性组织，所以需要通过《联邦职业教育法》规范其教育行为，保证双元制职业教育模式的顺利开展。"双元制"作为一个由联邦与州两级立法与管理的正规职业教育，在本质上是一种将企业的功利性与学校的公益性加以跨界整合，用学校教育的公益性调整企业培训功利性的一种极富哲学思辨色彩的"教育调节的企业中心模式"。②

职业教育立法主要包括联邦和各州两个层面。联邦对职业教育的立法主要集中在各行业的企业、青少年劳动的权利义务和职教组织机构方面。联邦在职业教育层面的立法主要包括：《职业教育法》（1969 年，2005 年）、《手工业条例》（1965 年）、《企业基本法》（1972 年）、《青少年劳动保护法》（1960 年）和《职业教育促进法》（1981 年）等。而各州在职业教育层面上的教育立法主要以州教育法、州职业教育法以及其他涉及职业教育的教育法律、法规构成，体现各州地方特色和发展要求。以下着重对联邦职业教育立法进行分析。

---

① 韩智芳. 外国学校管理史话（十一）——现代英、日、德学校教育改革及其管理体制［A］. 纪念《教育史研究》创刊二十周年论文集（17）——外国教育政策与制度改革史研究［C］. 北京：中国地方教育史志研究会、《教育史研究》编辑部，2009：1200.

② 姜大源. 德国联邦职业教育法译者序［J］. 中国职业技术教育，2012（10）：71.

1969 年颁布的《职业教育法》，赋予企业进行职业培训的权利，自己组织并承担责任。但前提是企业遵守相关法律的要求。它是企业进行职业培训最重要的法律依据，内容主要涉及职业培训关系的确定、内容、解除、终止和职业培训的组织。具体包括招收受培训人的前提条件、培训职业的认可、培训时间、培训合同、培训津贴的支付、考试、主管机构、残疾人职业培训以及各经济行业培训的特殊规定。2005 年 4 月，德国颁布并实施新的《联邦职业教育法》，该法将 1969 年颁布的《联邦职业教育法》与 1981 年颁布的《联邦职业教育促进法》合并修订，这是德国职业教育领域内最重要的法律依据，该法分为七部分，共 105 条，对德国的职业继续教育作出了较全面和原则性的规定。第一条第一款规定，本法所指的职业教育包括职业准备教育、职业教育、职业进修教育以及职业改行教育。第一条第四款规定，职业进修教育应提供保持、适应或扩展职业行动能力及职业升迁的可能性。第一条第五款规定，职业改行教育应传授从事另一职业的能力。

由于手工业的职业培训未在《职业教育法》中进行规定，因此，联邦政府制定了《手工业条例》，该条例共分五编 129 条，分别就手工业的经营、职业培训、师傅考试、师傅职称及手工业的组织及有关违法行为的处治等方面作了详细规定和说明；1972 年制定的《企业基本法》就关涉企业的职业教育。其第九十七条，明确了企业管理委员会在企业职业教育中应有的权利和义务，企业有义务与企业委员会一道商量企业职业培训制度的建立和完善，以及参与外界培训项目等问题；《青少年劳动保护法》除了对正在接受培训的青工作了特殊的保护规定，如工作时间、休息、休假等，还规定企业保证青年履行上职业学校这一法律义务所需要的时间，且不得因上职业学校而克扣学徒或青工的报酬等；《职业教育促进法》主要涉及职业教育计划、统计及报告，还有联邦职业教育研究所的法律地位、组织、任务、预算、章程和人员要求等内容。①

4. 高等教育层面的教育立法

第二次世界大战后 60 年间，联邦德国的高等教育发展大致经历了以下三个时期：1945 年至 20 世纪 50 年代为重建时期；20 世纪 60 年代至 70 年代为改革时期；20 世纪 80 年代至今为调整时期。②

---

① 费爱伦，谭移民. 联邦德国职业教育法规体系［J］. 外国教育资料，1997（4）：76-77.

② 周丽华. "与洪堡告别"——战后联邦德国高等教育政策述评［J］. 比较教育研究，2006（4）：6.

1969 年，联邦议会进行大规模修宪，赋予国家在教育领域更多的权限，包括竞争性立法权、框架性立法权以及与各州一起分担科教领域的"共同任务"，形成了对高校立法、财政、人事以及科研等多方面的干预权力。如《高等院校基建促进法》和《联邦教育促进法》的颁布，即规定联邦政府向大学生提供教育资助，并携手各州出资促进高校基建、科研和对外合作。

1976 年，第一部全国性《高等教育总纲法》问世，内容共 7 章 83 条。内容涵盖了包括高校的任务、高校的入学、高校的成员、高校的组织和行政管理、高校的国家认可、州教育法的配套问题以及联邦有关法律的修改和附则等，它促使传统的文化联邦制开始被"合作性联邦制"取代。

21 世纪以后，为了优化高等教育，重建高等教育强国，德国政府制定了一系列的举措，这包括建设"精英大学""还高校立法权于地方"、高校收费、倡导高校间的竞争与效率，等等。2006 年 7 月，德国通过了"联邦制改革方案"，对《基本法》141 项条款中 25 项有关联邦政府与州政府的权限问题重新进行了规范，其核心内容包括教育事业、州议会的立法权、管理权和财政分配权，以及欧盟事务、国家安全等四十余种。此次改革方案终结了《高校总纲法》的使命，取消了联邦政府今后对扩建和新建高等院校及其附属医院的财政参与；通过将《基本法》第 91b 条中教育规划限制为参与教育评估；新增第143c 条有关 2013 年联邦政府对各个联邦州的教育财政补贴，从而确定资助"精英大学"建设的合法性；把高校教师工资和待遇专项权下放给州政府，以便推行教授工资与业绩挂钩。[①] 这与 2006 年 5 月，联邦与州达成的《2020 年高校协定》是统一的，这就使得联邦与州就高等教育领域内的权利关系从原来追求"统一性"和"一致性"的"合作性伙伴"转变为"战略性伙伴"关系。

二、美国教育立法的历史沿革

美国作为联邦制国家，其《宪法》第十条修正案规定："本宪法未授予合众国、也未禁止各州行使的权力，保留给各州行使，或保留给人民行使之。"（1804）这成为教育权隶属各州的宪法学依据。各州制定本州宪法，州教育的基本政策和教育制度在州宪法中都有反映，各州的宪法成为各州在制定教育法规时的直接依据。在联邦与州共有立法权的范围内，联邦没有立法的，州可先

---

① 俞可. 在生存与发展的夹缝之间——德国高等教育改革全面展开 [J]. 上海教育，2007（5）：41.

行立法；联邦已立法的，州立法不得与之相抵触。可见联邦教育法层次上仍处于核心地位。① 美国的教育行政制度基本上采用地方分权的原则，联邦政府对各地教育运作不直接进行干预，但是联邦政府可以通过联邦法案对全国的教育产生渗透性的影响。以下就是美国联邦政府对教育施加的影响。

（一）独立战争至南北战争时期美国的教育立法

1. 美国《宪法》第一条修正案确立了教育世俗化原则

《宪法》第一条修正案规定："国会不得制定关于下列事项的法律：确立国教或禁止宗教活动自由；限制言论自由或出版自由；剥夺公民和平集会和向政府请愿申冤的权利。"（1791 年）它确定了美国政教分离的原则，这就要求美国的各公立学校不能由各个教派控制，学校内禁止进行宗教教育、举行宗教仪式。另外，联邦各州的税收不能资助教会学校。这就使得教育摆脱了教会的控制而由民众管理，为公立学校的发展奠定了基础。

2. 《西北区法案》《摩利法》等——以赠地形式干预公立教育发展

基于《宪法》第十条修正案的要求，美国的教育权利隶属各州，但联邦政府也没有放弃对教育的关注，实质上形成了教育管理的"双重联邦体系"（dual federalism）。1787 年，国会通过《西北区法案》，要求每镇提供 16 块土地，供公立学校建校使用，这是联邦政府干预教育的开端，对促进美国教育的发展产生了重大的意义。1862 年，国会又通过了《摩利法》，拨予各州 3000 亩土地，并规定这些土地必须用于"至少一所大学或学院的农业与机械等系所"的建立，因此而设置的大学我们称为"赠地大学"，它促进了公立大学的发展，有利于更多的平民阶层接受高等教育。

（二）两次世界大战期间美国的教育立法

1. 《史密斯—休斯法》——以职业教育推进国力发展

第一次世界大战期间，联邦政府因战事频发，希望通过加强职业教育，培养高素质的农工以增强国力，遂于 1917 年通过《史密斯—休斯法》，该法案强调联邦政府对当前国家的职业发展概况进行调查，并帮助州开办职业学校和职业班，给与农业、手工艺业、工业、家政四个方面的训练。要求每州成立州职业教育委员会，州接受联邦援助要提供一美元对一美元的对等经费。这些经费用于支付教师薪金等事项。《史密斯—休斯法》奠定了美国职业教育的基础。随后国会又在 1929 年、1937 年通过了《乔治·里德法案》和《乔治·迪姆法

① 卢祖元. 中、美、日三国现代教育立法之比较 [J]. 江苏高教，2002（5）：118.

案》，在公立学校中推行职业教育。

2.《国防训练计划》《国防职业教育法》——加强国防教育

第二次世界大战期间，联邦政府为培养战争所需专门人才，相继颁布了《国防训练计划》《国防职业教育法》。《国防训练计划》规定，由联邦拨款、军队主持，在全国 300 多所大学内使用大学教师及其设施，进行一项特殊的训练计划。这一计划使得许多由于缺乏生源的机构免于关闭。《国防职业教育法》规定，由政府拨出专款举办军事工业方面的职业技术教育。这两项法案的实施，为 300 万工人开设了战时需要的课程。[①]

（三）第二次世界大战后期至 1970 年：美国教育立法高潮，联邦政府大量介入地方教育事务

第二次世界大战以后，联邦政府及其立法当局通过大量立法资助地方教育事业的发展。其标志之一就是 1944 年《退伍军人法》的施行，随后国会相继颁布了一系列相关法律，对退伍士兵进行战后的妥善安排，包括由政府贷款，使退伍军人能安家立业，并得到在职训练，帮助他们顺利地转入平民生活。另外还资助退伍军人进入自己喜欢的大学修习课程，由联邦政府提供学费，并补贴生活费用。除此之外，1958 年的《国防教育法》、1963 年的《职业教育法》、1964 年的《民权法》、1965 年的《初等与中等教育法》以及 1965 年的《高等教育法》共同构成了这一时期美国教育立法的高潮。

1. 1958 年《国防教育法》

《国防教育法》的提出基于特殊的历史事件，即 1957 年苏联"旅伴"人造卫星发射成功，造成国会质疑国民教育成效，要求着力发展学校数理和科学教学，提升国防实力。《国防教育法》规定：从 1959 年至 1962 年拨款 8 亿多美元资助美国教育事业。当然拨款是有条件的，它主要以专项拨款的形式资助理科教育，由此开创了美国理科教育的"黄金时代"。

2. 1963 年《职业教育法》

要求进一步扩大职业教育受惠者群里，包括高中学生、辍学者、已有职位却需提升技术者与需要工作的残疾者。它基本上继承了《史密斯——休斯法》的精神，规定各州制订详细计划接受联邦补助，并施惠到各州需要帮助的社会群体。

---

① 王娟. 美国教育立法与美国教育发展［J］. 外国教育研究，1994（3）：18.

3. 1964 年《民权法》

要求消灭种族歧视，使人民在就业、生活与学校中受到平等待遇。该法案对"黑白分读"（黑人、白人）学校存在的合法性进行了质疑，其第四款授权联邦教育处，应尽力促成黑白混读学校的实施。

4. 1965 年《初等与中等教育法》

《初等与中等教育法》是联邦政府首次对义务教育的介入。其内容主要涉及为低收入家庭儿童提供及改善教育设施等内容。其在促进教育机会均等和教育改革方面所起的作用，赢得了美国教育界的赞成和支持。不仅通过联邦政府帮助了下层人民接受义务教育，也在一定程度上弥补了各州在义务教育领域的财政空缺。随后联邦政府向中小学拨款数目也逐年上升，至 1975 年联邦拨款已由 1964 年的 6.6 亿美元增至 50 亿美元，1980 年达 70 亿美元。

5. 1965 年《高等教育法》

《高等教育法》及其修正案在美国历史上第一次明确规定了联邦政府向全国公立和私立院校提供长期资助的计划。它改变了美国教育界对联邦政府干预的消极甚至反对态度。《高等教育法》颁布后，联邦政府对高等教育的资助大幅度增加，20 世纪 60 年代中期，联邦政府拨款在大学财政收入中的比例已达 22.4％。1987 年，高校从联邦政府研究和发展基金中获得 65.6 亿美元，占联邦全部研究和发展资金的 11.1％。

（四）1970 至今：美国教育立法的调整与发展期

1. 1970—1990 年——美国教育立法的调试期

1950—1970 年这二十年是美国联邦政府积极主动介入教育事务，期望推动全美教育发展的时期。联邦政府在教育领域扮演的积极角色却受到来自不同层面的质疑。一是南方各州对联邦侵犯其教育职权的反抗。突出表现就是对联邦 1964 年颁布的《民权法》中规定禁止实行种族界线，各州应尽力促成黑白混读学校等相关要求的坚决反对。二是部分学者质疑联邦政府干预地方教育事务的效果，因为调查研究的数据显示受其资助的教育机构的学生成绩并不理想。

因此，20 世纪 80 年代上任的美国总统里根，认为不能过分迷信"教育是解决社会问题的灵丹妙药"，应该重新落实"还政给地方政府"的信念。为此，里根总统提出了"教育六点"，而这一时期的调整有学者称其为"里根主义的摇摆"①：

（1）将补助地方中小学教育与大学的款项，每年削减 20％～25％；

（2）反对校车运送政策，并希望司法部减少对黑白混读的补助；

（3）将所有联邦补助分为两类，并给予州政府支用的权力，并无须接受联邦政府的繁文缛节；

（4）对供给残疾学生的补助，做"合理的减少"，降低各地学校对特殊教育所必备的条件标准；

（5）对就读私校学生所需负担的昂贵学费，予以课税的宽减；

（6）废除联邦教育部。

2.1990 至今——美国教育立法的发展期

20 世纪 80 年代中后期，基于学校办学成绩的不断下降。联邦政府及其各州政府、民间都开始思考教育改革的问题。政府层面上，将改革的推手重点放在提高高中毕业的学科标准、实施或扩办评鉴计划，以及提升未来教师任用的标准等。而民间这种自下而上的教育改革则将焦点放在学校的重组与教师专业化的提升，即改革学校的教学内容和教学方式。

（1）克林顿时期美国的教育立法（1993—2001 年）。

1994 年 3 月，美国通过《目标 2000 教育法》，这是联邦政府首次制定全国性的教育标准。内容涉及确立国家教育目标、成立国家教育目标小组、成立国家教育标准暨改革委员会、成立国家技能标准委员会、补助州及地方教育改革、赋予教育部长广泛的权力、加强教育研究、维护校园安全、发展教育科技、成立父母协助中心、推行少数民族公民教育以及拓展国际教育等 12 项改革内容，成为继美国《危机中的国家》最重要的教育法律。

在 1994 年，根据《初等与中等教育法》的基本框架，颁布了《改革美国学校法案》，法案规定将提供约 110 亿美元的经费给地方学区及学校改善其教学质量，而受益的对象是低收入阶层的子女。法案的重点是促使学校为学生设定较高的学业标准、使校园免于暴力及毒品的防治、为教师的专业发展提供资源、通过特许学校及改善科技所取得的渠道，为教育改革创造诱因、废止联邦政府烦琐的规定及调整联邦政府计划以促进州与地方学校的改革等。②

在新千年之际，为了给予所有美国儿童世界上最好的教育，基于《改革学

---

① 秦梦群．美国教育法与判例［M］．北京：北京大学出版社，2006：12.

② 刘庆仁．美国教育改革概况：1994—2000 年［J］．世界教育信息，2001（10）：1.

校法案》和《目标 2000 教育法》的实践成果，克林顿总统于 1999 年 5 月再度修订《初等与中等教育法》并最终提出了全体儿童教育卓越法，该法案勾勒了联邦政府未来五年（1999—2004 年）推动中小学教育改革的四项方针，即每间教室均有高的学业标准；提升教师与校长的素质；加强学校级学生表现的绩效责任；确保安全、健康及有纪律的学习环境。

（2）小布什总统时期美国的教育立法（2001—2009 年）。

美国总统布什于 2001 年上任后，同样表示出解决教育问题的决心。并于 2002 年 1 月签署了名为《带好每个学生法》（简称 NCLB）的教育改革法案。法案涉及条款颇多，核心内容主要表现在三个层面上：一是强化州政府的教育责任。州政府应该负起更强的绩效责任，实施更严苛的学校教学质量评估标准。如学校连续两年不达标，需整改；连续五年不达标，需重组。二是给家长和学生以更多的教育选择权利。学校必须给面临整改、重组的学生提供更好的公立学校；地方教育当局必须给不达标学校学生提供教育服务。三是强化地方各州和学校的教育权力，"还政于地方"。如各州和学校对联邦政府下拨的资金有充分的支配权。该法案的最大贡献是促使人们开始关注亚学生群体间的学业差异，要求全国所有三到八年级学生每年必须接受各州政府的阅读和数学统考，促使学校领导开始关注因家庭经济，语言文化背景，种族等因素学业较之落后的学生。①

纵观美国教育的历史发展概况，联邦政府从未脱离对教育的管理，这种管理虽未直接干预地方各州的教育权限。但随着一系列全国性教育法案的出台，尤其是《目标 2000 教育法》颁布，联邦政府尝试确立全国性的教育目标和标准，这使得联邦政府与各州政府之间的权力博弈日益凸显。这种权力博弈的背后既涉及联邦政府与各州政府之间的资源与利益之争，却在最大程度上将国家的教育问题推向前台，促进了教育的改革与发展（以下是美国联邦政府通过的重要法律，见表 2-2）。

---

① 李雪峰，何晓东.《不让一个孩子落后》法案对中国的教育启示［J］. 宜宾学院学报，2011（10）：121.

表 2-2　美国联邦国会历年通过的主要教育法律及其影响①

年代	法律	内容与影响
1862	摩利法 （Morrill Act）	由联邦拨出土地建立赠地大学，课程内容以农工科系为主
1887	哈奇法 （Hatch Act）	准许在学校设立实验室，促成了后来自然科学研究的兴起
1917	史密斯-休斯法 （Smith-Hughes Act）	由联邦政府提供补助各州的职业教育，同时培训教师
1941	兰哈姆法 （Lanham Act）	补助因参展而受到影响的各州教育活动。提供专款帮助各校的建筑
1944	退伍军人法 （GI Bill）	帮助退伍军人还乡的职业训练与进入大学接受进一步的教育
1945	傅尔布莱特法 （Fulbright Act）	联邦授权将美军在第二次世界大战结束后的剩余物资出售，并将所得款项提供外国学者奖学金，以促进与各国的文化交流
1958	国防教育法 （National Defense Education Act）	提供款项改进各校数理与外国语文课程，并建立大学贷款制度
1963	高等教育设备法 （Higher Education Facilities Act）	补助高等教育的设备更新与兴建校舍
1963	职业教育法 （Vocational Education Act）	成立两年制职业导向的社区学院，提供职业训练与课程给失业者
1964	民权法 （Civil Right Act）	提供实行黑白混读学校的经费，并补助少数民族学生
1965	初等与中等教育法（Elementary and Secondary Education Act）	补助低收入学生，更新义务教育的设备，建立社区教育中心以研究初、中等教育课程
1965	高等教育法 （Higher Education Act）	提出七项计划来加强大学教育功能，进一步提供学生补助计划
1966	国际教育法 （International Education Act）	提供经费加强国际教育计划，建立研究风土文化的科系与课程

---

① 秦梦群．美国教育法与判例［M］．北京：北京大学出版社，2006：20-21.

续表

年代	法律	内容与影响
1970	残疾人教育法（Education of Handicapped Act）	首次对身心障碍者的教育制定独立法案，认定其为具有特殊需求的个体，州必须为其安排适当教育。所有使用联邦经费兴建的教育设施必须配合身心障碍者
1972	1972年教育修正法（Education of Amendments of 1972）	补充《民权法》，规定任何教育活动都不可有性别歧视
1973	康复法第504节条款（Section 504 of the Rehabilitation Act）	残疾人不能只因其障碍事实而被排斥参与联邦所补助的计划或活动，也不得因无经费而否定残疾人的权利
1975	全体残疾儿童教育法（Education for all Handicapped Children Act）	规定州与地方学区应为所有儿童提供免费而适合的公共教育。在教育安置上，残疾学生及其父母应有的权利应受到保障，政府不得任意加以决定
1979	联邦教育部组织法（Department of Education Organization Act）	建立独立的联邦教育部，以处理联邦补助及与各州之间的协调合作事宜
1986	残疾儿童保护法（Handicapped Children's Protection Act）	父母经由正当程序的听证会或法院诉讼获得胜诉，有权利要求政府负担相关诉讼费用
1986	全体残疾儿童教育法修正案（Amendments of EAHCA）	延伸残疾儿童的教育由3岁开始，同时也为出生至2岁残疾及身心发展较慢的幼童提供教育方案
1990	身心障碍者教育法（Individuals with Disabilities Education Act）	身心障碍儿童的家长或监护人对特殊教育服务拥有特定的权利。这些权利与记录、独立评估、注意、同意、听证、评估程序与安置于最低障碍空间等有关，此法案于1992年7月26日生效
1990	美国身心障碍者法（American with Disabilities Act）	学校必须改善所有的设施，以保证所有学生和员工都能行动自如
1994	改革美国学校法（Improving American's School Act of 1994，系修订自1965年的中小学教育法）	提供经费给社会经济水平低的学区，使校园免于毒品与暴力的威胁
1994	目标2000年教育法（Goal 2000：Education America Act）	确立国家目标，加强教育研究与发展教育科技等

续表

年代	法律	内容与影响
1997	身心障碍者教育法修正法（Amendments of IDEA）	对于特殊教育儿童具有暴力攻击且影响他人者，学校可视情形将其从班级中隔离最多55天
1999	全体儿童教育卓越法（Educational Excellence for all Children Act）	加强学校与学生表现的绩效责任，提高学业标准与提升学校人员的素质
2002	带好每个学生法（No Children Left behind Act）	要求各州定期测试学生的阅读与数理能力，赋予各学区运用50%补助款的弹性权利，提供更多特许学校的就学机会等

三、日本教育立法的历史沿革

教育法是现代文明和现代教育的一个特征。日本的教育立法经历了三次教育改革时期，它始于明治维新时期（《学制》《教育令》《学校令》《教育敕语》），而后又经历了第二次世界大战后日本《教育基本法》的制定，再到20世纪90年代的《终身学习振兴法》，三次教育改革促进了日本经济发展的两次奇迹，也促进了日本社会民主化和法制化的进程。日本与我国相邻，一衣带水。中日两国有着相似而又频繁交流的历史传统文化，以及人口众多，资源贫乏等许多共同特征，而且近代社会日本与我国的法制化进程同样经历了对西方文化的继受和自我内生相结合的过程。因此，全面了解日本的教育立法历史有利于解构日本文化的形成，更重要的是可以借鉴其健全的教育法制体系，促进符合我国国情的教育立法的现代化进程。

（一）明治维新时期的教育立法（1868—1880年）——日本近代教育法制建设的开端

法国著名思想家涂尔干指出，"教育的转型始终是社会转型的结果与症候，要从社会转型的角度入手来说明教育的转型。"[①] 日本近代教育的转型正是在社会转型这一大的时代背景下进行，包括：一是1853年由"闭关锁国"到开放港口，二是1868年由天皇主导的自上而下的明治维新运动。明治维新时期提出的"富国强兵""殖产兴业""文明开化"以及"求知识于世界"的口号，

---

① ［法］爱弥尔·涂尔干.教育思想的演进［M］.李康译，渠东校.上海：上海人民出版社，2003：231.

引导了日本近代的教育改革思潮，因为人的现代化是社会现代化过程的关键因素，而教育又是促进人性发展的手段与方式。为此，明治政府先后出台了一系列具有近代社会精神的教育法令以促进社会的发展进程，其中最重要的就是《学制》与《教育令》。

1. 《学制》的颁布——日本近代教育法制建设的起点

《学制》作为现代日本的三大教育宣言之一（另外两个是《教育敕语》和《教育基本法》），于 1872 年 8 月以太政官布告的形式颁布的。它是日本近现代教育史上第一部教育法规。原因主要有两个：一是因为《学制》实现了日本在教育立法上零的突破；另外，更重要的是《学制》中所确立的"国民皆学""实学主义"和"立身出世主义"等近代教育思想，对日后日本的教育法制建设产生了极为重要的影响。《学制》的主要内容由学区、学校、教员、学生和考试、海外留学生规则和学费等项目组成，计 109 章，1873 年又增加了神宫僧侣学校、专门学校等规则 104 章，共 213 章，其内容涉及各级各类学校的设置与管理，是较为完善的体现近代思想精神的教育法律。

《学制》的颁布是日本近现代史上的重大事件，它废除了江户时代以武士为对象的藩校和以庶民为对象的寺子屋两个系统的学校教育，首次将一切学校教育统一纳入国家的管理之下，使日本教育开始步入大教育的轨道，为国家主义教育法制的确立奠定了基础。① 这主要体现在以下三个方面：第一，《学制》为明治时期的日本教育提供了一个较为完整的学制系统。《学制》明文规定，由文部省统辖，全国设 8 大学区，学区是地方教育行政单位，各大学区下设 32 个中学区，中学区下设 210 个小学区，预定全国设八所大学，256 所中学，5376 所小学。第二，《学制》的部分内容体现了"教育机会均等"的目标，对普及教育产生了重要的作用。如在《学制》的序言中指出："全民皆学……今后不分男女老幼'邑天不学之户''家无不学之人'。"② 最后，《学制》的颁布开启了日本近现代史上教育立法的先河，虽然《学制》在很大程度上存在着对西方教育立法的简单移植，有很多教育条令不符合本国的社会经济发展与文化传统，最后被《教育令》（1879）所取代，但不可否认，它极大地推动了日本教育体制的改革。

---

① 冯志军. 日本教育法规研究 [D]. 苏州：苏州大学，2004：7.

② 瞿葆奎. 教育学文集——日本教育改革 [M]. 北京：人民教育出版社，1991：3.

2.《教育令》——探索符合日本国情的教育法制建设时期

《学制》的颁布，开启了日本近代教育法制建设的进程。但是，由于《学制》本身的超前性，不符合日本的社会经济发展和文化传统。这主要表现在：一是照搬西方教育法制体系，造成了教育立法的简单堆砌，地方缺乏教育自主权。"日本和法国一样，每个学校在同一天都用同样的教科书，上同样的课，每个学校每天早晨都在同一时间，在同样的广播伴奏下，做着同样的早操。市、町、村共同体对学校、警察和法院，不能行使自治权。"① 二是与当时日本的国民经济发展程度不符。公立学校经费的 54%～60% 以上由国民直接负担，致使一些地区发生了捣毁学校等事件，使就学名额达不到预期目标。三是教育内容过于西方化，遭到保守势力的强烈抵制。以天皇的近臣元旧永孚等为首的国学（又称皇学）家和汉学家们，反对贯穿于《学制》中的文明开化思想等。因此，明治政府于 1879 年 9 月宣布废止实施 7 年的《学制》，改行《教育令》。

《教育令》又称《自由教育令》，是由具有亲美色彩的文部次官（大辅）田中不二麻吕制定的。《教育令》更强调地方教育自治，赋予地方行政组织较大的教育管理权，强调地方分权自治、尊重多样性办学以及个人自由接受教育等，在日本实施非强制性的教育自主发展权。《教育令》由 47 条组成，它明确规定学校的种类为小学校、中学校、大学校、师范学校和专门学校。另外，在内容上，修正了《学制》的很多内容。如废除学区制、放宽学龄期的学校教育要求、承认非正规学校普通教育的合法性、缩短公立小学校的学习年限、对私立学校的设立持自由态度、大力精简教学内容、取消学区监督只设公选的学务委员等。《教育令》修正了《学制》中不切实际的高度集权的中央教育行政管理体制，强化了地方的教育权利，充分利用了地方政权组织形式在教育发展方面的功用。但是，《教育令》存在着根本的缺陷，即过分承认地方教育自治权利，忽视了中央政府在推动教育近代化方面的主导作用，造成教育管理的放任自流。表现在：《教育令》将教育权完全下放地方，由其实施自主办学，但在自由主义思想的影响下，很多私立小学仅进行十分单调的教育，地方政府甚至因经费不足而随意废校，且学龄儿童就学时限大大缩短，这样就造成了日本近代教育发展的停滞，甚至后退。

---

① ［美］鲁思·本尼迪克特.菊与刀［M］.吕万，熊达云等译.北京：商务印书馆，1990：59.

（二）明治维新后期至第二次世界大战结束（1881—1945 年）——日本国家主义教育制度的形成

1. 修正《教育令》——国家主义教育制度的开启

由于明治维新时期制定的《学制》《教育令》是对欧美等国家教育法律制度的简单移植，忽视并脱离了本国的基本国情，特别对自身的社会经济发展程度和文化教育传统考虑不足，尤其对儒家文化盛行的日本，其教育宗旨及目标与本国文化冲突明显。因此，《学制》和《教育令》实施不久后均被修改和废止。为了应对教育发展的新危机，明治政府适时回应日本国内和国际形势的需要，把西方教育法和本国法律进行了富有成效的融合，在 1881 年和 1885 年先后两次颁布了《修正教育令》，又称为《强制教育令》，它的基本思想是国家强制办教育，其旨在保证教育质量的提高，一方面重新加强了国家对教育的管理和领导，牢牢地控制着国家教育的发展方向；另一方面又在一定程度上保留了先前赋予地方基层组织的教育管理权，实行有限的教育地方自治。

《强制教育令》的主要内容是：强化中央对各地教育的监督权力，修正"自由放任主义"，强制推行国民义务教育；规定凡不就学者须经郡长批准，并将义务教育年限从 16 个月延长为 3 年；明确规定公立、私立学校的创设、停办、就学资格等，一律由中央决定；小学校的学期、授课天数、时数等由文部省统一决定；还规定小学课程的设置，一律按文部省颁发的教学大纲执行，并将修身课列为首位，加强忠君爱国教育。①

2. 《学校令》——国家主义教育制度的完善与定型

1885 年时任文部大臣的森有礼则在吸取德国国家主义教育思想基础上，主张从日本的国情出发，在国内建立以国家主义为中心的教育体制，依据国家办教育的原理，拟定了一整套国民教育计划即《学校令》。《学校令》是指1886 年以后日本政府陆续颁布的《帝国大学令》《小学校令》《中学校令》和《师范学校令》的统称，它们的共同之处在于主张一切个人的要求与道德均从属国家及国家权力，教育的宗旨是培养受教育者的国家观念和忠君爱国思想，从而基本确定了日本的国家主义教育制度。

3. 《教育敕语》——军国主义教育制度的形成

《教育敕语》是日本国内改革派和保守派妥协的产物，是神化的儒家文化

---

① 皮进. 明治时期日本教育法制改革的历史考察［D］. 重庆：西南政法大学，2005：20.

与近代国家主义相融合的混合体。《教育敕语》把"忠君爱国"作为教育的基本方针，以培养拥有"大和魂"武士作为教育目标，以最高法令的形式确立了以儒家思想道德为中心的国家至上主义教育。它宣称："我臣民克忠克孝，亿兆一心，世济厥类。此乃我国体之精华，而教育之渊源亦实在于此"，它不仅将儒学的"忠孝"说成是教育之渊源，还将其提高为日本"国体之精华"，明确地予以正统化。《教育敕语》把适用于军人的武士道适用范围扩大至全体国民，要求全国人民忠于天皇，为国效忠献身，进而又将国民的武士道，推及全国城乡，是一种典型的军国主义教育制度。它妖魔化了国家主义教育的性质，其教育目标逐渐转换为培养"忠孝"的臣民，背离了民主的教育宗旨，成为日本对外发动侵略战争的思想渊源之一。

（三）第二次世界大战后至今——日本现代教育法制建设的完善与成熟

第二次世界大战之后，日本高度重视教育法制建设，颁布了较之于其他欧美发达国家更多的教育法律，而且对几乎所有教育的问题，即便是非常具体、细节的问题，都制定了相应的法律、法规并严格施行。

第二次世界大战前后，日本的教育立法有着鲜明的区别。最重要的就是体现在教育法律的渊源上。日本在第二次世界大战以前实行的是教育上的"敕令主义"，以"教育敕令"为最高的法律规范。这主要是基于日本的明治宪法，授予天皇以绝对的权力，承认天皇享有范围广泛的君权，其权力可以不经法律只经敕令来实施。而日本的教育法规，以天皇的名义作为《天皇圣令》颁布，就使得日本的国家教育全部置于天皇的特权之下，形成了教育行政的"敕令主义"。第二次世界大战后，日本于 1946 年公布了以和平主义和民主主义为原则的新宪法。新宪法要求教育上的重大问题是由国会通过法律决定，因此，教育立法由"敕令主义"改为"法律主义"。如《宪法》第二十六条把受教育权规定为国民的基本人权之一，受法律保护，同时明确规定了国民受教育的权利和义务。而 1947 年的《教育基本法》，也是根据新宪法的精神颁布的，它是通过国会制定的，这为以后所有重要的教育法规都要通过国会的程序开了一个重要的先例。[①]

1. 《教育基本法》——日本近现代教育立法进入教育民主化时期

为了废止《教育敕语》中内涵的军国主义教育体制，1947 年 3 月，在美军司令部直接干预和美国教育使团建议下，由日本教育委员会起草的、后由文

---

① 李素敏. 日本教育法制的特点 [J]. 日本问题研究，1996（1）：42.

部省拟订成法案的日本《教育基本法》在国会获得通过。《教育基本法》的主要内容有序言和十一条构成，它以简洁的语言对日本教育事业的基本原则和宗旨做出了明确规定。

作为日本现代教育领域的教育宪法，《教育基本法》对日本教育法制建设具有重要的现实意义。首先，它完全参照了新宪法的民主精神，强调"教育民主、教育主权在民"，用民主主义取代了军国主义和天皇专制主义，用"法律主义"取代了"敕令主义"。其次，作为教育法律中的基本法，《教育基本法》对战后日本教育的民主改革起了关键性的作用。最主要的表现就是参照《教育基本法》第十一条要求，"在实施教育基本法各项条款过程中，根据需要可制定相应的法律，明确了教育基本法在教育法令中的基础位置"，日本在教育领域内制定了一系列的教育法规。如《学校教育法》，它是战后学制改革的法律依据，是一部仅次于《教育基本法》的重要教育法律。除此之外，日本又分门别类制定出一系列的具体教育法令，包括社会教育法律、教育职员法律、教育行政法律、教育财政法律以及终身学习法律等（见图2-2），健全了日本的教育法律体系，促进了日本教育法制建设的发展。

2.《终身学习振兴法》——日本教育的第三次改革

第二次世界大战后，在教育领域日本采取的是"拿来主义"的教育体制。但是，随着日本经济实体的不断壮大，该体制越来越不适应日本的现实发展需求。尤其是在面对美国依靠雄厚的创新能力，在信息、生物、材料等高新技术产业方面率先建立了知识经济的战略平台，从而提升了美国经济的战略层次。[①] 这差距促使日本政府选择了科技立国战略。另外，兴起于20世纪60年代末的终身教育思潮，对日本的教育体制也提出了新的要求，这都促进了日本的新教育改革。1971年6月，日本教育审议会会长森户辰男在《关于综合扩充、整顿今后学校教育的基本措施》的咨询报告中宣称："现在要进行的改革是继明治维新时的第一次教育改革、第二次世界大战后的第二次教育改革之后的，维系着国家和社会未来的第三次教育改革。"[②] 随后，经过一系列法律的出台和实施，最终于1990年6通过了作为第三次教育改革最为重要的成果《终生学习振兴法》。

---

① 李仕明，吴坚强，唐小我. 知识经济高新技术人才美日经济的发展启示 [J]. 研究与发展管理，2000：32-35.

② 顾明远，梁忠义. 世界教育大系——日本教育 [M]. 长春：吉林教育出版社，2000：621.

日本宪法

教育基本法

著作权法·文化遗产保护法·日本艺术文化振兴法·文化功臣年薪法

终身学习法律｜学校教育法律｜社会教育法律｜教育职员法律｜教育行政法律｜教育财政法律

关于完善振兴终生教育措施的推进体制等的法律

关于公立义务教育法学校的班级编制和教职员定员标准的法律

日本育英会法 — 关于义务教育学校的教学用图书免费的法律

学校图书馆法 — 理科教育振兴 — 产业教育振兴法

学校教育法 — 放送大学学园 — 私立学校振兴助成法

体育振兴法 — 博物馆法

社会教育法 — 图书馆法 — 青年班级振兴法

关于国立及公立义务教育学校等的教育职员的工资等特别措施法

教育职员许可法 — 教育公务员特例法

关于地方教育行政组织及其运营的法律

文部省设置法 — 国立学校设置法

市町村立学校职员工资等负担法 — 公立养护学校整备特别措施法

国立学校特别会计法 — 义务教育国库负担法

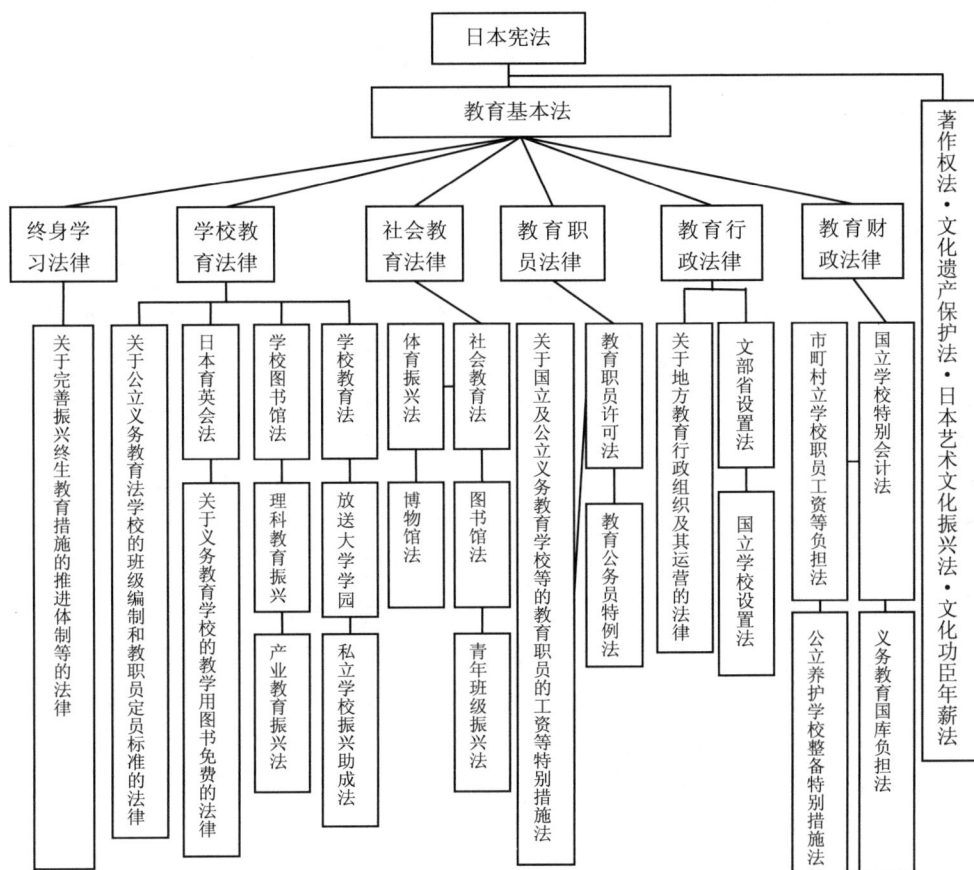

图 2-2　日本教育与文化法律体系[①]

《终生学习振兴法》（又称《终生学习整备法》，全称《关于整备为振兴终生学习之施策的推进体制等的法律》）共由 12 条和附则组成，是日本有关终生学习的第一个法律。它是在综合学校教育、社会教育、体育、文化等各个方面的基础上建立起来的终生学习体系，借以改变当前过于偏重学校教育的僵化的、划一的、封闭的教育体系。该法主要有三点重大规定：一是整备为振兴终生学习的都道府县教育委员会体制，即由都道府县教育委员会去统筹本地区的终生学习；二是各都道府县都要根据各自的地区实际，提出切实可行的振兴本地区终生学习的基本设想，强化了地方行政对终生学习的介入；三是为了振

兴学校教育、社会教育和地区文化，使其更好地向着终生学习体系转变，建立有关振兴终生学习的重要事项等进行调查审议的都道府县终生学习审议会（文部省设由 27 名委员组成的终生学习审议会），市町村建立与其相应的协作机构和团体。①

3. 《教育基本法》修订——日本教育改革的新动向

2006 年 12 月 22 日，日本颁布施行了新的《教育基本法》，这是对 1947 年制定的教育基本法的全面修订。从《教育基本法》到《教育基本法》的修订，日本的教育民主化历程经历了近 60 年的辉煌。但是，随着国际形势的突变（海湾战争、亚洲金融风暴等），以及日本自身谋求国家利益的需要，对教育法律的修订成为日本谋求变革的突破口。《教育基本法》的修订存在着两个明显的历史背景：一是日本国家发展战略转移与发展目标变化的需要。日本政治家希望将教育问题和政治问题纠结在一起，妄图通过教育的变革，改变国民的公民理念，推动日本由经济大国向政治大国的迈进，这种教育变革隐藏着强烈的国家主义色彩。二是教育体制内部改革的必然要求。20 世纪 90 年代后，日本教育质量明显下降，出现了多面的"教育病理"问题，如校园暴力、以强凌弱、拒绝上学、孩子的道德及学习欲望下降、家庭对孩子的教育及地区教育水准下降等。这一方面是日本教育管理体制和教学方法的问题，另一方面是日本的保守主义者认为《教育基本法》过于强调个人权利及尊重个性，公共精神、纪律与道德力量遭到了削弱，这是学校纪律问题频出和青少年犯罪激增的根源。② 这些因素都促成了日本《教育基本法》的修订。

日本《教育基本法》修订的内容主要体现在两个层面上：第一个层面是教育基本理念的转变。与旧教育基本法倡导以自由、民主、平等、和平为核心的民主主义教育理念相比，新教育基本法虽然保留了尊重"个人的尊严""完善人格"等理念，但更明确地提出了"尊重公共精神""培育热爱传统文化"的新理念，这是以"公共""传统""热爱国家"为核心的国家主义教育理念。正如日本学者渡边治和田中孝彦所指出的，20 世纪 90 年代以后，日本政治系统改革的重要目标是"改变小国主义的政治体系"，走向"军事大国"和"大国主义"；经济改革的目标是打破全球化背景下日本企业竞争力下降的状况，通过"新自由主义"的经济改革强化企业的国际竞争力；以修改教育基本法为焦

① 李水连. 日本教育立法发展述要［J］. 外国教育研究，1994（1）：38-39.
② 罗朝猛. 日本《教育基本法》修订的历程、动因、内容及其争论［J］. 比较教育研究，2007（8）：62.

点的教育改革是"面向军事大国化、竞争力强化改革的一环"。① 第二个层面是从内容和形式上看，对旧法进行了形式调整和部分内容的增加。从形式上看，原法是由前言和 11 条正文组成，本次修订后，新法是由前言和 4 章 18 条构成。采用"章"的形式，可以保证它与其他教育法律在形式上的统一性，也可以为其增加部分法律条款提供条件。内容上的调整与增加可参照表 2-3。

表 2-3　新旧《教育基本法》构成对照表②

新　法	旧　法
前言（三段构成）	前言（三段构成）
第 1 条　教育目的	第 1 条　教育目的
第 2 条　教育目标	第 2 条　教育方针
第 3 条　生涯学习的理念	
第 4 条　教育机会均等	第 3 条　教育机会均等
第 5 条　义务教育	第 4 条　义务教育
第 6 条　学校教育	第 5 条　学校教育
第 7 条　大学	
第 8 条　私立学校	
第 9 条　教员	第 6 条　教员
第 10 条　家庭教育	
第 11 条　幼儿教育	
第 12 条　社会教育	第 7 条　社会教育
第 13 条　家校合作	
第 14 条　政治教育	第 8 条　政治教育
第 15 条　宗教教育	第 9 条　宗教教育
第 16 条　教育行政	第 10 条　教育行政
第 17 条　教育振兴基本计划	
第 18 条　附则	第 11 条　附则

① ［日］渡边治，田中孝彦. 现在为什么修改教育基本法（上）［J］. 教育，2003（4）：8-21.

② 牛志奎，若井弥一. 日本教育法制建设的新动向——《教育基本法》及相关教育法律的修订［A］. 劳凯声. 中国教育法制评论（第 6 辑）［C］. 北京：教育科学出版社，2009：239-240.

纵观日本教育立法的三个阶段，其教育的法制化进程经历了从"敕令主义"到"法律主义"的转变，并在此期间形成了完备的教育法律体系，促进了日本教育的民主化进程，推动和保障了整个国家教育事业的发展。另外，这也是日本反思其侵略战争的重要表现之一。但是，随着 20 世纪 90 年代后期国际形势的突变，日本在教育立法上凸显出的"国家主义"和"爱国主义"传统，为日本教育民主化进程蒙上了一层阴影，也应为爱好和平的国家所警惕。

第二节　我国教育法的历史发展

随着 19 世纪末 20 世纪初，西方列强的入侵，没落的清王朝为挽救危机，效仿日本，开始实践大规模的社会变革。从固着"中学为体"，到学习西方政体、兴新学，最后废除科举、制定各种学堂章程，这种由外而内的制度性变革，为我国大规模的教育立法提供了契机。

一、清末的教育立法

清末的教育立法深植于当时的时代背景。一是清政府的政治危机，19 世纪后半期，清政府沦陷为半殖民半封建社会，"国将不存"；二是国外文化的入侵与殖民，这包括一系列教堂、教会学校的建立，西方宗教的传播，对中华文化的维系产生了重大的破坏作用，"根将不存"。因此，面临民族存亡危机，不管是统治阶级上层，还是新兴资产阶级、知识分子，都期望通过"兴民智"以教育挽救国家兴亡，"政治危机"开始转为"教育危机"。这就成为清末教育立法最大的时代背景，而该时期制定和颁布的系列教育法规，也成为中国教育法制近代化的开端。清末的教育立法主要划分为两个阶段，以《钦定学堂章程》和《奏定学堂章程》为标志。[①]

（一）光绪二十八年到光绪二十九年（1902—1903 年）——清末教育立法的开端

这一时期的教育立法以《钦定学堂章程》的制定为标志。1902 年，清政府开始酝酿系统的学校立法，并于同年颁布了由管学大臣张百熙借鉴西方学校模式制定的中国近代史上第一部具有教育行政立法性质的完整学制——《钦定

---

① 张玉堂. 清末教育立法及其特点 [J]. 四川师范大学学报（社会科学版），1993（4）：112-113.

学堂章程》，即"壬寅学制"，但未正式实施。而这一时期的教育立法可从学校教育立法、教育行政立法和留学教育立法等层面阐述。学校教育立法即"壬寅学制"；教育行政立法，如规定了中央集权制的教育行政管理模式，并初步建立起从中央到地方的教育行政机构。1901 年清政府实行"新政"，张百熙被任命为管学大臣，主管各学堂事务；留学教育立法，清政府针对留学教育中存在的问题，颁布了相关的留学教育单行法规，如《派遣出洋游学办法章程》（1902 年）、《奖励游学毕业生章程》（1903 年）、《西洋游学简明审程》（1903 年）。这是清朝统治者颁布的我国第一个比较完整的教育法规系统，也是中国近代教育开始走向依法治教的开端。

（二）光绪二十九年到光绪三十四年（1903—1908 年）——清末教育立法的完善

这一时期的教育立法以《奏定学堂章程》的颁布和施行为标志，1904 年 1 月，由张之洞、张百熙、荣庆等人奏准，清政府颁布了《奏定学堂章程》，即"癸卯学制"。该章程共由 22 个部分组成，包括《奏定学务纲要》《奏定各学堂管理通则》《奏定各学堂考试章程》《奏定各学堂奖励章程》《奏定译学馆章程》《奏定进士馆章程》《奏定任用教员章程》以及《奏定各级各类学校章程》等。除《奏定学堂章程》外，清政府还在学校教育、教育行政以及留学教育等方面制定了相关法律。首先，学校教育立法。除"癸卯学制"外，1906 年，清政府学部颁布《强迫教育章程》，开创了我国义务教育立法的先河。1907 年，又颁布了《奏定女学章程》，包括《女子小学堂章程》和《女子师范学堂章程》。至此，清末政府学校教育立法体系初步形成。其次，教育行政立法。进一步强化中央集权制的教育行政管理模式。1905 年，科举制废除后，清政府正式成立专门的中央教育行政管理机构——学部，并颁布了一系列法规，包括：《奏酌拟学部官制并归并国子监事宜改定额缺折》《学部官制清单》《各省学务详细官制及办事权限规章清单》《各省学务官制》等。通过设立教育会作为教育行政管理的附属机构，使教育会具有了半官半民的性质。1906 年，学部奏定颁行《教育会章程》，规定在省、府、县设立教育会，其宗旨是辅助各级教育行政，普及教育。另外，制定了教育督导立法，规定实行分区教育视导制度，以检查、监督、指导教育行政机关和学校的工作。1909 年，学部奏定颁行《视学官章程》，将全国划分为 12 个视学区，每区 1～3 个省，按年每学区派视学官 1～2 人，每年视察 3～4 个学区，3 年内必视察一次。此后，各省都制定了视学章程，建立起视学制度。从中央到地方形成了较为完备的教育督导立法体系，并建立起多级视学制度。最后，留学教育立法。继续加强留学教育，鼓励学子留学，但是也制定了相关的监督、考核办法以规范留学教育的实施。如《考验游学毕业生章程》（1906 年）、《贵胄学堂游学章程》（1907 年）、《游学毕业生廷试录用章程》（1907 年）、《派遣赴美留学办法》（1907 年）以及《管理欧洲游学生监督处章程》（1907 年）等。总体说来，该时期的教育立法基于前期的经验和教训，在内容上更加丰富，形式上更加规范，体系上更加完备。

清末教育立法是中国近代社会转型与教育改革发展的历史产物，是清政府应对政治和社会危机而被迫作出的回应，妄图在不改变政治体制的前提下，挽救统治地位。但是，清末的教育立法作为中国近代教育法制化的开端，对我国近代教育乃至现代教育的发展产生了十分深远的影响。从积极影响上看，清末教育立法确立了"新学"的合法地位，为各级各类学校的建立提供了法律依据，在形式上结束了中国封建教育，奠定了中国近代教育体制的基础，总体上体现了近代救国图存的主流意识和近代教育的基本精神，顺应了世界教育发展的趋势和教育法制近代化的潮流。但是，这一时期的教育立法亦存在明显的局限性，清末教育立法未能以宪法的形式和教育基本法的形式规定国家的教育方针、教育目的、公民的受教育权利与义务等教育法制的原则问题，同时，在其教育宗旨、教育内容中，仍充斥着封建教育的成分等。

二、民国时期的教育立法

"中华民国"自 1912 年成立到 1949 年，制定了 1500 多个教育法律、法规，其中仅 1927 年到 1949 年，国民政府公布的教育法律、法规就多达 1200 余件，① 是我国教育法制发展的新阶段，它在废除清末封建教育法制的同时，建立了较为完备的教育法律、法规体系，在很大程度上促进和规范了中国现代教育。民国的教育立法以 1927 年南京国民政府成立、1937 年抗日战争为界可分为三个阶段，即民国前期教育立法（1912—1927 年）、国民政府前期教育立法（1927—1937 年）和抗日战争时期教育立法（1937—1949 年）。

（一）民国前期的教育立法（1912—1927 年）

民国前期的教育立法以民国的建立和新文化运动为契机，具有鲜明的时代特征。一是临时政府成立后，在教育方面提出了振兴民族教育的基本纲领，而

---

① 劳凯声. 变革社会中的教育权与受教育权：教育法学基本问题研究［M］. 北京：教育科学出版社，2003：49.

孙中山更是将教育作为立国之本看待，强化了教育立法的重要性。二是 1915
年，以陈独秀、李大钊为代表的激进民主主义者，发动和倡导的新文化运动，
为进一步的教育革新创造了积极的社会文化条件。运动以提倡民主，反对专
制；提倡科学，反对迷信；提倡新道德，反对旧道德；提倡新文学，反对文言
文为主要内容，一方面是对封建复辟的有力回击，另一方面倡导教育平权，为
近代教育立法奠定了民主基础。这时期的教育立法形成了以教育宗旨立法为指
引，以教育行政立法为保证，以学校教育立法为核心，以社会教育立法、留学
教育立法及私立学校立法等为重要补充的近代教育法律体系的基本架构，颁布
了 340 余件重要的教育法律、法规。其立法内容主要包括：（1）教育宗旨立
法。如《教育宗旨令》（1912 年）、《注重德育整饬学风令》（1913 年）、《教育
部整理教育方案草案》（1914 年）、《特定教育纲要》（1915 年）以及《颁定教
育要旨》（1915 年）。（2）学校教育制度的立法。如《普通教育暂行办法》《普
通教育暂行课程标准》《小学令》《中学令》《师范教育令》《专门学校令》《大
学令》《大学规程》《学校系统改革案》（壬戌学制）等。（3）教育组织立法。
如《教育部官制》（1912 年）、《划一现行各省地方行政官厅组织令》（1913
年）、《教育厅暂行条例》（1917 年）等。（4）义务教育立法。如《强迫教育办
法》（1913 年）、《教育部关于义务教育施行程序呈大总统令》（1915 年）、《义
务教育规程细则》（1916 年）、《订定分期筹办义务教育年限》（1920 年）、《实
施义务教育综合研究会章程》（1920 年）等。（5）教师管理立法。民国前期对
教师管理的立法比清末更严格，更具有实质性意义，其中单独立法达 16 项，
如《直辖专门以上学校职员任用暂行规程》（1914 年）、《小学教员褒奖规程》
（1917 年）、《小学教员俸给规程》（1917 年）、《国立大学职员任用及薪俸规程》
（1917 年）、《教员许可状规程》（1920 年）、《小学教职员给予退隐金规程》等。
这些立法主要就教师的资格、薪金及生活保障三方面做了法律规定，构成了一
套完整的教师管理制度。

民国前期的教育立法与清末教育立法相比，在立法的性质、内容及立法的
规模上，都有长足的进步，体现了反封建的精神以及国民教育和实用主义教育
的精神，在一定程度上顺应了历史潮流。

（二）国民政府前期教育立法（1927—1937 年）

1927 年至 1937 年，是南京国民政府教育法制建设的高峰时期。一是确立
了具备现代教育立法精神的基本原则，即"三民主义"教育、教育世俗化、教
育公共化、教育平等、普及免费义务教育等原则。二是确立了国家对教育的控

制权，包括对教会学校和外资办学实行等级注册制度，确立国家的管辖权；制定社会办学的法律、法规；建立国家教育行政管理机制；确立教育立法的基本原则；规范学校机构的设置等。通过一系列的教育立法，逐步形成了形式规范、层次清晰、内容完整、具有较强适用性和可操作性的教育法规体系，主要表现为以下几个特征。①

1. 内容详细具体

南京国民政府成立后，制定了详细的教育法律、法规。如1936年教育部公布的《教育法令汇编》中，各种教育法规350项，1946年汇编的教育法规中有409项。这些法规涉及许多具体的规定，如学生姓名的更改、教师资格的确定、学校课程的设置、课时与学分的分配、体育器材、卫生药品的名称、数量等。

2. 法律体系完整

从法律横向结构分析，民国教育法分为组织、通则、高等教育、中等教育、国民教育、社会教育、边疆教育、侨民教育八大类；从纵向结构分析，按照法律效力的不同，可分为宪法、法律、规程、规则四个层次。其中《中华民国宪法》居于最高地位，在宪法下没有设《教育基本法》，而是直接设立教育部门法，如《教育部组织法》《大学法》《专科学校法》《学位授予法》《中学法》《国民教育法》《国民体育法》《教育会法》《师范学校法》《职业学校法》等。教育部门法之下是"规程""条例"，如《私立学校规程》《中学规程》《专科学校规程》《师范学校规程》《职业学校规程》《捐资兴学褒奖条例》等。在"规程""条例"之下，是各种"规则""细则""办法"。所以，在民国后期，已经基本形成了结构较为完整的教育法律体系。

（三）抗日战争时期的教育立法（1937—1945年）

抗战时期的教育立法基于特殊的时代背景，一方面是为了挽救民族存亡，保证中华民族民族性的长存，另一方面是为了避免中华民族文化根基的断裂，以及抗战胜利后为了国家的长远发展，国民党政府和根据地政府颁布了一系列的战时教育立法。

1. 抗战时期国民党政府的教育立法

为了应对抗战大局，同时协调教育发展，国民党政府确立了"战时应作平时看"的教育指导方针。1938年4月，国民党在武昌召开的临时全国代表大

① 杨挺.教育法学［M］.重庆：西南师范大学出版社，2011：9.

会通过《战时各级教育实施方案纲要》，明确规定了战时教育的九大方针和十七项要求。九大方针和十七项要求是对"战时应作平时看"教育指导方针的具体化，成为指导战时教育发展的基本原则。

1937—1945 年，国民政府共制定了教育法律、法规 560 多件，而这些法律主要从对战时教育需要和战后社会发展需要两个层面着手的，包括应急性的教育立法和调整性的教育立法。①

一是制定一系列适应战时需要的应急性的教育法律、法规。教育立法以配合战时军事、政治、经济需要为重点运作。如《战区内学校处置办法》（1937年）、《高中以上学校学生战时后方服务组织与训练办法大纲》（1937 年）、《青年训练大纲》（1938 年）、《大学理工学院与经济交通及军备工厂合作办法》（1939 年）以及《创设县市初级实用职业学校实施办法》（1938 年）等。这些教育法律文件涉及战时的军事教育、政治教育、体育教育、职业教育等是围绕抗战这一前提实施的教育立法。

二是制定一系列调整性的教育法律、法规。从教育发展的自身需要出发，结合当下的时代背景，以国家和社会的长远发展为目标制定的教育法律。这包括对教育制度的立法、社会教育立法、高等教育立法、留学教育立法以及边疆教育立法等。如《国民学校法》（1944 年）、《强迫入学条例》（1944 年）、《补习学校法》（1944 年）、《师范学院规程》（1938 年）、《文理法三学院各系课程整理办法草案》（1938 年）以及《教育部派遣国外留学公费生管理办法》（1943 年）等。

2. 抗战时期根据地政府的教育立法

在抗日战争全面爆发的时代背景下，中国共产党领导下的根据地政府实施了战时教育政策。而这一时期教育立法活动具有某些新特点，即"关于全国性的教育方针和政策不是由国家政权发布，而是由中共中央及其有关部门直接发出，通过党内文件下达或通过党的机关报向全国人民宣传"。②

这一时期相关的重要文件有：《中国共产党抗日救国十大纲领》《中央关于积极参加国民党的小学教育与社会教育的指示》《中共中央关于在职干部教育的决定》《中央关于开展抗日民主地区的国民教育的指示》等。

---

① 李露. 论抗战时期的教育立法 ［J］. 集美大学学报，2002（2）：23-28.

② 郝维谦，李连宁. 各国教育法制的比较研究 ［M］. 北京：人民教育出版社，1997：288.

三、新中国成立以来的教育立法

新中国的法制建设，是在废除旧法的前提下开展起来的，是在总结我国革命根据地法制建设经验的基础上成长起来的。而这一时期的教育立法，是在一种新的制度设计下进行的，并没有完整的经验参考，是在一种借鉴与内化、探索与创新的过程中成长起来的。因此，该时期的教育立法具有明显的阶段性特征，大致经历了三个发展阶段。①

（一）新中国教育法制建设的开启（1949—1956 年）

新中国成立后，教育法制建设的主要任务是收回国家教育主权和解决工农子女的受教育权问题。一是收回教育主权，接管全国各级各类学校，取消国民党对学校的统治，建立社会主义教育制度。这一时期的教育立法以"教育部召开的第一次全国教育工作会议内容要求"为基本依据，会议认为我国教育应以老解放区的教育经验为基础，吸收旧中国教育的有用经验，学习苏联教育的先进经验，以确定新中国教育发展的基本方向。二是优先保障干部、工农子女优先接受教育的权利，各级各类学校都必须贯彻向工农开放的方针。这一时期的教育立法有：《关于处理接受美国津贴的文化教育救济机关及宗教团体的方针决定》（1950 年）、《关于改革学制的决定》（1951 年）、《关于接办私立中、小学的指示》（1952 年）。另外，还陆续颁布了幼儿园、小学、中学、中等专业学校和高等院校等暂行规程。从总体上讲，新中国成立初期的教育立法，主要以行政立法为主，缺乏通过法制管理全国教育事业的整体规划，但这些行政立法在百废待兴之际，为共和国教育的重整、振兴奠定了基础。

（二）教育法制建设的低谷时期（1957—1976 年）

新中国成立后，基于初期的教育法制建设，国家教育事业得到了初步的恢复。但是，随着社会主义改造的完成和中苏关系的冷淡、破裂。在面对如何继续发展社会主义教育的问题上，党和国家的内部出现了分歧，而后"左"倾主义逐步成为左右国家发展方向的指导思想，为国家教育事业发展的整体陷落埋下了隐患。虽然在这一过程中，党和国家也作出过积极调整，但已无力避免"左"倾错误的蔓延。"文化大革命"时期我国教育法制建设陷入崩塌。

---

① 劳凯声.变革社会中的教育权与受教育权：教育法学基本问题研究［M］.北京：教育科学出版社，2003：54-57.

1. 教育法制建设的探索与调整期（1957—1965 年）

1956 年社会主义改造完成，客观上要求新中国进一步加强立法建设，规范社会主义制度，保卫社会主义建设成果。但是，在如何发展社会主义教育的问题上，党和国家内部出现了极"左"倾向。1958 年，为了纠正新中国成立初期学习苏联经验过程中出现的问题，创立适合中国情况的社会主义教育制度，我国开始实施以"教育必须为无产阶级政治服务，教育必须与生产劳动相结合"为中心的教育革命。这场革命在一定程度上突破了苏联教育经验的局限性，为教育的发展开拓了新的路径，但这种以牺牲法制为代价的教育革命，无视教育自身的发展规律，对我国正在恢复中的教育事业，特别是教育法制建设，造成了重大的破坏作用。

因此，从 1961 年起，国家开始纠正教育方针中"左"的错误，遵循"调整、巩固、充实、提高"的方针，对教育事业进行重新调整与规划。从 1961 年至 1963 年，中共中央先后批准了《教育部直属高等学校暂行工作条例》《全日制中学暂行工作条例（草案）》和《全日制小学暂行工作条例（草案）》，全面系统地总结了新中国成立以来我国学校教育工作正反两方面的经验，确立了社会主义教育事业的重要原则，制定了各级学校思想政治工作的规范，为各级学校工作规定了明确的工作方针。这三个条例在我国的教育工作中占有重要地位，其中的许多内容至今仍具指导意义。此外，这一时期有关部门还先后出台了《中共中央、国务院关于试验改革学制的决定》《国务院关于全日制学校的教学、劳动和生活安排的规定》和《国务院关于高等学校教师职务名称及其确定与提升办法的暂行规定》等一批关于学校管理方面的教育法规及规范性文件，形成了一套比较适合中国国情的社会主义教育方针、政策、制度和各类教育的具体规章和管理办法，使各项教育工作逐渐走上正轨，教育事业一度出现繁荣的局面。[①] 但这一改革并没有成为我国教育改革的主流，相反，教育进一步向"左"的方向发展。

2. 教育法制建设的破坏期（1966—1976 年）

1966—1976 年，为响应毛泽东同志倡导的"教育革命"——"砸烂一个旧世界"，即批判以孔子为代表的儒家封建教育思想、以杜威为代表的资产阶级教育思想、以凯洛夫为代表的修正主义教育思想。学校原有的规章制度被废止，教育法制遭到严重破坏，国家的立法工作也完全停顿。50 年代以来制定

---

① 郭泽霞. 中国当代教育立法研究［D］. 曲阜：曲阜师范大学，2011：19.

的一批法律、法规丧失了权威性，司法工作也失去了其应有的独立性。法律不仅没有可能向社会生活各个领域进行渗透，反而受到各种非法律手段的侵蚀和支配，教育法制建设崩塌。

（三）教育法制建设的健康发展时期（1978 年至今）

在粉碎"四人帮"，重新定性"文化大革命"，并确立了"实践是检验真理的唯一标准"后，教育事业也得到了拨乱反正。国家重新架构了完善的教育体系和学制结构，颁布了大、中、小学"工作条例"，正常的学校教学秩序得以恢复。由于这一时期的教育立法是承接我国改革开放的良好的时代背景下实施的，所以我们称其为"春风"下的教育立法实践，并将其分为四个阶段进行描述。①

1. 教育立法奠定期（1980—1984 年）

改革开放为我国法制建设准备了必要的条件，1982 年的《宪法》特别突出了民主与法治的精神，《宪法》第十九、二十四、四十六、八十九、一百零七、一百一十九条规定了教育法制的基本原则，为我国教育事业的发展指明了方向。在教育立法方面，1980 年制定并通过了《学位条例》，其虽然在"文化大革命"前已经拟就，却是新中国成立以来由国家最高立法机关颁布的第一部教育法律。随后，1981 年通过了《中华人民共和国学位条例暂行实施办法》）。它们与《关于中等教育结构改革的报告》（1980 年）、《全国中小学勤工俭学暂行工作条例》（1983 年）等共同构成了改革开放后我国教育立法的初步成果。

2. 教育立法启动期（1985—1992 年）

1985 年 5 月，在召开新时期第一次全国教育工作会议的基础上，公布了《中共中央关于教育体制改革的决定》（以下简称《决定》），明确指出："在简政放权的同时，必须加强教育立法工作。"《决定》还具体提到"需要制定义务教育法，经全国人民代表大会审议通过后颁行"。到 1986 年，第六届全国人大第四次会议最终通过了《义务教育法》，这是我国第一部以"法"为名称的教育法律，并被许多人视为新时期教育立法的真正启动。这一时期，六届全国人大常委会第九次会议通过了《关于教师节的决定》（1985 年），国务院发布了《征收教育费附加的暂行规定》（1986 年）、《普通高等学校设置暂行条例》

---

① 袁兆春. 教育改革与发展：我国教育法体系的完善 [M]. 济南：山东人民出版社，2009：2-4.

（1986 年）、《高等教育自学考试暂行条例》（1988 年）、《扫除文盲工作条例》（1988 年）、《禁止使用童工规定》（1991 年）、《义务教育法实施细则》（1992 年）等教育行政法规，再加上大量教育行政规章的出台，为后来教育立法的高速发展作了比较充分的准备。此外，地方教育立法也开始受到关注。各个地方的人大和政府制定了一系列地方性教育法规、规章，设计基础、职业、成人、高等教育等措施，再加上大量地方性教育行政规章，立法工作有了切实进展。

3. 教育立法活跃期（1993—1998 年）

1993 年 2 月，中共中央、国务院印发《中国教育改革和发展纲要》，强调要"加快教育法制建设，建立和完善执法监督系统，逐步走上依法治教的轨道……争取到本世纪末，初步建立起教育法律、法规体系的框架。""地方要从各自的实际出发，加快制定地方性的教育法规。"1994 年的全国教育工作会议继续明确要求"加强教育法制建设""加快教育立法步伐"。受此推动，教育立法获得高速发展，取得了十分丰硕的成果。这一时期，我国颁行了《教师法》《教育法》《职业教育法》《高等教育法》等，制定了《教学成果奖励条例》（1994 年）、《残疾人教育条例》（1994 年）、《教师资格条例》（1995 年）、《社会力量办学条例》（1997 年）等多部教育行政法规，还出台了大量的教育行政规章，再加上地方教育立法的进一步发展，掀起了教育立法的高潮，可谓是教育立法史上的黄金时代。① 这一时期的教育立法以《教育法》的颁布为标志，标志着我国的教育法制建设全面步入正轨。

4. 教育立法平缓期（1999 年至今）

1999 年 1 月 13 日，国务院批转教育部《面向 21 世纪教育振兴行动计划》。它是在贯彻落实《教育法》及《中国教育改革和发展纲要》的基础上提出的跨世纪教育改革和发展的施工蓝图，明确提出了到 2010 年我国教育发展的目标。《面向 21 世纪教育振兴行动计划》作出判断："教育法规体系基本框架已初步形成。"因此，《面向 21 世纪教育振兴行动计划》中少有立法意图，多是"依法""贯彻落实"有关法律、法规的表述。就此，教育立法的势头明显放缓，只有《民办教育促进法》在久拖不决之后于 2002 年年底出台，《中外合作办学条例》（2003 年）、《民办教育促进法实施条例》（2004 年）是这一时期难得的教育行政法规。修订后的《义务教育法》于 2006 年 9 月 1 日起施行，可以算是这段时期最为重要的事件了。但是，近年来，尤其是随着《国家中长

---

① 高金玲. 关于中国教育法制建设的思考［J］. 广西师范大学学报，2004（3）：77.

期教育改革和发展规划纲要（2010—2020）》的颁行，优先学前教育建设，促进义务教育均衡发展，强化教育督导等成为新的立法重点，这也是人民普遍期望立法机关应有所作为的重要内容，教育法制建设重新被提上日程，成为教育改革的重点事项之一。

改革开放后，随着我国将工作重心转移，社会民主和法制建设的落实，我国教育立法逐步步入正轨，并形成了具有中国特色社会主义的教育法律体系。其主要标志有两个：一是1982年《宪法》的颁布，其有关教育条款的规定，为教育法的制定和教育法律体系的完善提供了最基本的依据；二是1995年《教育法》的实施，为我国以后的教育立法提供了更为具体化和准则化的依据。

【复习思考题】

1. 近代我国教育立法与日本教育立法的相同点与不同点有哪些？

2. 不同历史时期德国职业教育立法的主要内容有哪些？

3. 简述我国教育立法主要阶段的主要内容。

4. 现代德、美、日教育立法的主要趋向是什么？

第三章　教育行政机关

【学习目的和要求】

1. 了解教育行政机关的含义及设置
2. 理解教育行政机关的职权
3. 掌握教育行政法律关系的内涵
4. 掌握教育行政责任的构成要件和种类
5. 了解教育公务员的权利与义务

【具体教学内容】

1. 教育行政机关的法律地位
2. 教育行政机关的职权
3. 教育行政机关的责任
4. 教育公务员的权利与义务

第一节　教育行政机关概述

一、教育行政机关的含义

（一）行政机关

行政机关是国家机关的一个组成部分，是为了实现行政目的而依法设置，承担行政事务并能独立进行行政管理的基本组织体。当今世界国家的国体、政体虽然不同，但一般都把国家机关分为立法机关、行政机关和司法机关。国家立法机关主要行使立法权，我国的立法机关是全国人民代表大会及其常务委员会和地方各级人民代表大会及其常务委员会。国家司法机构行使司法权，我国的司法机关包括人民法院系统和人民检察院系统，人民法院系统包括最高人民法院、地方人民法院和军事法院；人民检察院系统包括最高人民检察院、地方人民检察院和军事检察院。国家行政机关行使行政权，我国的行政机关分为中央行政机关和地方行政机关，中央行政机关即国务院或中央人民政府，地方行政机关即地方各级人民政府。

（二）教育行政机关

教育行政机关是依宪法、组织法的规定而设置的，代表国家从事教育行政管理，行使国家教育行政职权的国家机关。《教育法》第十五条规定："国务院教育行政部门主管全国教育工作，统筹规划、协调管理全国的教育事业。县级以上地方各级人民政府教育行政部门主管本行政区域内的教育工作。县级以上各级人民政府其他有关部门在各自的职责范围内，负责有关的教育工作。"根据职权管辖的范围，我国的教育行政机关分为中央国家教育行政机关和地方教育行政机关。并由中央教育机构，省、自治区、直辖市教育委员会机构，地区行政公署、自治州人民政府、省辖市以及直辖市区、县教育行政机构，县、县级市教育委员会机构，以及乡（镇）教育委员会机构等构成。

教育行政机关的具体含义，可以从以下几个方面来理解。

第一，教育行政机关是国家机关，是由国家设置，代表国家行使教育行政职能的国家机关。这使教育行政机关区别于政党、社会团体与组织。政党，特别是执政党，虽然对国家的政治、经济、文化、教育发挥着重要的甚至是决定性的作用，但是它们不是国家机关。社会团体与组织虽然在某些情况下，可以通过法律、法规的授权，来行使相应的国家行政职权，但它们不是由国家设置的专门行使国家职能的机构，因而它们并不属于国家机关。宪法规定，中华人民共和国国务院是最高国家行政机关，国务院行使领导和管理教育、科学、文化、卫生和体育工作的职权；地方各级人民政府是地方各级国家行政机关，县级以上地方各级人民政府管理本行政区域内的教育、科学、文化、卫生、体育事业等行政工作；民族自治地方的自治机关自主管理本地方的教育、科学、文化、卫生、体育事业，保护和整理民族的文化遗产，发展和繁荣民族文化。

第二，教育行政机关依法成立，具有独立的法律人格，能以自己的名义独立实施一定的行为，并承担相应的法律后果。教育行政机关在成立时就取得了行政主体资格，并能够以自己的名义实施教育行政管理活动，如教育行政机关能以自己的名义对外行文、发布命令、作出行政处理决定、参加各种诉讼活动，能对自己的管理活动产生的后果独立承担法律责任。需要注意的是，如果教育行政机关授权其他机构行使职能，后果仍由教育行政机关承担，而不由受托机构承担。

第三，教育行政机关的职能，就是为了实施教育行政管理。立法机关、司法机关与教育行政机关同是国家机关，但它们的职能不同。立法机关是行使国家赋予其的立法职能，司法机关行使国家的司法职能，教育行政机关行使的是教育行政管理职能。

二、教育行政机关的法律地位

（一）教育行政机关法律地位的含义

教育行政机关的法律地位，是教育行政机关在国家教育行政管理中职权和职责的综合体现，是教育行政机关在国家行政机关系统中所处的地位的体现。教育行政机关的法律地位主要体现在以下几个方面。

第一，各级教育行政机关都是同级人民政府的组成部门，对同级人民政府负责，受同级人民政府的领导和监督，所行使的教育行政权不能违背教育法律、法规和同级人民政府的决定、指示、命令，否则将被撤销。

第二，各级教育行政机关都是相对独立的行政主体，它们在遵守宪法、法律和法规的前提下，在各自的职权范围内独立享有相应的行政权，教育行政机关上下级之间虽然存在业务指导与监督的关系，但下级教育行政机关也有权独立出来，管理自己职权范围内的行政事务。

第三，各级教育行政机关在依法享有行政权的同时，必须承担相应的义务，即在行使权力的同时必须履行自己的职责、依法行政，做到不失职、不越权、不滥用职权，遵守法定程序，避免行为失当等。

第四，教育行政机关法律地位在不同的法律关系中表现不同。当教育行政机关以管理者的身份同相对人发生关系时，教育行政机关是行政主体，代表国家行使教育行政管理权，并接受行政管理相对人的监督，教育行政机关法律地位表现为教育行政法律关系；当教育行政机关以民事身份同其他主体发生权利与义务的关系时，教育行政机关是民事主体，是"机关法人"，与其他法律主体的地位是平等的，法律地位表现为教育民事法律关系。

（二）行政法律关系中的教育行政机关

行政法律关系指的是在实现国家行政职能的过程中为行政法律规范所调整的行政主体与其相对人之间形成的权利和义务关系。行政法律关系包括以下几层含义：第一，它是在行政机关行使行政职能过程中产生的；第二，它适用行政法律规范调整法律关系主体之间的关系。

教育行政法律关系是教育行政机关在教育行政过程中与其他国家机关、行政机关、自然人及社会其他组织发生各种各样的行政法律关系。教育行政法律关系具有以下几个特征。

1. 教育行政法律关系具有不对等性

教育行政机关与教育行政管理相对人之间是管理与被管理的关系，而不是对等的关系。教育行政法律关系的不对等性具体体现在教育行政行为的强制性。由于教育行政机关是以国家名义实施的行为，是以国家强制力保障实行的，所以当教育行政机关的行政行为在执行遇到阻碍时，教育行政机关可以采用一切行政权力和手段，或依法借助其他国家机关的强制手段，保证其行政行为的畅通，保障其教育行政行为的实现。

2. 教育行政法律关系具有单方意志性

教育行政机关颁布命令，教育行政相对人实施命令。教育行政机关在其法定授权范围内，可自行决定和直接实施教育行政行为，而无需与行政相对方协商或征得相对方的同意。教育行政行为的单方性表现在教育行政机关可依职权行使相应的行政行为，如教育行政机关对违反国家有关规定举办学校的，有权予以撤销，没收违法所得等；同时也体现在教育行政机关应该应教育行政相对人的申请而实施一定的行为，如颁发办学许可证等，虽然这些行为是以相对方提出申请而做出，但相对方的申请是否准许，都由教育行政机关依法自行决定，而无需与相对方协商或讨价还价。

3. 教育行政法律关系具有先定性

凡属于教育行政法律关系中的教育行政行为都具有效力先定性。效力先定是指教育行政行为一经作出，就推定其符合法律规定，在未被宣布无效之前，对教育行政机关本身和相对方以及其他国家机关都具有拘束力，任何个人或团体有义务遵守和服从。这种效力先定性源于行政行为是为了维护公共秩序、公共利益，它需要这种特权来保障其公共秩序和利益的实现。教育行政法律关系中的主体具有先定性，体现为教育行政法律关系中的主体不能任意选择对方，一方必定是行使教育行政职权的国家教育行政机关及其工作人员或受其委托的其他机关、团体或个人，另一方是行政管理相对人，如《教育法》第十五条第二款规定："县级以上地方各级人民政府教育行政部门主管本行政区域内的教育工作。"[①]

（三）民事法律关系中的教育行政机关

民事法律关系指的是由民事法律规范所调整的社会关系，也就是由民事法律规范所确认和保护的以民事权利和民事义务为基本内容的社会关系。民法调整的是平等的自然人之间、法人之间、自然人与法人之间的人身权和财产权的关系，受民法调整的民事法律关系具有以下几个方面的特点[②]。

1. 民事法律关系是以民事权利和民事义务为基本内容的社会关系

民法调整一定的财产关系和人身关系，赋予当事人以一定的民事权利并要求其承担相应的义务，在民事法律关系产生以后，民事法律规范所确定的抽象的民事权利和民事义务便落实为约束当事人行为的具体民事权利和民事义务。民事法律关系与其他法律关系的重要区别，正是其调整的内容是平等主体之间的民事权利和民事义务。

2. 民事法律关系调整的是平等主体之间的关系

在民事法律关系中，法律关系主体地位相互独立、地位平等。法律关系主体权利与义务原则上相互对等，任何一方的主体在享有权利的同时，也相应地承担一定的义务。

3. 民事法律关系主要是财产关系

民法以财产关系为主要调整对象，因此，民事法律关系也主要表现为财产关系。当然，人身关系也是民事法律关系的内容，但是在数量上，与民法调整

---

① 黄葳．教育法学［M］．广州：广东高等教育出版社，2002：118-119.

② 陈鹏，祁占勇．教育法学的理论与实践［M］．北京：中国社会科学出版社，2006：257-258.

的财产关系相比，人身关系只占一小部分。

4. 民事法律关系是以财产补偿为主要形式的法律关系

在保障手段上，民事法律关系的保障措施表现为补偿性和财产性，即民事责任以财产补偿为主要内容，惩罚性和非财产性责任不是主要的民事责任形式。

在教育民事法律关系中，教育行政机关与其他法人的关系受民法调整。不同于行政机关与相对人之间的管理与被管理的隶属关系，在教育民事法律关系中，教育行政机关作为机关法人与其他法人的地位是平等的，其法律关系具有上述民事法律关系的特点。在实践中，较为常见的，如教育行政机关基于教育合同与其他法律关系主体发生的法律关系就是一种平等的教育民事法律关系。

（四）教育行政机关与学校及其他教育机构的法律关系

自从国家教育权产生之后，教育权在国家与学校之间不断发生着各种变化。教育就是在这两条不断变化的轨道中运行与发展的。教育发展的历史已经证明了，一方面教育的繁荣与发展是与一个国家掌握的教育管理权相适应的。国家掌握教育管理权以后，为了发展教育，不断寻求提高人才培养质量的措施与手段。首先，必须确定国家对教育事务在哪些方面进行干预与控制，即要确定国家教育管理权与学校教育管理权两者之间的关系。其次，在权力隶属关系确定之后，国家必须确定利用什么样的形式对教育事务进行干预与控制。随着人类社会的发展，国家对教育事务进行干预与控制的形式的法制规定性越来越强，并逐渐走向了专业立法的道路。具体表现为国家通过教育法律、规章制度等形式对中央与地方政府教育管理权限的划分、教育经费的保障、教育发展的规模以及对教育内容的制定等方面进行干预与控制。另一方面，一个国家对教育进行过多的干预与管理反而会妨碍教育的发展，因此必须逐步下放管理权力，加大学校的办学自主权以及对教育教学的管理权。国家对此也制定了相应的法律、法规用以保证与规范学校及其他教育机构内部所享有的权力。因此，教育行政部门与学校及其他教育机构的法律关系既有纵向的行政法律关系，又有横向的民事法律关系，即平行独立的属性与纵向的服从属性相统一，是一种复合的关系。

1. 隶属关系

《教育法》第八十二条规定：学校或者其他教育机构违反本法规定，颁发学位证书、学历证书或者其他学业证书的，由教育行政部门或者其他有关行政部门宣布证书无效，责令收回或者予以没收；有违法所得的，没收违法所得；

情节严重的，责令停止相关招生资格一年以上三年以下，直至撤销招生资格、颁发证书资格。

2. 相对独立

根据《教育法》第二十九条规定，学校及其他教育机构行使下列权利：（1）按照章程自主管理；（2）组织实施教育教学活动；（3）招收学生或其他受教育者；（4）对受教育者进行学籍管理，实施奖励或者处分；（5）对受教育者颁发相应的毕业证书；（6）聘任教师及其他职工，实施奖励或者处分；（7）管理、使用本单位的设施和经费；（8）拒绝任何组织和个人对教育教学活动的非法干涉；（9）法律、法规规定的其他权利。国家保护学校及其他教育机构的合法权益不受侵犯。由此得出，我国学校和其他教育机构内部领导体制应按照民主管理和监督的原则建立。学校及其他教育机构都应当按照国家法律、法规及规章、政策的规定，建立以教师为主体的教职工代表大会和其他审议、咨询、监督机构，保障教职工参与民主管理，对领导机构的管理活动进行监督。

教育行政机关无论以何种身份参加教育法律关系，都是在同级人民政府的领导下，独立行使国家行政职能的行政法律关系主体。具体体现在：（1）教育行政机关是同级人民政府的组成部分，对同级人民政府负责。其行政权力不得违反教育法律和同级人民政府决定、指示、命令，否则，该行为无效，将被撤销。同时，地方各级教育行政机关非经授权不得代行本级人民政府的权力。（2）教育行政机关在遵守宪法和教育法律、法规的前提下，根据需要，有权独立行使主管事项的决定权，不必请示人民政府。（3）教育行政机关专门行使教育行政权，不受其他机关的非法干涉。（4）各级教育行政机关都是相对独立的行政法律关系主体。教育行政机关上级对下级虽然有执法监督、业务指导关系，但下级教育行政机关也有权以自己的名义，独立处理自己职权范围内的教育行政事务，并承担相应的法律责任。

教育行政机关作为一种公务主体，其上下级教育行政机关之间存在一种公务关系。这就是说：一是上下级教育行政机关之间不存在从属关系，他们都是独立的行政法人；二是上下级教育行政机关之间存在执法监督关系，即上级教育行政机关通过行政复议等途径可以撤销下级教育行政机关违法或不当的决定，达到监督的目的；三是上级教育行政机关在公务职责范围内可以对下级教育行政机关进行指导，主要是指导其贯彻党的教育方针、政策，同时也对专门业务进行指导。

把握教育行政机关的法律地位是很重要的。在现实工作中，有的教育行政机关认为自身不是执法机关，因而疏于履行教育行政执法职责；有的教育行政机关在未很好履行教育行政职责的同时，又在法定权限外为下级教育行政机关乃至政府设定义务；出现该管的事没有管，无权管的事又越权管的现象，这是应该克服与避免的。

【案例】

1998 年夏，安徽省某县教委实行机构改革，将原来的勤工俭学管理站改为县教育服务公司，并决定于 1998 年 6 月 18 日上午（星期四）举行挂牌仪式。为了营造热烈氛围，县教委提前半个月通知县城内各小学腰鼓队排练节目，届时到场助兴。6 月 18 日上午，教育服务公司挂牌仪式如期举行，县城七所小学的小学生共计二百多人次参加典礼，一时鼓乐喧天，好不热闹，县教委的领导们十分满意，感觉效果好极了。

讨论：在这个案例中，县教委以县教育行政机关的名义下发通知，侵害了学校哪些权利？

分析：县教委以县教育行政机关的名义下发通知，让所辖的县城小学学生在正常的学习时间内停课参加商业庆祝活动，这种滥用职权的行为严重干扰了正常的教育教学秩序，违反了相关法律规定，侵害了学校的办学自主权和学生的受教育权。

第二节　教育行政机关的职权

一、教育行政机关的设置

在我国，中央和地方各级人民政府都设有教育行政机关，专门管理教育事业。按照教育行政机关的管辖权限和范围，可分为中央教育行政机关和地方教育行政机关。中央教育行政机关，即国务院及其下设的国家教育部，国家教育部是国务院主管全国教育工作的综合职能部门。地方教育行政机关按层级依次为省（自治区、直辖市）教育厅、市教育局、县（区）教育局，在乡镇设有联校，民族自治地方的自治机关自主管理本地方的教育事业。各级教育行政机关是人民政府主管教育工作的职能部门，遵循在中央统一领导下充分发挥地方的主动性和积极性的原则，在同级人民政府的领导下负责教育工作的统筹规划、政策指导、组织协调、监督检查、提供服务，具体行使各项教育行政管理权。

与教育行政机关的设置相适应，我国的教育行政管理采取中央统一领导下的分级管理体制。《教育法》第十四条规定："国务院和地方人民政府根据分级管理、分工负责的原则，领导和管理教育工作。中等及中等以下的教育在国务院领导下，由地方人民政府管理。高等教育由国务院和省、自治区、直辖市人民政府管理。"第十六条规定："国务院和县级以上地方各级人民政府应当向本级人民代表大会或者其常务委员会报告教育工作和教育经费预算、决算情况，接受监督。"概括起来就是，在中央的方针政策指导下，对教育事业实行中央教育行政与地方中级教育行政管理相结合。具体而言，中央教育行政机关在国务院的领导下工作；地方国家教育行政机关既要接受本级人民政府的统一领导，又要接受上级教育行政机关的业务指导，同时又享有较大的自主权。正如《中共中央关于教育体制改革的决定》所规定的："基础教育管理权属于地方，除大政方针和宏观规划由中央决定外，具体政策、制度、计划的制定和实施，以及对学校的领导、管理和检查，责任和权力都交给地方。"

二、教育行政机关的职权

教育行政机关只有具备了教育行政职权，才能以自己的名义实施教育行政行为。职权是指职务范围以内的权力，教育行政职权是教育行政机关实施国家教育行政活动的权能，各级教育行政机关具有主管本行政区域内教育的行政职权。

国家教育行政职权的来源主要有以下两个方面：一是固有的职权。教育行政机关是依法设立的，其职权自其设立就已经产生，只有在其被撤销时其职权才会丧失。我国教育行政机关的主要职权来源于宪法、组织法和教育法的直接规定。如《宪法》第八十九条第七款规定："国务院领导和管理教育、科学、文化、卫生、体育和计划生育工作。"第一百零七条规定："县级以上地方各级人民政府依照法律规定的权限，管理本行政区域内的经济、教育、科学、文化、卫生、体育事业、城乡建设事业和财政、民政、公安、民族事务、司法行政、监察、计划生育等行政工作，发布决定和命令，任免、培训、考核和奖惩行政工作人员。"第一百一十九条规定："民族自治地方的自治机关自主地管理本地方的教育、科学、文化、卫生、体育事业，保护和整理民族的文化遗产，发展和繁荣民族文化。"二是授予职权。授予职权来自有关法律的规定，也来自其他国家机关、其他行政机关、社会企业事业单位的授权和委托。这类职权既可因授权的收回而消失，也可因行政主体资格的撤销而丧失。

三、教育行政机关职权的内容

各级教育行政机关的具体职权虽然各不相同，但大体包括以下内容：制定、发布具有普遍约束力的规范性文件；对教育机构的设置、调整进行审批；对教学计划、课程、教科书和学生用书进行审定；管理学校；对招生、考试、录取、学籍的管理；对教育、教学人员专业技术职务的管理；学位管理；主管学校及其他教育机构的人事任免；对下级人民政府及教育行政部门教育工作指导、监督；对同级其他行政部门的教育工作的协调、监督；对违反教育法行为的处罚和强制；对同级人民政府就教育工作提出建议。以上方面的职权具体内容如下。①

（一）教育行政创制权

教育行政创制权也称立法权，主要指国家教育行政机关根据宪法和法律所拥有的制定和发布教育行政法规和教育规章的权力。教育行政机关的立法权主要来自以下两个方面：一是权力机关的授权和委托；二是来自宪法和教育行政法的规定。例如，经国务院批准的国家教委第十九号令发布《义务教育法实施细则》。教育行政机关制定和发布教育行政法规和教育规章的目的在于：一方面通过制定和发布教育行政法规和教育规章规范自身的组织设置、人员配置、工作程序等；另一方面通过制定和发布教育行政法规和教育规章来贯彻教育法的实施，使教育法的原则性要求得到具体的遵守与执行。

（二）教育行政决定权

即教育行政机关依法对教育行政管理中具体事件的处理权。教育行政机关的决定权，一方面体现于教育行政机关的创制权，教育行政机关制定和发布相关的教育行政性的法规规章的过程，实质上就是教育行政机关对教育事业管理的决定权的体现。另一方面，教育行政机关在实施教育行政行为的过程中，对有关事项的处理有决定权，如对教育发展规划的制定、教育经费的预算、教育机构人员的任免、处分等都具有决定权。

（三）教育行政命令权

教育行政命令权就是国家教育行政机关依法发布命令，要求特定的人或不特定的人实施一定行为或不实施一定的行为，命令相对人一方当事人必须服从的权力。从实际组织的运行过程分析，命令与服从是教育行政工作正常进行的必要条件。在具体的教育工作中，教育行政法规的贯彻执行主要依靠行政命令。如对没有教师资格证的个体，教育行政部门命令学校或者教育机构不允许聘任其为教师；对没有招生资格的学校或者教育机构，教育行政部门下令禁止

---

① 黄崴．教育法学［M］．广州：广东高等教育出版社，2002：123-129.

其违规招生，等等。教育行政命令权是教育行政创制权和教育行政决定权的延伸，没有教育行政创制权和决定权，就没有教育行政机关在内部管理和处理教育行政相对人的教育行政命令权。

（四）教育行政执法权

教育行政执法权是教育行政机关或其工作人员根据有关法律规定或者上级决定、命令而实行的具体执法的行为，也是国家行政机关及其公务员具体适用法律、法规的行为。教育行政执法权是教育行政机关依照法律规定的权限管理教育事业的一种权能，是教育法规实施的基本前提。我国教育行政机关是国家权力机关的执行机关，国家有关教育的法律法规都要通过教育行政机关的行政执法来实施。教育行政执法权包括制定推行教育法规的实施措施，对公民、社会组织和其他社会力量遵守教育法规状况的监督检查，以及进行教育行政制裁，即对违反教育法规的行为采取制裁措施。

（五）教育行政强制权

即在教育行政管理中，法定义务人或某项具体行政法律关系的义务人若不履行义务时，教育行政机关有权采取一系列法定的强制措施，以督促法定义务的履行。教育行政强制权体现的是国家在教育领域的意志性，是教育行政有效性的重要前提。如果教育行政机关的行政对象拒绝履行教育行政机关设定的教育义务，教育行政机关有依法强制执行或申请人民法院或公安机关强制执行的权利。社会组织或个人如果违反国家有关规定，举办学校或者其他教育机构，教育行政部门有权予以撤销，如果有违法所得的，教育行政部门有权没收违法所得。若社会组织或个人不服从，教育行政机关有权采取法定的强制措施，或者申请人民法院或公安机关采取强制手段，达到恢复正常教育秩序的目的。

（六）教育行政处罚权

主要指教育行政机关对违反法律、法规规定的行政相对人所行使的惩罚权力。教育行政处罚权是教育行政机关为维护教育秩序、保护公众教育利益必不可少的权力。对于教育行政机关的教育处罚权，根据《教育行政处罚暂行实施办法》的规定，第一，必须是县以上人民政府的教育行政部门，除非法律、法规另有规定；第二，教育行政部门可以委托符合《行政处罚法》第十九条规定的组织实施处罚，受委托组织应以委托教育行政部门的名义作出处罚决定；委托教育行政部门应当对受委托组织实施处罚的行为进行监督，并对其处罚行为的后果负法律责任。同时，教育行政部门委托实施处罚，应当与受委托组织签订《教育行政处罚委托书》，在《教育行政处罚委托书》中依法规定双方实施处罚的权利与义务。

　　教育行政机关的教育行政处罚权在实施过程中体现的只能是教育行政制裁，教育行政制裁是对违反法律、法规，但尚未构成犯罪的行为进行的处罚。另外，教育行政处罚主要针对教育领域中的违法行为，而非所有的违法行为。行政处罚种类和主要违法情形在《教育行政处罚暂行实施办法》的第三章有非常明确的规定。

（七）教育行政监督权

　　教育行政监督权主要是教育行政机关依照宪法和法律、法规对行政相对人进行检查、监督的一种权力。教育行政监督通常有两种情形：一是教育行政机关内部各级行政机构自身的相互监督，有可能是上级对下级的检查与监督，也可能是同级不同部门之间的监督；二是教育行政机关对教育行政相对人执行国家法律、法规和政策以及教育行政处理决定的情况进行的检查和监督。教育行政监督的意义在于，通过教育行政监督，能够及时了解教育法律、法规、政策的贯彻、落实、实施的具体情况，及时对违法行为进行惩处，对模范守法和执法相对人进行奖励，最终有利于教育法律、法规、政策的落实与实施。在相关的法律法规中，关于教育行政监督的法律规定如《高等教育法》第四十四条规定："高等学校的办学水平、教育质量，接受教育行政部门的监督和由其组织的评估。"《义务教育法实施细则》第三十五条规定："县级以上各级人民政府应当建立对实施义务教育的工作进行监督、指导、检查的制度。"第三十六条规定："实施义务教育的学校及其他机构，在实施义务教育工作上，接受当地人民政府及其教育主管部门的管理、指导和监督。"

（八）教育行政奖励权

　　教育行政奖励权是教育行政主体依法律、法规的规定，以物质或精神或二者合一的形式，赋予对教育工作作出贡献的主体以奖励的权力。教育行政奖励虽是教育行政主体的一种无强制执行力的具体行政行为，行政相对人可以自由决定是否接受奖励，却是教育行政主体实施有效教育管理的重要手段。

　　教育行政奖励的对象可以是单位、班级、团队，也可以是教师、学生等，范围非常广泛，奖励的项目也十分多样化。如《义务教育法实施细则》第三十七条规定，对于为实施义务教育作出突出贡献的企业事业单位、学校、社会团体、部队、居（村）民组织和公民，地方各级人民政府要给予奖励。《教师法》第三十三条针对教师奖励的项目有："教师在教育教学、培养人才、科学研究、教学改革、学校建设、社会服务、勤工俭学等方面成绩优异的，由所在学校予以表彰、奖励。国务院和地方各级人民政府及其有关部门对有突出贡献的教师，应当予以表彰、奖励。对有重大贡献的教师，依照国家有关规定授予荣誉称号。"

（九）教育行政给付

行政给付，也称行政物质帮助，是指行政机关依法对特定的相对人提供物质利益或与物质利益有关的权益的行为。其中，"物质权益"主要表现为给付相对人一定数量的金钱或实物；"与物质有关的权益"的表现形式很多，如让相对人免费入学接受教育、给予相对人享受公费医疗待遇等。

教育行政给付是教育行政机关职权的重要内容，集中体现教育的公益性原则。如《教育法》第十条规定："国家根据各少数民族的特点和需要，帮助各少数民族地区发展教育事业。国家扶持边远地区发展教育事业。国家扶持和发展残疾人教育事业。"此外，在自然灾害等突发事件中，教育行政给付还突出地表现为保障入学、生活补助、安置校舍、考试招生优待、心理安抚等。

（十）教育行政复议

在我国的教育行政救济制度中，教育行政复议也是一条极为重要的救济途径。教育行政复议，是指教育管理相对人认为教育行政机关作出的具体行政行为侵犯其合法权益，向作出该行为的机关的上一级教育行政机关或该机关所属的本级人民政府提出申请，受理申请的行政机关对发生争议的具体行政行为进行复查并作出决定的活动。

我国现行的教育法律、法规中对教育行政复议的适用作出了原则的规定。《教育行政处罚暂行实施办法》第三十一条规定："当事人对行政处罚不服的，有权依据法律、法规的规定，申请行政复议或者提起行政诉讼。行政复议、行政诉讼期间，行政处罚不停止执行。"此外，在国家教委《关于〈教师法〉若干问题的实施意见》里有关教师申诉的问题中也规定：对教师提出的申诉"逾期未作出处理的或者久拖不决，其申诉内容涉及人身权、财产权以及其他属于行政复议、行政诉讼受案范围的，申诉人可以依法提起行政复议或者行政诉讼。""申诉当事人对申诉处理决定不服的……其申诉内容涉及其人身权、财产权及其他属于行政复议、行政诉讼受案范围事项的，可以依法提起行政复议或者行政诉讼。"这些规定为我国教育行政复议制度的确立提供了基础。

此外，教育行政机关职权还包括教育行政指导权、教育行政委托权、教育行政裁决权、教育行政仲裁权，等等。

【案例】

某年秋季开学之后，××城镇中学发现辍学学生达151人，经镇党委、政府组织镇机关干部、村委会干部，下村入户反复做辍学学生家长思想工作，到11月1日，已有120名辍学学生返校复课，在仍未返校的辍学学生中，除特殊情况外，均为家长不让孩子去学校继续读书，镇政府认为，这些家长因剥夺子女受义务教育的权利而触犯了法律，因此向法院起诉。

讨论：结合教育行政机关的教育行政法律职权，讨论镇政府状告辍学学生家长的合法性。

分析：第一，本案中的家长违反了《宪法》。我国《宪法》第四十六条第一款规定："中华人民共和国公民有受教育的权利和义务。"作为权利，任何人无权对公民的受教育权利进行非法剥夺或限制，包括受教育者的父母。第二，教育行政机关依据其教育行政职权有依法组织、督促、监督适龄儿童、少年接受义务教育的权力。法律依据为《义务教育法》的第七条："县级以上人民政府教育行政部门具体负责义务教育实施工作；县级以上人民政府其他有关部门在各自的职责范围内负责义务教育实施工作。"第十三条："县级人民政府教育行政部门和乡镇人民政府组织和督促适龄儿童、少年入学，帮助解决适龄儿童、少年接受义务教育的困难，采取措施防止适龄儿童、少年辍学。"第五十八条："适龄儿童、少年的父母或者其他法定监护人无正当理由未依照本法规定送适龄儿童、少年入学接受义务教育的，由当地乡镇人民政府或者县级人民政府教育行政部门给予批评教育，责令限期改正。"

但是××镇政府在行使教育行政法律职权的过程中，违反了《义务教育法》以及《义务教育法实施细则》的相关精神。依据上述法规的规定，如果适龄儿童、少年的父母或者其他法定监护人无正当理由未依照本法规定送适龄儿童、少年入学接受义务教育，《义务教育法》的规定是，当地乡镇人民政府或者县级人民政府教育行政部门只能给予批评教育，责令限期改正。《义务教育法实施细则》第四十条规定："适龄儿童、少年的父母或其他监护人未按规定送子女或者其他被监护人就学接受义务教育的，农村由乡人民政府进行批评教育；经教育仍不送其子女或其他被监护人就学的，可视具体情况处以罚款，并采取其他措施使其子女或其他被监护人就学。"即教育行政部门只能采取罚款或者其他惩罚措施。

因此，本案中学生家长擅自不让子女入学，镇党委等机关工作人员下村入户做家长思想工作，对其违法行为进行劝阻和制止，这是符合法律规定的。经教育仍然不听，镇政府也有权采取法律手段让学生家长送子女入学。但是，××镇政府向法院起诉辍学学生家长，没有相关的法律依据。

第三节　教育行政机关的责任

一、教育行政责任的含义与特征

（一）教育行政责任的含义

行政责任是指行政法律关系主体由于违反行政法律规范而承担的否定性法律后果。行政责任是基于行政法律关系而产生的，对于行政主体而言，不依法作出行政行为，不依法实施行政管理，都要承担相应的法律责任；对于行政相对人而言，不履行法定义务，同样要受到法律的追究。

教育行政法律责任是指教育行政机关及其公务人员不履行职责和义务所应承担的法律后果。法律赋予教育行政机关拥有教育行政职权，也要求教育行政机关在履行教育行政职权的时候，必须承担相应的教育行政责任。

（二）教育行政责任的特征

教育行政责任的主体是行政法律关系的主体，即教育行政主体和行政相对方。在行政法律关系中教育行政主体依法享有教育行政职权，负责履行教育行政义务。如果教育行政主体不依法实施教育行政管理、做出行政行为，就要承担因此产生的法律责任，即教育行政责任；教育行政相对方在享有权利的同时也必须履行法定的义务，如果教育行政相对方没有履行法定的义务，同样要承担法律责任，即教育行政责任。

教育行政责任是行政法律关系主体不履行法定职责所引起的违法性法律后果，它以教育行政法律义务为基础，以行政违法为前提，即如果没有教育行政法律义务和教育行政违法行为，也就没有教育行政责任。

教育行政责任是一种法律责任。行政法律规范所规定的责任和义务，是追究教育行政责任的依据。教育行政责任是对教育行政违法的救济，有自己独立的内容和承担方式，教育行政责任与其他法律责任之间不能相互替代。

二、教育行政责任的构成与种类

追究行政责任是指在确定行政责任的基础上，有权追究行政责任的机关强制负有责任的行政机关或公务人员履行一定义务。行政法律规范要求国家行政机关及其公务人员在行政活动中履行和承担行政义务，若国家行政机关及其公务人员不履行和承担行政义务，则应追究其行政责任。

（一）教育行政责任的构成要件

教育行政责任的构成要件是追究教育行政责任的必要条件，是衡量教育行政责任的标准。教育行政责任一般由下列要素构成。

1. 教育行政行为违法性

教育行政行为违法或不当是教育行政责任产生的前提。行政行为违法或不当的依据是行政行为违法事实，有无行政行为违法事实是判断是否追究行政责任、追究何种行政责任以及追究谁的行政责任的首要条件。但并非所有行政违法行为都要追究行政责任，尤其是惩罚性的行政责任还必须考虑行政违法行为的情节和行为人的态度。

2. 教育行政机关及其公务人员

教育行政机关及其公务人员是教育行政责任的主体。公务人员在两种情况下可以追究其本人的行政责任：①行政违法行为是公务人员的本人过错所致，非由机关的命令、委托所致，如越权或滥用职权。这种违法行为属于个人违法行为，按照责任自负原则，在公务人员所在的行政机关承担责任后，追究个人的行政责任。②公务人员的行政违法行为是执行机关命令所致，此种行为属机关违法，原则上由机关单独承担责任，但如果公务人员明知机关的命令是违法的仍执行，视情节与后果可同时追究公务人员的责任。行政机关有行政违法行为时，行政机关必须承担相应的行政责任。行政机关领导者的行政责任比较复杂，领导者个人违法，适用责任自负原则；如果他所领导的公务人员个人违法，原则上他不承担责任，但如果因他的失职而构成下属公务人员个人违法，则应承担行政责任。

3. 具体教育行政行为

教育行政责任必须发生在具体教育行政行为中。具体教育行政行为，是指在教育行政管理过程中，行政主体针对特定的人或特定的事采取具体行政措施的行为，其行为的内容和结果将直接影响某一个人或组织的权益。这种行为只能由教育行政主体作出，至于是教育行政主体直接作出，还是行政主体通过公务员或其他工作人员或依法委托其他社会组织作出，均不影响行政行为的性质。教育行政主体作出这种行为，主要是为了行使行政职权，履行行政职责。

常见的具体行政行为一般包括行政许可与确认行为、行政奖励与行政给付行为、行政征收行为、行政处罚行为、行政强制行为、行政监督行为、行政裁决行为等。在教育活动领域，若教师故意不完成教学任务或给教育教学工作造成损失，所在学校、教育局有权给予教师行政处分；若高等学校违反国家规定颁发学位证书、学历证书，情节严重的，教育部或教育厅取消高校颁发证书的行为，等等，都属于教育行政主体的具体行政行为。

4.故意或过失

确定教育行政责任，不但要以事实为依据，以法律为准绳，而且需要考虑行政主体的行为性质是过失或故意。行政主体的过失或故意是判断承担责任大小的重要依据。

(二) 教育行政责任的种类

教育行政机关承担行政责任的形式可分为两种：一是补偿性行政责任；二是惩罚性行政责任。一般来说，教育行政主体主要承担补偿性的法律责任，而教育行政主体的工作人员则主要承担惩罚性的法律责任。

1.补偿性行政责任

行政主体是代表国家参与行政法律关系的，根据事故影响大小，行政主体采取的补偿性行政责任也不同。补偿性行政责任主要包括以下几种具体形式：(1) 赔礼道歉、承认错误。行政主体因违法行政或管理不当而侵害了相对方的合法权益，行政主体的领导和直接责任人员应出面向受害人员赔礼道歉、承认错误，这是一种最轻微的补偿性行政责任。(2) 恢复名誉、消除影响。若行政主体对相对方造成名誉上的损害，应承担这种精神上的补偿性行政责任。(3) 返还权益，将违法剥夺的权益返还。(4) 恢复原状，若行政主体的违法或不当行为给相对方的财产带来改变其原有状态的损害时，一般由行政机关承担恢复原状的补偿性行政责任。(5) 停止违法行为，即停止侵害。(6) 履行职务。(7) 撤销违法的行政行为。(8) 纠正不当的行政行为。(9) 行政赔偿。

2.惩罚性行政责任

行政主体的工作人员承担的惩罚性的行政法律责任的方式主要有两类：一是行政处分；二是行政处罚。

行政处分是行政主体对其系统内部的工作人员实施的一种惩戒，共包括六种形式：警告、记过、记大过、降级、撤职和开除。

行政处分与内部行政行为相联系。行政行为以其适用与效力作用的对象和范围为标准，可分为内部行政行为和外部行政行为。内部行政行为是指行政主体在内部行政组织管理过程中所作的只对行政组织内部产生法律效力的行政行为，如行政处分及上级机关对下级机关所下达的行政命令等。外部行政行为是指行政主体在对社会实施行政管理活动过程中针对公民、法人或其他组织所作出的行政行为，如行政许可行为、行政处罚行为等。教育行政机关与其内部机构、学校与其所属的教师等的关系皆属内部行政法律关系，而教育行政机关与不送子女接受义务教育的父母的关系、教育行政机关与违法办学的组织和个人间的关系、治安管理机关与违反治安管理处罚条例的违法者的关系皆属外部行政法律关系。划分内部行政行为与外部行政行为的意义在于：第一，内部行政行为适用内部行政规范，而外部行政行为适用外部行政法规范，因而能够采用相应的法律、法规所规定的各种手段和方式去进行。第二，对于内部行政行为的主体资格，法律没有严格要求，而对外部行政行为的主体资格，法律则有严格的要求。第三，内部行政行为不适用行政复议程序和提起行政诉讼，而外部行政行为在符合法定条件的情况下，可以适用行政复议程序和行政诉讼秩序。

行政处罚是国家特定行政机关或其他行政机关依照法定权限和程序给予违反行政法律、法规的组织或个人的一种制裁。1996 年 3 月全国人大第四次会议通过的《行政处罚法》是我国规范行政主体的行政处罚行为的最主要的法律依据。《行政处罚法》第八条规定，行政处罚的种类有：（1）警告；（2）罚款；（3）没收违法所得、没收非法财物；（4）责令停产停业；（5）暂扣或者吊销许可证、暂扣或者吊销执照；（6）行政拘留；（7）法律、行政法规规定的其他行政处罚。其中（1）属于申诫罚，（2）、（3）属于财产罚，（4）、（5）属于行为罚，（6）属于人身罚。

【案例】

某县城社会秩序较乱，经常有一些社会闲杂人员到该县城的一些学校寻衅滋事，干扰学校正常的教育教学秩序，学校管理人员、师生和学生家长对此怨声载道。为维护学校的权益，县教委成立了一支"护教队"，护教队的任务是通过蹲点巡逻等方式保护学校不受侵扰，县教委指示护教队，对侵扰学校的不法之徒可予以拘禁关押。护教队成立不几日，便在某中学遭遇到几个社会青年在学校无端闹事，护教队成员一拥而上将他们制服，然后将其关押在县教委机关的一间空房内，关押时间长达两天。此举之后，果然该县城学校里的秩序较前大有好转，一些社会闲杂人员再也不敢到学校闹事。

讨论：县教委成立的"护教队"是否有行政拘留权。

分析：工厂可以有护厂队，商场可以请保安队，一些地区的教委为了维护正常的教学秩序成立护教队并无不妥。问题是县教委的护教队应明确，哪些事情可以做，哪些事情不能做。

此案例中，县教委的护教队拘禁关押滋扰学校教学秩序的社会青年，其实质是对他们行使了剥夺人身自由的行政处罚权。那么，教育行政机关有行政拘留处罚权吗？没有。《行政处罚法》第十五条规定：行政处罚由具有行政处罚权的行政机关在法定职权范围内实施。第十六条规定：国务院或者经国务院授权的省、自治区、直辖市人民政府可以决定一个行政机关行使有关行政机关的行政处罚权，但限制人身自由的行政处罚权只能由公安机关行使。也就是说，在众多行政机关中，只有公安机关具有限制人身自由的行政处罚权，教育行政机关无此权力。因此，在此案例中，教育行政机关拘禁社会青年的行为是属于越权的违法行为。护教队应将不法之徒扭送公安机关，这是法律允许的。

三、教育行政处罚的程序与执行

实施教育行政处罚，应当根据法定条件和案件的具体情况分别适用，根据《行政处罚法》和《教育行政处罚暂行实施办法》，教育行政处罚的程序一般分为简易程序和一般程序。

1. 简易程序

教育行政处罚执法人员持有能够证明违法事实的确凿证据和法定依据，并对公民处以五十元以下，对法人或者其他组织处以一千元以下罚款或给予警告处罚的，教育行政部门可以适用简易程序。

教育行政执法人员在进行当场处罚时，应遵循下列程序：

（1）表明身份，执法人员应当向当事人出示执法身份证件。

（2）说明处罚理由，执法人员应主动向当事人说明其违法行为的事实、说明其违反教育法律规范给予行政处罚的理由和依据。

（3）给予当事人陈述和申辩的机会，当事人可以口头申辩，执法人员要予以正确、全面的口头答辩，使当事人明白清楚、心服口服。

（4）制作《教育行政处罚当场处罚笔录》，填写《教育行政处罚当场处罚决定书》。按规定的格式载明当事人的违法行为、处罚依据；给予的处罚、时间、地点以及教育行部门的名称，由教育行政执法人员签名或者盖章后，当场交付当事人。

（5）教育行政执法人员当场作出的教育行政处罚决定，必须报所属教育行政机关备案。

2. 一般程序

一般程序又称普通程序，是教育行政处罚中的一个基本程序，它具有内容最完善、适用广泛的特点，一般包括以下几个步骤：

（1）立案。教育行政部门发现公民、法人或者其他组织有违反教育法律行为的，应当填写立案报告表，在经本机关主管负责人审查批准后即完成法律上的立案程序。同时，应该落实办案人员，执法人员与当事人有直接利害关系的，应当主动回避，当事人有权以口头或者书面方式申请他们回避。执法人员的回避，由其所在教育行政部门负责人决定。

（2）调查取证。立案后，教育行政部门应客观、全面、公正地调查收集有关证据。必要时，依照法律、行政法规的规定，进行检查。教育行政部门在进行检查时，执法人员不得少于两个人。教育行政部门在收集有关证据时，对可能灭失或者以后难以取得的证据，经教育行政部门负责人批准，可以将证据先行登记，就地封存。封存时，必须出示教育行政部门的证明，并邀请有关组织、人员到场，查点清楚，开列单据，由执法人员、见证人员和物证、书证、被封存人签名盖章。

（3）听取申辩与听证。

教育行政部门在作出行政处罚决定前，应向当事人发出《教育行政处罚告知书》，告知当事人作出行政处罚决定的事实、理由和依据，并告知当事人依法享有的陈述权、申辩权和其他权利。

当事人在收到《教育行政处罚告知书》后 7 日内，有权向教育行政部门以书面方式提出陈述、申辩意见以及相应的事实、理由和证据。教育行政部门必须充分听取当事人的意见，对当事人提出的事实、理由和证据应进行复核，当事人提出的事实、理由或者证据成立的，教育行政部门应当采纳。教育行政部门不得因当事人的申辩而加重处罚。当事人要求听证的，教育行政机关应当依法组织听证。

听证程序可以认为是一般程序中的特别程序，根据《行政处罚法》第四十二条规定，教育行政处罚的听证程序为：

①听证提出。当事人要求听证的，应当在教育行政机关告知后 3 日内提出，这是听证的必要程序。

②听证通知。组织听证的教育行政机关应当在听证开始的 7 日前书面通知当事人，以便当事人作充分准备。

③举行听证会。正式听证会由教育行政机关指定非本案调查取证和与本案无利害关系的人员主持，要求听证的当事人可以亲自参加，也可以委托 1～2 名代理人出席或与代理人同时出席，除涉及隐私、商业秘密、国家秘密外，听证会一律公开举行。

④制作听证笔录。听证结束后，由主持人和记录人签名或盖章，经核审无

误后，当事人亦应当在笔录上签名或盖章。听证笔录是行政处罚的重要依据，应入档归案，备举证之用。听证结束后，听证主持人应当提出《教育行政处罚听证报告》，连同听证笔录和有关证据，呈报教育行政部门负责人。教育行政部门负责人应当对《教育行政处罚听证报告》进行认真审查，并按照《行政处罚法》第三十八条规定作出处罚决定。

（4）作出处罚决定。

教育行政机关通过调查、取证，且听取被指控人的申辩，有些案件经过听证后，如审查确认违法事实确实存在，且事实清楚、证据确凿即可依法根据情节轻重及具体情况作出处罚决定；如认为违法行为不存在或被指控的事实不能成立的则不得给予行政处罚，作出撤销案件的决定；如被指控人确实有违法行为，但情节显著轻微，依法可不予行政处罚的，可作出免予行政处罚的决定；如认为被控人不仅有违法行为，且该行为已构成犯罪的，应将有关材料移送司法机关处理。

教育行政机关作出处罚决定时，应制作教育行政处罚决定书，载明当事人姓名（或名称）、地址、违反法律规章的事实与证据、教育行政处罚的种类和依据、教育行政处罚的执行方式和期限、不服处罚决定申请复议或起诉的途径和期限、作出教育行政处罚决定的教育行政机关的名称和作出决定的日期，并加盖印章。

教育行政处罚决定书作出后，当事人应当在教育行政处罚决定的期限内，予以履行。当事人逾期不履行的，教育行政部门可以申请人民法院强制执行。

第四节　教育行政公务员

国家公务员制度是许多国家实行的对从事国家公务人员的管理制度。教育行政机关的国家公务员（简称教育公务员）即教育行政类公务员，是国家公务员中从事教育行政的人员。建立国家公务员制度是我国干部人事制度改革的重要组成部分。1993年10月1日《国家公务员暂行条例》的施行，标志着我国公务员制度的正式建立。我国的教育行政人员也将随着国家公务员制度的实施，逐步成为教育公务员。

依据《国家公务员暂行条例》第三条的规定，我国国家公务员的范围是"各级国家行政机关中除工勤人员以外的工作人员"。因此，我国国家教育部、地方各级人民政府所属的教育厅、局、处、科机关中，除工勤人员以外的工作人员均属教育公务员的范围。教育行政机关所属学校和其他企事业单位的工作人员不是教育公务员。国家行政机关以外的其他机关、企业、事业单位中设置的教育管理机构，如大型企业中的教育委员会、教育处（科）中的工作人员也不是教育公务员。教育行政机关常因工作需要临时聘请或借调一些行政机关以外的人员从事某些教育行政管理工作，这些人员虽也行使某些教育行政职能，但他们不是教育公务员。只有具有教育公务员身份的人，才能适用国家公务员的法律制度。

实行教育公务员制度的根本目的是为了改革教育行政人员的管理制度，实施对教育公务员的科学管理，保障教育公务员的优化、廉洁和效能，以适应社会主义现代化教育事业对国家行政管理的需要。国家对于教育公务员管理的规定中，关于公务员的义务与权利以及纪律、回避制度，是约束教育公务员勤政廉政和保障教育公务员合法权益的依据。

一、教育公务员的义务

教育公务员的义务是国家法律对教育公务员必须作出什么行为或不得作出什么行为的具有约束性和强制性的规定。国家规定教育公务员的义务，是为了保证教育公务员在国家法律的范围内正当地行使教育管理职权，执行国家公务。依据《国家公务员暂行条例》的规定，我国教育公务员的义务是：

（1）遵守宪法、法律和法规；
（2）依照国家法律、法规和政策执行公务；
（3）密切联系群众，倾听群众意见，接受群众监督，努力为人民服务；
（4）维护国家的安全、荣誉和利益；
（5）忠于职守，勤奋工作，尽职尽责，服从命令；
（6）保守国家秘密和工作秘密；
（7）公正廉洁，克己奉公；
（8）宪法和法律规定的其他义务。

二、教育公务员的权利

教育公务员的权利是国家法律对教育公务员在履行教育行政管理职责、行使职权、执行公务的过程中和任职期间内可以做什么或可以要求他人做什么、不做什么的许可与保障。对教育公务员权利的确认，是公务员行使教育行政职权、执行国家教育公务的有效保障；是公务员基本工作、生活条件的有效保障。依据《国家公务员暂行条例》的规定，我国教育公务员的权利是：

(1) 非因法定事由和非经法定程序不被免职、降职、辞退或者行政处分；

(2) 获得履行职责所应有的权力；

(3) 获得劳动报酬和享受保险、福利待遇；

(4) 参加政治理论和业务知识的培训；

(5) 对国家行政机关及其领导人员的工作提出批评和建议；

(6) 提出申诉和控告；

(7) 依照规定辞职；

(8) 宪法和法律规定的其他权利。

三、教育公务员的纪律

教育公务员的纪律是以法律形式规定的约束教育公务员行为的准则。教育公务员的纪律可以约束教育公务员按其职责履行公务，保障教育行政工作的正常运行。公务员的纪律与公务员的义务都是以法律形式约束教育公务员行为的规范，二者的区别在于：教育公务员的义务是从"应该如何做"，即从正面、宏观角度约束公务员的行为；教育公务员的纪律是从"不得做什么"，即从负面、微观的角度约束公务员的行为。

《国家公务员暂行条例》规定的我国教育公务员的纪律不得有下列行为：

(1) 散布有损政府声誉的言论，组织或者参加非法组织，组织或者参加旨在反对政府的集会、游行、示威等活动，组织或者参加罢工；

(2) 玩忽职守，贻误工作；

(3) 对抗上级决议和命令；

(4) 压制批评，打击报复；

(5) 弄虚作假，欺骗领导和群众；

(6) 贪污、盗窃、行贿、受贿或者利用职权为自己和他人谋取私利；

(7) 挥霍公款，浪费国家资财；

(8) 滥用职权，侵犯群众利益，损害政府和人民群众的关系；

(9) 泄露国家秘密和工作秘密；

(10) 在外事活动中有损国家荣誉和利益；

(11) 参加或者支持色情、吸毒、迷信、赌博等活动；

(12) 违反社会公德，造成不良影响；

(13) 经商、办企业以及参与其他营利性的经营活动；

（14）其他违反纪律的行为。①

【案例】

　　2000 年高考，××省××县考场发生了一场震惊全国的舞弊案。在上级有关人员的授意下，××省××县从学校领导到监考老师再到参加高考的学生，进行了一场有组织、有预谋、有分工的高考舞弊案件。此案的做法大致如下：团伙的组织者用钱收买监考员在开考以后，将试题传给县教育局派到该考场的巡视员，由巡视员交给团伙的组织者拿去复印，并组织高三年级的教师在学校单身宿舍做答案，然后将答案用电话传到事先统一调好频道的 BP 机上。也有监考教师在分发试卷后，当场在教室讲台做题，然后送给预先交了好处费的考生。

　　此案最终把涉及该案的六名犯罪嫌疑人送上了法庭，其中××县教育局原副局长陈××以贪污、玩忽职守的罪名被判有期徒刑三年零六个月。××县招生办原主任陈×被判有期徒刑二年零六个月。其他四名被告均被判有期徒刑。另外，对此案负有重要责任的七名党政机关领导干部均受到党纪、政纪处分。

　　讨论：教育公务员在国家高考中的职权。

　　分析：本案中××县教育局以及招生办的教育公务员在国家组织的高考中，本应忠于职守，尽职尽责，服从命令，保守工作秘密，起到执法监督与检查工作的作用，但是他们却进行了一场有组织、有预谋、有分工的违法犯罪活动。根据《刑法》《保守国家秘密法》的有关规定，他们主要犯了贪污罪、滥用职权罪、玩忽职守罪等，应承担刑事责任。另根据《教育法》第七十九条规定："在国家教育考试中作弊，由教育行政部门宣布考试无效，对直接负责的主管人员和其他责任人员，依法给予行政处分。"为此，学校领导、教师及相关工作人员也应负有一定的行政责任。

四、教育公务员的回避制度

　　教育公务员管理中的回避制度，是指为了保证国家教育行政人员不因亲属关系等因素，对公务活动产生不良影响，而在公职人员所任职务、任职地区和执行公务等方面作出的限制性规定。《国家公务员暂行条例》中规定的我国教育公务员回避制度的内容是：

　　（1）国家公务员之间有夫妻关系、直系血亲关系、三代以内旁系血亲以及

---

　　① 谢志东 . 教育行政机关的国家公务员 ［J］. 人民教育，1997（3）：37-38.

近姻亲关系的，不得在同一机关担任双方直接隶属于同一行政首长的职务或者有直接上下级领导关系的职务，也不得在其中一方担任领导职务的机关从事监察、审计、人事、财务工作。这是职务回避。

（2）国家公务员执行公务时，涉及本人或者涉及与本人有上述亲属关系的人员的利害关系的，必须回避。这是公务回避。

（3）国家公务员担任县级以下地方人民政府领导职务的一般不得在原籍任职，但是，民族区域自治地方人民政府的国家公务员除外。这是地区回避。

总之，在我国建立教育公务员制度是一项极为艰巨复杂的系统工程，这对于提高我国教育公务员队伍的素质和行政效能，对于教育事业的发展是极其重要的。了解国家有关教育公务员的相关规定，对于教育法律关系主体依法接受教育行政机关的管理，依法监督教育行政机关的工作都有着重要的作用。

【复习思考题】

1. 界定下列概念：教育行政机关、教育行政责任、行政处分、行政处罚、教育公务员。

2. 简述教育行政责任的构成要件与种类。

3. 概述教育行政机关职权的内容。

4. 概述教育行政公务员的权利和义务。

5. 分析教育系统的"外行领导内行"的现象，说说你对这一现象的认识和理解。

【案例分析题 1】

原告佛山市××教育有限公司下属三家幼儿园，属于原佛山市无线电厂下属的三家企业。由于三家幼儿园的主办企业已经破产，在有关机构的协调下，1995 年，由佛山市民黄某个人承办并向佛山市教委登记注册。

1997 年，国家出台社会力量办学机构不得设立分支机构的规定，拥有一所学校和三所幼儿园的黄某取得教育局的同意，将一所学校和三所幼儿园作为一个机构合并领取了一个《办学许可证》。2002 年，佛山市地方税务局认为黄某的办学机构属于"一证多址"，与现行的税法有冲突，由此责令其限期整改。黄某立即向佛山市教育局递交申请，请求将三所幼儿园分别独立进行登记注册，并将其中一所改名为建设幼儿园，要求按照新名称进行登记，但是迟迟没有得到答复。5 月 17 日，禅城区教育局向××教育有限公司下达《关于不同意申办佛山市禅城区建设幼儿园的批复》称，××公司在佛山市建设路 2 号申办的佛山市禅城区建设幼儿园，因"不符合《佛山市托儿所办学基本条件》和

《佛山市禅城区民办幼儿园设置标准》的办园设置标准要求，暂不给予申办"，并要求其在 8 月 31 日前"停止办园"。

××教育公司以"不能以新的办园规范为标准而责令一所设立十年之久的幼儿园关闭"为由，于 8 月 17 日将禅城区教育局告上法院，请求法院判决撤销被告的行政处罚决定，并依法向幼儿园发放独立的办学许可证。

问题：结合案例，分析教育行政机关的法律责任。

【案例分析题 2】

某年 3 月 17 日上午，在××县××镇一处约 70 亩左右的甘蔗林里，数百名五、六年级的学生及教师正在砍甘蔗，原来这是当地教育办下的"指示"，要求全镇教师、学生停课抢收教育办自种的甘蔗地里的甘蔗。面对记者的疑问，主管教育的××副镇长说："教育办要求全镇老师抢收甘蔗确有此事，主要是为了响应县委、县政府增加学校收入的号召，教育办开垦了一处甘蔗基地，大约 70 亩。由于糖厂催得紧，又请不到砍甘蔗的人，只好让老师尽快砍完。这些收入都是教育办负责，用于学校的建设，至于学生去砍甘蔗，是有的学校想尽快干完，早点上课。"

问题：结合案例，讨论教育行政机关应当如何恰当地运用其教育行政职权。

第四章 学 校

【学习目的和要求】

1. 理解学校的法律含义

2. 了解学校的性质

3. 知道学校设置的条件和学校的举办主体

4. 掌握学校的权利与义务

5. 理解学校在教育行政法律关系主体中的地位

6. 明确学校的法人地位

7. 知道学校设置的程序和学校法人的划分类型

8. 掌握学校法人的特殊性

9. 了解学校内部的管理体制

10. 知道义务教育学校校长的职权和职责

【具体教学内容】

1. 学校的法律内涵

2. 学校的法律地位

3. 学校的法人地位

4. 学校的权利与义务

5. 学校内部的管理体制

6. 校长的基本条件、职权和职责

第一节　学校概述

一、学校的含义

学校是有计划、有组织和系统地进行教育、教学活动的重要场所，是最为常见的社会机构。①

（一）学校的一般含义

从学校的起源看，人类最初的教育是与生产劳动、社会生活融在一起的，人们在生产劳动、社会生活中由年长的一代对年轻的一代传授知识与技能，后来，随着社会生产力的发展，一方面剩余产品增多，社会物质丰富；另一方面知识经验的积累使得在社会生产与社会生活中进行知识与技能的传授的形式已经不能满足人们的需要。体力劳动与脑力劳动就发生了分离，独立实施教育教学活动的人与专门进行学习的人开始出现，学校便逐渐孕育产生了。一般来说，学校产生的前提条件包括：一是社会生产力水平的提高，使学校必要的物质条件有了基础；二是体、脑劳动的分离，使专门教与专门学的成员有了人员储备；三是知识经验的积累促使文字的产生，文字的产生打破了知识经验的传递在时间与空间上的限制。学校的产生标志着人类教育活动进入一个自觉的历史时期。

据考证，在原始社会后期就产生了学校的萌芽，有了专门对青少年进行教育的特殊场所，青少年在这特殊场所里接受各种训练，学习自理，参加社会劳动，如建筑房屋、耕种、收获，照看牲畜等；学习唱歌、跳舞、游戏，学习礼仪和行为规则。在我国，几千多年前就有了学校，那时学校的名字叫"庠"，高一级的学校叫"上庠"，低一级的学校叫"下庠"；夏朝，学校被分为四个等级，按级别叫作："学""东序""西序""校"；商朝，这四种学校的名字分别为："学""右学""左学""序"；西周时期我国初步形成了学制系统，分为国学与乡学两级（中央官学与地方官学），西周王府里设立的专供少数奴隶主贵族读书的场所的名称叫"辟雍""成均"。

值得一提的是，学校在产生之后的相当长的一段时间里，并不都是专门的教育机构，而是兼为习射、养老的场所。但是以培养社会所需要的人为己任，

---

① 劳凯声.教育法学 ［M］.沈阳：辽宁大学出版社，2008（8）：87.

仍然是学校发展的最直接动力。孟子曰："庠者养也，校者教也，序者射也。"就是当时学校职能发展的最好表现。

汉代，最高一级的学校称作"太学"，下面分别称作"东学""西学""南学""北学"，再后来把"太学"改为"国子学""国子寺""国子监"；汉代是中国古代教育史上比较昌盛的时期，汉代的学校分为官学与私学两种，其中私学的书馆，亦称蒙学，系私塾性质，相当于小学程度；明朝、清朝，"国子监"成为国家专门管理教育的机构，这时候的学校一般称为"书院""书堂""私塾"等。

清末，我国开始兴办近代教育，光绪二十八年（1902 年）的《钦定学堂章程》中称学校为学堂。光绪二十九年，清政府颁布《奏定学堂章程》，明确了整个学校教育制度。到 1907 年，新式学堂遍设各地。辛亥革命后，1912 年教育部公布新学制——壬子学制，"学堂"一律改称"学校"，并沿用至今。

在西方，古希腊时期就存在学校，主要为奴隶主贵族子弟服务，中世纪，学校被教会垄断。文艺复兴时期，西方现代学校开始形成，17 世纪，夸美纽斯的班级授课制理论奠定了现代学校的基本形式。

学校发展到现代，发挥着越来越重要的社会功能，扮演着越来越重要的社会角色。学生系统知识的获得，身心全面健康的发展，社会各级各类人才的培养等都依赖于学校教育功能的发挥。

学校在一般的意义上可以定义为，按照一定的社会需要，有目的、有计划、有组织地对年轻一代进行培养和教育的社会组织机构。

（二）学校的法律含义

社会的发展使教育活动日益复杂化，现代教育由许许多多不同类型、不同层次的学校及其他教育机构来实施，学校教育、教学工作有序化、规范化、制度化成为学校发展的必然要求。学校及其他教育机构成为法律调整的重要对象，在学校及其他教育机构的设置、办学的基本原则及条件、学校及其他教育机构的法律地位、教育教学活动的运行和管理等领域，法律的规范和调节作用都在不断加强，学校成为享有一定权利并承担一定义务的社会组织。

《教育法》第三章"学校及其他教育机构"是我国学校及其他教育机构基本法律制度的重要法律依据，其他相关的教育法，也为学校及其他教育机构的运行与管理提供了相关的法律依据，如《教师法》第四十条规定："各级各类学校是指实施学前教育、普通初等教育、普通中等教育、职业教育、普通高等教育以及特殊教育、成人教育的学校。"在法律上，教育机构既包括学制系统以内，以实施学历性教育为主的教育机构，如幼儿园、全日制小学、初级中学、高级中学、各类中等专业学校、技工学校、职业高中、高等专科学校、高等职业学校、独立设置的学院、大学、具有颁发学历证书资格的成人高等学校等，又包括各种实施非学历教育的机构，如各种职业与技术培训机构、培训中心，以及实施扫盲教育、文化补习教育、干部继续教育、社会文化教育的各种机构等。由此，学校是教育机构的主要组成部分。

法律意义上的学校，主要指经主管部门，通常是教育行政主管部门批准设立或登记注册，实施教育、教学活动的社会机构，通常是指政府、社会组织或者公民个人依法举办的，依照法律规定在固定场所对固定人数有目的、有组织、有计划实施教育活动的社会机构。

二、学校的性质

从法人的角度看学校的性质，学校与企业组织有以下方面的区别。[①]

（一）学校与企业组织的区别

学校及其他教育机构明显区别于社会的其他组织，特别是企业组织。根据我国的《民法典》，学校及其他教育机构作为事业单位，在法律上有别于企业组织。

1. 学校及其他教育机构的设置目的不同于企业

设置学校及其他教育机构的根本目的是培养德、智、体等全面发展的社会主义事业的建设者和接班人，提高全民族的素质。而企业则是以营利为目的的生产和经营单位，追求最大化的剩余产品价值是其发展的动力。因此，对企业可以直接以经济效益指标来衡量其对社会的贡献，而对学校及其他教育机构则不能根据经济标准简单地得出价值判断。当然，教育也要讲经济效益，这种经济效益不是指营利，而是指由于提高了人的智力水平和劳动能力，因而提高了劳动生产率，创造了更多的财富。

2. 学校及其他教育机构的经费来源不同于企业

学校及其他教育机构的经费来源是多渠道的，其中主要部分则来源于国家的拨款。国家出于公益性要求，拿出一部分财政收入分配给学校及其他教育机构，这种资金的使用，与企业借贷资金不同，是无须偿还的。而企业则必须拥有直接从事经济活动的资产，并以这种资产为基础进行经营性活动，经过不断

---

① 劳凯声. 教育法学 ［M］. 沈阳：辽宁大学出版社，2008：88-92.

周转而实现增值。尽管企业也可以通过贷款筹集到资金，但这些资金是有偿使用的。

3. 学校及其他教育机构的调节手段不同于企业

由于学校及其他教育机构属公益性机构，因此，在遵循教育规律，自主办学的同时，必须对其权能作出必要的限制。国家应根据社会整体利益的需要，加强对学校及其他教育机构的宏观指导和管理，学校及其他教育机构在国家的监督和控制下，在执行国家有关法规、方针、政策的前提下享有办学决策权、用人自主权、招生分配权、经费使用权等。尽管市场在一定范围内和一定程度上会对教育资源及人才资源的分配起某种调节作用，但教育有其自身的特点及运行机制，不能简单地把市场机制作为教育运行机制，以经济效益代替教育的综合效益。企业则不然，构成企业的基本条件之一就是必须拥有自主经营权，否则就不能称之为企业。企业对国家授权其经营管理的财产及人员，享有占有、使用和依法处分权，从而对生产经营计划、投资安排、资金支配、产品和劳务定价以及企业内部的劳动、人事、工资分配等作出决策并组织实施。国家虽然也会用计划的手段对企业进行宏观调控，但在大多数情况下是通过市场来进行调节的。

（二）学校的特点

公益性是学校及其他教育机构有别于企业组织的根本性特点。公益，就是公共利益，全体人民的利益，在我国，指国家利益和全体社会成员的共同利益。

学校及其他教育机构是对社会成员进行教育、培养的社会机构，其基本职能是利用一定的教育、教学设施和选定的环境实施教育、教学活动，培养社会所需要的合格人才。为此，学校及其他教育机构应根据社会的经济、政治及文化发展要求，选择有教育价值的知识对学生进行教育，使之具有符合社会要求的良好的行为道德倾向，培养他们向社会学习和为社会服务的能力，并具有为社会发展和人类进步而贡献力量的认识和责任感。学校及其他教育机构要启迪学生的智慧，由简而繁、由易而难、循序渐进地教育学生学习现代科学技术，吸收优秀的民族文化传统，掌握从事社会物质生产和精神文明建设所需要的各种知识、技能和技巧，充分作好参加社会生活的准备。学校及其他教育机构的以上职能使它具有区别于其他社会组织的特点，即公益性。教育的公益性表明：教育事业事关国计民生，发展教育事业是全社会的共同责任；所有办学主体都应具有公共性；教育事业应面向全体公民，对国家、人民、社会的共同利益负责，不得损害国家、人民和社会利益；应实行教育与宗教分离；教育活动应依法接受国家和社会的监督。为体现学校及其他教育机构公益性的特点，我国《教育法》做出了如下规定。

教育与宗教相分离，《教育法》第八条规定："国家实行教育与宗教相分离。任何组织和个人不得利用宗教进行妨碍国家教育制度的活动。"宗教是一种唯心主义的意识形态，相信超自然实体即神灵的存在，并主宰着自然和社会，因而对其崇拜和敬畏。宗教包括有关的信仰、信念、特殊的宗教仪式和生活规定，如吟诵经咒、祈祷、斋戒、膜拜偶像，等等。它们同宗教的组织设施以及专门的神职人员等因素结合在一起形成一种强大的社会势力和精神力量。办学校，兴教育是许多宗教传播教义、培养教徒的重要手段。在义务教育制度建立以前，近代资本主义国家的初等学校大多由教会控制。因此，为了普及和发展教育，就必须建立一种新的教育制度，建立公立的、世俗的国民学校网，使教育与宗教分离。由此可见，教育与宗教分离是体现教育公益性的一个重要方面。由于宗教的社会根源和认识根源的长期存在，宗教在社会生活中亦将长期存在。我国宪法在规定宗教信仰自由，保护正常宗教活动的同时，禁止任何人利用宗教进行破坏社会秩序、损害公民身心健康、妨碍国家教育制度的活动。《教育法》又重申了这一原则。这是排除宗教对教育、教学活动非法干预和渗透，维护学校及其他教育机构的正常教学秩序，保护未成年学生身心健康的重要举措，是保证学校及其他教育机构公益性的重要标志。

学校及其他教育机构的公益性不仅表现为国家举办的学校教育机构的特点，而且也是社会力量举办的学校教育机构的特点。国家举办学校及其他教育机构，本身就是从国家与社会的整体利益出发的，因此它的公益性是显而易见的，但社会力量举办的学校及其他教育机构的公益性特点，则需做一些分析。所谓社会力量举办的学校及其他教育机构，是指举办主体为区别于政府主体而言的，是指由非政府的社会组织或个人投资、捐资、集资或贷款创办并维持、以学费为部分或全部收入、在内部运行和管理上享有较大自主权的一类学校、教育机构。这类教育机构的设置目的同样也是为社会培养人才，所不同的只是举办主体以及经费来源而已，因此，在许多国家都明确规定这类教育机构同样具有公益性。我国《教育法》关于"教育活动必须符合国家和社会公共利益"的规定，显然也是把社会力量举办的教育机构包括在内的。

学校及其他教育机构的公益性特点是伴随着现代教育的普及与发展而产生的。为了创造更好的条件，促进教育的进一步普及，使更多的人获得受教育的机会，现代社会的教育必须成为社会的公共事业，学校及其他教育机构必须体现社会的公共利益。

三、学校的设置

学校设置涉及学校举办的主体、学校设置的条件和程序等问题，即谁可以依法举办学校，依据什么条件和程序举办学校。

（一）学校的举办主体

学校的举办主体涉及的是办学体制的问题，从全世界范围看，绝大多数国家的办学体制采用的都是国立与私立并举的形式，即公立学校与私立学校并存的形式发展教育。我国学校办学体制的演变主要经历了两个发展阶段。第一个阶段是新中国成立到1982年《宪法》颁布实施之前，我国的办学体制是单一的，办学体制主要是各级政府及其部门、农村集体经济组织和一些大中型国营企业，学校主要是公立性质。[①] 第二个阶段是1982年《宪法》颁布到现在，我国逐步建立了办学多元化体制。《宪法》第十九条规定："国家举办各种学校，普及初等义务教育，发展中等教育、职业教育和高等教育，并且发展学前教育"和"国家鼓励集体经济组织、国家企业事业组织和其他社会力量依照法律规定举办各种教育事业"。这一规定是我国办学多元化体制的法律依据，之后我国颁布的相关教育政策、法律法规都表达了办学多元化的精神。如《中共中央关于教育体制改革的决定》强调："地方要鼓励和指导国营企业、社会团体和个人办学。"《教育法》第二十六条第二款规定："国家鼓励企业事业组织、社会团体、其他社会组织及公民个人依法举办学校及其他教育机构。"

如此，我国当前学校的办学主体，按照性质的不同，可分为国家和社会力量两大类，其中国家主体主要指包括各级政府及其有关部门在内的国家机构，社会力量办学主体包括企业事业组织、社会团体、其他社会组织和公民个人等。在办学体制上，国家举办的学校为公立学校，社会力量举办的学校为民办学校。依据《民办教育促进法》第二条的规定，国家机构以外的社会组织或者个人，利用非国家财政性经费，面向社会举办的学校就是民办学校。

1. 国家机构办学主体

国家在学校的举办上占有主导地位，运用国家意志通过各级政府及其有关部门来达成举办学校的目标。宪法规定国家有发展教育、举办各种各类学校的

责任，《教育法》第二十六条第一款明确规定："国家制定教育发展规划，并举办学校及其他教育机构。"各级政府应当根据经济和社会发展的实际需要，制定中、长期教育发展规划和年度教育发展计划，并根据教育规划和计划要求，通过举办学校及教育机构，保证教育事业发展各项规划目标的实现。

在我国中央政府作为办学主体主要包括国务院及其所属各个部委，国务院及其所属部委举办的学校主要是高等学校，包括综合性大学与高等职业技术学校，在中央与地方的关系上一般有中央独立办学、地方独立办学以及中央与地方合作办学三种形式。依据《教育法》第十五条第一款规定："国务院教育行政部门主管全国教育行政工作，统筹规划、协调管理全国的教育事业。"不管是哪一种方式的办学主体都应该在国务院教育行政部门的领导之下。

地方政府作为办学主体主要包括：县级以上的省、自治区、直辖市人民政府。1993 年《中国教育改革与发展纲要》颁布之后，逐渐加大了地方政府管理教育的权限。现阶段，基础教育仍然以地方政府办学为主，高等教育逐步的形成了以省级政府为主，中央与省（自治区、直辖市）两级政府管理的体制，地方政府在作为办学主体的同时必须享有相应的权力，履行相应的职责。《教育法》第十五条第二款和第三款规定："县级以上各级人民政府的教育行政部门主管本行政区域内的教育工作。""县级以上各级人民政府及其他有关部门在各自的职责范围内，负责有关的教育工作。"

此外，其他国家机关、某些企业事业组织、群众团体，主要利用国有财产和财政性教育经费来运转的学校教育机构，从所有制的性质上看也可以归入到国家举办的学校教育机构中去。

2. 社会力量办学主体

发展教育事业，国家负有重要的责任。但是，现代社会的发展使得教育事业完全由国家包下来成为不可能。《教育法》第二十六条第二款规定："国家鼓励企业事业组织、社会团体、其他社会组织及公民依法举办学校及其他教育机构。"

《国家中长期教育改革和发展规划纲要（2010—2020）》提出要大力支持民办教育，因为民办教育是教育事业发展的重要增长点和促进教育改革的重要力量。各级政府需要把发展民办教育作为重要工作职责，鼓励出资、捐资办学，促进社会力量以独立举办、共同举办等多种形式兴办教育。政府要通过深化办学体制改革，在坚持教育公益性原则的基础上，健全政府主导、社会参与、办学主体多元、办学形式多样、充满生机活力的办学体制，形成以政府办学为主体、全社会积极参与、公办教育和民办教育共同发展的格局。

社会力量办学能够有力地缓解国家政府举办学校资金短缺的矛盾，同时能够满足民众对教育选择的需求，因此，社会力量也是重要的办学主体。为鼓励社会力量办学，《民办教育促进法》在专项资金、经费资助、国有资产、税收、用地、基建计划安排以及办学经费等方面都给予扶持优惠政策。

（二）学校设置的条件

学校必须具备必要的条件，才能保证教育、教学活动的正常进行，我国学校设置的条件，由《教育法》第二十七条具体规定，内容包括："设立学校及其他教育机构，必须具备下列基本条件：（一）有组织机构和章程；（二）有合格的教师；（三）有符合规定标准的教学场所及设施、设备等；（四）有必备的办学资金和稳定的经费来源。"也就是说，学校设立的基本条件包括组织的、人员的、物质的、经费的四个方面，具体内涵如下。

1. 有组织机构和章程

组织机构和章程是学校赖以成立的必要前提，组织的机构决定组织的功能，合理、健全的组织机构，能够保证学校的正常运行。组织的章程是对学校的机构名称、办学宗旨、办学任务、学校内部的管理制度、人事制度、财务制度以及章程的制定、修改等各项内容的规定。学校章程的确立对学校依法治校、健康发展有重大的积极意义。

2. 有合格的教师

教师是学校实施教育、教学活动的重要主体，数量足够、质量合格的教师队伍是学校教育、教学工作正常开展的保障。我国教师法对教师的条件、资格、聘任等方面都有明确的规定，必须具备合格的条件才能成为为学校工作的教师，不具备合格条件的教师不能聘任其担任教师的职务。

3. 有符合标准的教学场所及设施、设备等

学校要保证教育、教学活动的正常运转，必须具备作为组织机构的一定物质条件，包括符合标准的校舍、场地、设备、设施、教学仪器、图书资料等物质条件。我国专门制定有各级各类学校应具备的办学物质条件标准，在申请设立学校时必须使所设学校的教学场所及设施、设备等达到相应的标准。当然，教学场所及设施、设备等物质条件可以是自有的，也可以通过租赁、借用等方式取得，但是必须符合开展教育、教学活动的要求及有合法的合同文件。

4. 有必备的办学资金和稳定的经费来源

必备的办学资金和稳定的经费来源是学校设立与运行的必要条件之一，学

校设立之后，为了保障学校的正常运转，需要不断投入足够的资金以维护、更新、修缮、甚至购置学校的设备、设施。这需要学校通过多种途径，筹措到学校设立必备的启动与运转资金，保证学校设立后有稳定的经费来源。

以上四点是学校设立必须具备的一般实体要件，这些要件在学校设立之初，缺一不可，同时，在学校后续的发展中，这些条件还必须不断得到维护与改善，以保证学校的可持续发展。

（二）学校设置的程序

学校的设立不仅有实体性规定，还有程序上的规定。对学校设立的程序作出法律的规定，有利于保证办学条件，加强学校管理与监督，提高教育质量，同时使得学校的设置管理纳入法制化的轨道。

《教育法》第二十八条规定："学校及其他教育机构的设立、变更和终止，应当按照国家有关规定办理审核、批准、注册或者备案手续。"这是学校设立的程序性要件，学校的设立要求实体与程序性要件同时具备，才能取得合法的地位。根据上述法律规定，我国学校及其他教育机构的设立、变更和终止在程序方面实行登记注册制度和审批制度两种方式。

1. 登记注册制度

登记注册制度是指行政主管部门对申请者提交的申请设立教育机构的报告，进行认真审核，对符合设置标准的拟办的教育机构予以登记注册，使其取得合法地位。登记注册制度主要适用于幼儿园等教育机构的设立、变更和终止。

2. 审批制度

审批制度指国家教育主管部门根据教育机构的设置标准和审批办法，对申请者提出的办学申请进行审核，批准或不批准申请者设立学校及其他教育机构的制度。审批制度主要包括审核、批准和备案等环节。一般而言，只要办学申请的条件符合学校设立的标准，主管部门就应当批准、登记、注册。对于申请者而言，只有经过批准，发给批准书或办学许可证，拟办的学校或教育机构才能取得合法的地位；同样，也只有经过批准，才能变更或终止学校或教育机构的办学行为。

根据教育机构性质的不同，一般情况下，审批制度被适用于各级各类正规学校及独立的职业培训机构的设立、变更和终止。根据我国当前实行的教育管理体制，中小学的设立规划和审批主要由地方负责，大学等教育机构的设立规划和审批则根据情形的不同，地方与中央政府都会有不同程度的介入。

审批制度比登记注册制度要严格得多，审批设立还包括两个步骤：批准筹建和批准招生。

【案例】

某城镇下岗女工看到社会上很多外地打工人员的孩子没有学可上，在街上乱跑，她自己是高中毕业生，有能力教小学的课，便租了临街的三间平房，购置了黑板、课桌椅，自己兼任校长和教师，把附近没有上学的小孩都召集到她的学校来。她自己也花了很大的精力备课、上课。这些孩子的家长看到自己的孩子花很少的钱便能上学了都很高兴，但好景不长，学校被有关部门勒令关闭。看着曾经充满孩子们笑声的空空荡荡的教室，下岗女工很烦恼：她的学校没有花国家一分钱，解决了很多流动人员子女的教育问题，这是好事啊，为什么要被关闭呢？

讨论：（1）为什么这所学校要被关闭呢？

（2）具备什么样的条件才能设置学校呢？学校是怎样设置起来的？

分析：这所学校被关闭是因为它不具备举办学校的条件。依据《教育法》第二十六条规定，举办学校必须具备下列基本条件："（一）有组织机构和章程；（二）有合格的教师；（三）有符合规定标准的教学场所及设施、设备等；（四）有必备的办学资金和稳定的经费来源。"本例中的学校上述四个条件都不具备，所以这所学校被关闭是必然的。何况，学校即便具备了上述基本条件，还必须经过程序上的申请，得到有关部门的批准，才能举办。上述案例说明，虽然国家鼓励社会力量举办学校，但是举办学校一定要在基本条件具备的前提下，经过恰当的程序，经过相关的法律认可后，方能设立。

第二节 学校的法律地位

学校作为实施教育、教学活动的社会组织，是教育法律关系中的重要主体，明确学校的法律地位，对于规范学校办学行为，正确处理学校与其他教育法律关系主体的关系，保障学校的办学自主权，保护学校合法权益，具有重要意义。

一、学校法律地位的内涵

"地位"指的是各个不同主体之间的一种关系，即依据某种参照物或标准来鉴定不同主体在某种范畴中相互之间存在的关系。"法律地位"强调的是在法律层面上，不同主体之间在发生关系时所产生的权利、义务和责任的关系。

学校的法律地位，指的是学校在与政府和其他社会组织，以及在自身的内部管理中所发生的权利、义务和责任的关系，即学校在法律关系中所产生的权利、义务和责任的具体表现。

从教育法律关系的角度看，学校作为社会组织的一员，在错综复杂的各种社会活动中，与其他社会组织发生着各种各样的关系。但不论学校与其他社会组织在各种社会活动中发生的关系多么复杂，按照学校与其他社会组织发生关系的性质分，可以划分为两类，一类是纵向关系，这类关系以权力服从为基本原则，以领导与被领导的行政管理为主要内容，在国家行政机关对学校进行的行政管理，及学校对自身内部行政事务管理的过程中发生的教育行政关系；另一类是横向关系，这类关系以平等有偿为基本原则，以财产所有和流转为主要内容，在不具有行政隶属关系的学校、行政机关、企业事业单位、社会团体、个人之间发生的教育民事关系。

作为教育行政法律关系主体，学校的法律地位表现为行政管理相对人和教育行政管理人的法律身份，其法律地位的内容表现为学校与国家行政机关、学校与学校教职员工、学校与学生的法律关系中的权利、行为和责任。作为教育民事法律关系主体，学校的法律地位表现为民事法律关系中的法人身份，其法律地位的内容包括学校与国家行政机关、社会组织、公民个人、学校教职员工、学生的法律关系中的权利、义务和责任。

二、学校行政法律关系主体的地位

我国宪法和有关法律、行政法规规定了社会组织作为行政法关系主体享有的权利和应该承担或履行的义务。一般来说，作为行政法关系主体的社会组织的权利有：（1）依法独立自主管理各自内部事务的权利；（2）依法捍卫自己合法权益的权利；（3）依法代表和维护自己所代表的那部分组织成员权益和要求的权利；（4）参与国家管理的权利；（5）依法对行政机关监督或诉讼的权利。在享有以上权利的同时，社会组织还应承担或履行下列义务：（1）接受中国共产党的领导；（2）遵守国家的宪法和法律、法令、执行行政管理法规；（3）接受国家行政机关委托代理执行的义务；（4）承担违法后依法受到处罚的义务等。① 作为行政

---

① 劳凯声.高等教育改革与高等学校的法律地位［J］.高等师范教育研究，1993（1）：26-30.

法律关系主体，学校由行政法规定它的法律地位。在行政法律关系中，学校与国家行政机关的具体权利和义务由有关的法律、法规预先设定，双方当事人没有自由选择的余地。

在教育行政法律关系中，国家行政机关居于领导地位，对学校进行宏观调控，行使自己管理学校的职能。《教育法》第十四条规定："国务院和地方各级人民政府根据分级管理、分工负责的原则，领导和管理教育工作。中等及中等以下教育在国务院领导下，由地方人民政府管理。高等教育由国务院和省、自治区、直辖市人民政府管理。"第十五条规定："国务院教育行政部门主管全国教育工作，统筹规划、协调管理全国的教育事业。县级以上地方各级人民政府教育行政部门主管本行政区域内的教育工作。县级以上各级人民政府其他有关部门在各自的职责范围内，负责有关的教育工作。"第二十九条规定学校有"按照章程自主管理"的权利。

在行政法律关系中，作为教育行政法律关系主体，学校身份具体表现为：行政管理相对人和法律、法规授权的行政主体。

（一）行政管理相对人

学校作为行政管理相对人，在教育行政法律关系中，国家行政机关是管理者，代表着国家并以国家的名义来行使行政管理权，处在领导者和管理者的地位，依法对学校进行行政管理、行政干预、施加行政影响，学校是被管理者、被领导者，依法必须服从行政机关的行政管理，同时对政府行使以批评、建议为中心内容的监督权。在此类关系中，学校与行政机关之间的法律地位是不对等的，这种不对等性具体表现在以下三个方面：

第一，行政法律关系主体地位是不对等的。教育行政机关是以国家的名义参与法律关系并以国家强制力保证其行政职权的有效行使，当学校不履行法定义务时，行政机关可以采取强制措施。与此相反，对教育行政机关的行为，即使是不当或违法的行为，学校既不能否认其效力也不能加以抵制，而只能于事后用申诉或起诉的方法予以补救。

第二，行政法律关系中主体的意思表示也是不对等的。教育行政机关单方面进行意思表示通常可引起行政法律关系，而无须征得学校的同意，教育行政机关未经学校同意而采取的各种行政措施、发布的各项行政命令即说明了这一点。

第三，行政法律关系的变更中也存在不对等性。教育行政机关可以不经学校同意变更行政法律关系，改变主体、客体，限制权利、增加义务或特许权利、豁免义务等。如教育行政机关可径自决定将三所学校并为一所，从而使行政法律关系的行政相对方主体发生了改变，而这无须征得学校同意。①

（二）法律、法规授权的行政主体

学校在依章程治校，实施教育教学管理中，会被法律、法规授权成为被授权的行政主体，如被授权的高等学校对教师资格的认定；学校对学生的学籍管理等。但是，学校这一社会组织存在的目的，不是或不主要是为承担或完成一定行政职能和行使行政职权。在我国，行政主体一般是具有行政权力的各级政府及其行政机关，学校作为实施教育教学活动的主要场所，不是国家行政机关，不具有行政主体的资格。任何一个社会组织或法人的存在和维护都必须伴随管理行为，这种管理是内部管理行为，有别于管理社会公共事务的对外管理。

管理社会公共事务的对外管理，是行政机关的行政，称为"公共行政"，指国家行政部门基于公共利益对国家事务、社会事务和政府事务的组织和管理活动。与公共行政相对应的是"私人行政"，是指其他社会组织对其内部事务的组织和管理，也称一般行政。

公共行政与一般行政在性质、目的、手段等方面均有不同。在性质上，公共行政具有鲜明的公共性质，着眼于整个社会，行政活动既不是为了国家机关本身，也不是为了自身事务的组织和管理；而一般行政所涉及的组织和管理活动，只是以其组织内部一般勤务性与服务性事务为对象和范围。在目的上，公共行政以追求公共和社会利益为目的，而一般行政则是以追求团体利益为目的，尽管一般行政往往也表现出与公共利益的一致性，但就管理活动的直接目的而言，还是以该社会组织的利益为其主要目的。在手段上，行政机关在行政活动中享有许多特权，可采用许多一般的组织管理活动所不能具有的手段，如行政处罚、行政强制等。正因为存在如此明显的区别，故不能将学校"行政管理"与行政机关的"行政管理"相比，不能因为学校存在内部行政管理行为而把学校视为行政主体。②

【案例】

王某等四人，1995 年 9 月 4 日经考试被某技工学校录取。1996 年 4 月 30 日上午原告王某、张某在数学科目考试中抄纸条作弊；1996 年 5 月 2 日上午

---

① 褚宏启.学校在行政法律关系中的地位论［J］.教育理论与实践，2000（3）：29-32.

② 同上。

原告刘某、马某在电子技术、机械基础科目考试中抄纸条作弊。事后，四名学生向学校写出书面检查、承认错误。但该学校仍于1996年5月2日公告开除四人学籍，并于1996年5月3日以"××技校（1996）18号文"对王某等四人作出责令退学、注销学籍的处分决定。但该校作出该处分后并未报告主管部门。

四名学生不服该处分，向某区人民法院提起行政诉讼。

原告认为，王某、张某虽然在考试中抄纸条作弊，但已向学校写出书面检查、承认错误，而被告仍作出开除学籍的处罚属处分过重，侵犯了未成年人受教育的合法权益，而且处分程序违法，请求法院判决撤销该处分，恢复学籍。

该技工学校称作出该处分是学校内部的管理行为，技工学校不属于国家行政机关，原告无权提起行政诉讼。

某区人民法院的判决如下：

某区人民法院认定该学校是法律法规授权的组织，起诉符合行政诉讼法收案范围。

该校的处分程序违法，显失公正，而且超越职权，判决撤销该处分决定，判决生效后三日内恢复王某等四人学籍。

该技校上诉，二审法院驳回上诉，维持原判。

讨论：学校对王某等四人作出的处理是否恰当、合法？

分析：第一，《教育法》第四十二条规定："受教育者享有以下权利：……（三）在学业成绩和品行上获得公正评价，完成规定的学业后获得相应的学业证书、学位证书；（四）对学校给予的处分不服向有关部门提出申诉，对学校、教师侵犯其人身权、财产权等合法权益，提出申诉或者依法提起诉讼。"对于这里的"依法提起诉讼"，应当包括刑事诉讼、民事诉讼和行政诉讼。该技工学校责令王某等四人退学、注销学籍的处理严重影响了王某等四人的受教育权利，王某等四人可以依法提起诉讼。

第二，根据劳动部颁布的《技工学校学生学籍管理规定》（1990年）第二十七条规定："对违反纪律和犯错误的学生，学校应进行批评教育，情节严重或者屡教不改，可给予警告、严重警告、记过、留校察看、责令退学或者开除学籍等纪律处分。"和《教育法》第二十八条第四款规定："学校及其他教育机构有权对受教育者进行学籍管理，实行奖励和处分。"因此，该学校虽不是行政机关，却依法能够对学生进行学籍管理，对学生行使奖励、处分权。

第三，依据《行政诉讼法》第十二条规定："人民法院不受理公民、法人或者其他组织对下列事项提起的诉讼：（一）国防、外交等国家行为；（二）行政法规、规章或者行政机关制定、发布的具有普遍约束力的决定、命令；（三）行政机关对行政机关工作人员的奖惩、任免等决定；（四）法律规定由行政机关最终裁决的具体行政行为。"本案不属于第十二条规定的排除情形。

根据《最高人民法院关于贯彻执行〈中华人民共和国行政诉讼法〉若干问题的意见（试行）》中关于受案范围的规定："具体行政行为就是国家行政机关、行政机关工作人员，法律法规授权的组织，行政机关委托的组织或个人在行政管理活动中行使行政管理职权，针对特定的公民、法人或其他组织，就特定的具体事项做出的有关公民、法人或者其他组织权利义务的单方行为。"2000年3月最高人民法院颁布的《关于执行〈行政诉讼法〉若干问题的解释》，其第一条第一款规定："公民、法人或者其他组织对具有国家行政职权的机关和组织及其工作人员的行政行为不服，依法提起诉讼的，属于人民法院行政诉讼的受案范围。"

因此，该学校对四原告做出的责令退学、注销学籍的处分，是学校行使法律授予的行政职权做出的具体行政行为，并不是学校的内部管理行为，学生不服可以提起行政诉讼。

第四，四原告均系未成年人，依据《未成年人保护法》第十四条规定："学校应当尊重未成年学生受教育权，学校不得随意开除未成年学生。"四原告考场作弊尚属首次，能主动写出检查，认识错误，改正错误，具有从轻处理情节且并未达到情节严重和屡教不改的程度，学校应给予重新改正的机会，不应开除其学籍。该校作出责令四原告退学、注销学籍，剥夺未成年人受教育的权利，违背了法律目的，显失公正。

第五，根据《技工学校学生学籍管理规定》第二十八条规定："处分学生必须经过校务会议讨论，校长批准执行；其中责令退学和开除学籍处分，需报学校主管部门批准并报劳动部门备案。"该学校于1996年5月2日未经校务会议讨论即对王某等四名学生公告开除，又于同年5月3日未报主管部门批准即作出责令退学、注销学籍的处分，在程序上违法。

法院基于该学校对四原告作出责令退学、注销学籍的处分，在实体上显失公正，在程序上违法，判决撤销该处分决定并责令限期恢复四原告学籍。

作为法律、法规授权的行政主体的学校与学生之间这种特别的行政法律关系，突出表现为学校对教职工和学生等实施惩戒时，只能实施包括警告、记过、记大过、降级、撤职和开除等形式的行政处分，而不能实施行政处罚，如

《教育行政处罚暂行实施办法》第四条规定："实施教育行政处罚的机关，除法律、法规另有规定外，必须是县以上人民政府的教育行政部门。"《行政处罚法》第十五条规定："行政处罚由具有行政处罚权的行政机关在法定职权范围内实施。"即行政处罚是国家特定行政机关或其他行政主体依照法定权限和程序给予违反行政法律法规而尚不够刑事处罚的个人、组织的一种制裁，是一种外部行政行为。作为授权行政主体，学校对教职工和学生等实施的惩戒，是管理主体对其系统内部的人员实施的制裁，是一种内部责任行为，而不能实施行政处罚。

【案例】

某校初中学生马某，学习成绩不佳，守纪情况也差。一天，他在教学楼内玩球，故意将一个价值300元的吊灯打坏。学校在查明事实经过后，依据学校有关"损坏公物要赔偿和罚款"的规章制度，对马某作出三点处理决定：(1) 给予警告处分；(2) 照价赔偿吊灯；(3) 罚款300元。对此，学校、教师、学生和学生家长都没有感到不妥。该校校长还在全校师生大会上以此事为例，大谈依法治教、从严治校的重要性。

讨论：学校对马某的处理是否合法？学校是否有罚款权？

分析：学校对马某的处理意见并不都是合法的。给予警告处分和要求照价赔偿吊灯是合法的，而对学生课以罚款则是一种典型的违法行为。因为行政制裁包括行政处分和行政处罚两个方面，学校有对学生予以处分（纪律处分）的权力，却没有对学生进行行政处罚的权力。罚款是行政处罚的一种，只有国家特定的行政机关才有行政处罚权，学校对学生予以罚款没有任何法律依据。1996年10月1日起施行的《行政处罚法》明确规定："没有法定依据或者不遵守法定程序的，行政处罚无效。"而且还规定，在实施行政处罚时没有法定的行政处罚依据的，可以对直接负责的主管人员和其他直接责任人员依法给予行政处分。在该案例中，学校对学生予以罚款的依据、以"法"治校的依据是学校所制定的规章制度，而这些规章制度中有些内容本身就是违法的。①

学校当然没有罚款权。罚款权的性质属于行政处罚，是国家行政机关或其他行政主体依照法定权限和程序给予违反行政处罚法的法律主体的一种制裁，是一种外部行政行为，能够实施教育行政处罚的机关，除法律、法规另有规定的外，必须是县以上人民政府的教育行政部门。学校不是行政机关或其他行政

---

① 褚宏启．校长要具备依法治校的素质 [J]．人民教育 1998（10）：32-33.

主体，在对学生管理时，不具有行政处罚权。学校以罚治校，不是依法治教、从严治校，而是对自身法律地位认识不清、定位不准的表现。学校在管理学生时应当定位准确，依法行为。

三、学校的法人地位

（一）学校法人地位的内涵

法人是在法律上能够作为民事法律关系主体的社会组织。作为与自然人相对的法律主体，法人能够以自己的名义，作为独立完整的单位参与民事法律关系，享有权利，承担义务，并能在法院或仲裁机构起诉或应诉。在我国，法人可以是具有民事主体资格的企业事业单位、国家机关、社会团体和其他组织。

《民法典》第五十七条规定："法人是具有民事权利能力和民事行为能力，依法独立享有民事权利和承担民事义务的组织。"第五十八条规定："法人应当依法成立。法人应当有自己的名称、组织机构、住所、财产或者经费。法人成立的具体条件和程序，依照法律、行政法规的规定。设立法人，法律、行政法规规定须经有关机关批准的，依照其规定。"《教育法》第三十一条规定，学校及其他教育机构具备法人条件的，自批准设立或登记注册之日起取得法人资格。学校及其他教育机构在民事活动中依法享有民事权利，承担民事责任。

学校能否具备法人资格，关键在于其是否具备法人条件。学校只要同时具备了以上条件，履行了法定手续，才可取得法人资格。学校取得了法人地位，就可以根据有关的法律规定，行使法律所赋予的民事权利，履行自己的民事义务，并以独立法人的身份承担相应的法律责任。

作为独立的法人，在民事法律关系中，学校与其他民事主体具有平等的法律地位，他们可以在法律规定的范围内自由选择对方，并自行商定双方的权利义务。就某一学校而言，取得了法人地位，就意味着具有了法人相应的民事权利能力和民事行为能力。《民法典》规定，法人的民事权利能力自其依法成立起至终止时止。法人的民事行为能力，是指法人能够以自己的意志独立进行民事活动，行使权利和承担义务的资格。法人的民事权利的范围往往是由其性质、宗旨、章程等而定，对于学校来讲，其民事行为能力的活动范围不能超出自己的权利能力的范围，作为一种社会组织，学校的民事行为能力是通过其法定代表人来实现的。

学校的法人地位就是法律根据学校的条件和特点而赋予学校的一种与自然

人相似的人格，一种享有民事权利的主体资格。

（二）学校法人的特点

1. 学校法人的一般特点

《民法典》第三十七条规定的法人条件，同时也是法人的一般特征。学校只要符合《民法典》第五十八条规定的法人条件，即可具有法人资格，成为民事法律关系的主体，同样具有上述法人的一般特点，即独立的组织，独立的财产和独立承担责任。

作为法人，学校具有法人的一般民事权利与责任，内容主要是财产权（包括财产的所有权、占有权、使用权、收益权和处分权）、债权、知识产权以及名称权、名誉权等；责任主要包括违反合同、侵犯其他社会组织和公民个人合法权利的民事责任等。

2. 学校法人的特殊性

学校设立的目的是实施教育教学活动，为社会培养人才，并非为参加民事流转（但参加民事流转是其必要条件，如购买办学设备等），也不是为一般的社会公益。[①] 学校的性质决定了学校必然是一特别法人，作为特别法人的学校，其民事权利能力必定与一般意义上的法人有区别。

学校作为实施教育教学活动最主要的机构，教育的对象是人，而非生产物质产品。人具有主观能动性，在教育活动中具有主体地位。作为特别法人的学校，其法人特点的特殊性具体表现为：教育性、公益性和公共性。

（1）学校法人的教育性。

教育性是学校法人最根本的特点。学校是实施教育的机构，自然具有教育性。《教育法》第五条规定："教育必须为社会主义现代化建设服务、为人民服务，必须与生产劳动相结合，培养德、智、体、美等方面全面发展的社会主义事业的建设者和接班人。"现代社会，学校是实施教育活动的重要场所，不论是公立还是民办性质的学校，教育性都是学校的突出特征。培养人，提高全民族素质，促进社会物质文明与精神文明的发展是学校的终极目标。

（2）学校法人的公益性。

把学校规定为公益机构是世界各国的惯例，在我国，公益性也是学校的典型特性。我国相关的教育法多处都有对教育公益性的规定，如《教育法》第八条规定："教育活动必须符合国家和社会公共利益。国家实行教育与宗教相分

---

① 劳凯声. 教育法学 [M]. 沈阳：辽宁大学出版社，2008：95.

离。任何组织和个人不得利用宗教进行妨碍国家教育制度的活动。"《民办教育促进法》第三条规定："民办教育事业属于公益性事业，是社会主义教育事业的组成部分。"

为了保障学校法人的公益性，《教育法》第三十二条第二、三款规定，学校及其他教育机构中的国有资产属于国家所有，学校及其他教育机构兴办的校办产业独立承担民事责任。国有资产是当前我国学校及其他教育机构，特别是国家举办的教育机构最主要的教育资源，学校及其他教育机构依法享有对这部分国有资产的占有权和使用权，但在对其进行使用和管理的同时，必须保证国有资产的国家所有，任何部门、组织和个人都不得侵占、挪用、截留，甚至破坏、私分。学校及其他教育机构都应根据国家的有关规定用好、管好国有资产，不得随意改变用途、挪作他用，不得用于抵押，或为他人担保等，以确保国有资产不被流失。

学校及其他教育机构的创收，《教育法》第三十二条规定学校及其他教育机构在保证正常的教育教学活动和科研活动所需资金的前提下，可以利用自有资金，面向社会，投资兴办产业，以其所获收益补充学校办学经费的不足。但是，校办产业应当取得法人资格，以其全部法人财产独立承担民事责任，学校及其他教育机构不对校办产业的行为承担连带民事责任，也不得以用于教学和科研的资产为校办产业提供担保。

（3）学校法人的公共性。

学校的设立，依据的是公法《教育法》，而非私法如公司法、民法等法律，《教育法》第二十七条明确规定了学校设置的基本条件。学校的教育权也是国家授予的，其是职权，是公权，而非私权，学校一旦依法成立就拥有这种权力，不能放弃，《教育法》第二十九条对学校的权利做了详细规定。

相关法律对学校及其他教育机构的民事权利能力所作的限制性规定，正是学校法人地位特殊性的具体体现。厘清学校法人的特殊性，对于保证教育教学活动和科学研究活动的顺利进行，理顺与校办产业的财产关系，防止学校及其他教育机构弃教经商，冲击正常的教育教学活动，以及制止学校出现违反国有资产管理规定，出让学校用地，甚至出售学校用房等违法行为，都具有十分重要的意义。

【案例】

某校为补充办学经费的不足，利用自有资金，兴办了校办工厂（集体所有制非法人单位）。开始一段时间工厂的效益还不错，可是后来在市场竞争中，由于经营管理不善等各种原因，工厂便负债累累，几乎倒闭。随之而来的是一个个债权人讨债不成，将校办工厂推上被告席。学校因校办工厂的经营行为和为校办工厂借款提供担保也陷入诉讼之中。校长难以从这令人头痛的债权、债务关系中解脱出来，没有精力抓教学。这严重影响了教育教学活动的顺利进行。

讨论：从学校法人的地位看，在校办产业的具体运营中，学校应当如何运作？

分析：第一，学校作为法人，具有法人的一般条件，即学校是独立的组织，具有独立的财产和独立承担责任。《教育法》规定，学校及其他教育机构具备法人条件的，自设立或者登记注册之日起取得法人资格。第二，学校财产的独立性主要是指学校要有独立的财产和经费，这是学校享有办学自主权的物质基础。学校财产的独立性含义有三：一是用于学校办学的资产应与举办者的其他资产相分离。不论是国家举办的学校还是社会力量举办的学校均如此。《教育法》规定，学校及其他教育机构中的国有资产属于国家所有。学校及其他教育机构兴办的校办产业，独立承担民事责任。二是在民事活动中学校以其资产独立承担民事责任，举办者不承担连带责任。《教育法》规定，学校及其他教育机构在民事活动中依法享有民事权利，承担民事责任。三是学校存续期间任何组织和个人不得非法侵害学校财产。

因此，校办产业在兴办之初，应当独自取得独立的法人资格，独立承担民事责任。而不能因为是校办产业，运营不善，拖累学校。

（三）学校法人的类型

1. 法人的类型

（1）公法人与私法人。

这是西方国家法人的一种重要分类，其分类标准有多种。以设立法人之目的为准，分为以公共利益为目的的公法人，以私人利益为目的的私法人；以法人设立所依法律为准，则依公法设立的为公法人，依私法设立的为私法人；以法人的设立者为准，则由国家或公共团体设立的为公法人，反之为私法人；以法人是否行使或分担国家权力为准，则凡行使或分担国家权力或政府职能的为公法人，反之为私法人。

（2）社团法人与财团法人。

依法人成立的基础划分，法人可分为社团法人与财团法人。社团法人是以人的集合为基础而成立的法人；财团法人是以财产的集合为基础而成立的法人。社团法人分为营利社团法人和公益性社团法人，而财团法人的设立则只能为公益。

（3）公益法人与营利法人。

依法人成立或活动的目的划分，法人可分为公益法人与营利法人。公益法人是指以社会公共利益为目的而成立的法人；营利法人则是以取得经济利益并分配给其成员为目的的法人。由国家或公共团体依据公法设立，行使、分担国家权利，以公共利益为目的的法人是公法人；由非国家或公共团体依据私法设立，并不行使、分担国家权利，以私人利益为目的的法人就是私法人。[①]

2. 我国学校法人的类型

依据法人所从事的业务活动，《民法典》把法人分为营利法人、非营利法人和特别法人。其中有限责任公司、股份有限公司和其他企业法人等归属于营利法人；事业单位、社会团体、基金会、社会服务机构等为非营利法人；机关法人、农村集体经济组织法人、城镇农村的合作经济组织法人、基层群众性自治组织法人，为特别法人。

营利法人是以取得利润并分配给股东等出资人为目的成立的法人，营利法人经依法登记成立。非营利法人指的是为公益目的或者其他非营利目的成立，不向出资人、设立人或者会员分配所取得利润的法人。其中，事业单位法人指的是，为适应经济社会发展需要，提供公益服务设立的事业单位，具备法人条件，经依法登记成立的法人。另外，依法不需要办理法人登记的，从成立之日起，具有事业单位法人资格，也是事业单位法人。社会团体法人指的是，基于会员共同意愿，为公益目的或者会员共同利益等非营利目的设立的社会团体，经依法登记成立的法人。另外，依法不需要办理法人登记的，从成立之日起，具有社会团体法人资格的也是社会团体法人。捐助法人指的是，为公益目的以捐助财产设立的基金会、社会服务机构等，具备法人条件，经依法登记成立的法人。另外，依法设立的宗教活动场所，具备法人条件的，也可以申请法人登记，取得捐助法人资格。

《民法典》第七十九、第九十一和第九十三条规定，设立营利法人、社会团体法人和捐助法人都应当依法制定法人章程。第九十五条规定，为公益目的成立的非营利法人终止时，不得向出资人、设立人或者会员分配剩余财产。剩余财产应当按照法人章程的规定或者权力机构的决议用于公益目的；无法按照

---

① 申素平. 对学校法人地位的新思考［J］. 中国高等教育，2005（12）：23-25.

法人章程的规定或者权力机构的决议处理的，由主管机关主持转给宗旨相同或者相近的法人，并向社会公告。

第三节　学校的权利与义务

学校在开展教育教学活动的过程中，会与其他的法律关系主体发生各种各样的法律关系，明确学校的权利、义务与责任关系到学校合法权益的保障及学校的健康发展。按照《教育法》第二十九条与第三十条的规定，我国学校法定权利与义务的具体内容如下。

一、学校的权利

（一）按章程自主管理

章程是学校申请设立时的一个必备条件，是学校自主管理的基本依据，按章程管理是法律授予学校的权利，是学校法人地位的重要体现，是落实学校法律地位的重要保证。学校根据自己的章程，在不违背国家法律的前提下，可以自主组织实施管理活动，做出管理决策，并建立完善自身的管理系统，而无须事无巨细，都请示主管行政部门。

学校章程的制定涉及的内容主要包括：学校名称校址、办学宗旨、办学规模、课程设置、教育形式、内部管理体制、师资情况、学生的权利与义务、学校的权利与义务、经费来源、财产和财务制度、其他必须由章程规定的事项以及章程的修改程序等。

学校制定章程一般必须遵循以下必要的程序：（1）由校长主持该项工作，并组成各方代表参加的学校章程起草小组，必要时可请教育法方面的专家、学者当顾问；（2）经充分讨论后，由教职工大会通过；（3）报请教育行政主管部门依法审核。

（二）组织实施教育教学活动

教育教学活动是学校的基本活动，组织实施教育教学活动是学校最基本的权利。依据这项权利，学校有权根据国家有关教学计划、教学大纲和课程标准等方面的规定，自主组织学校教育教学活动的实施。如学校可根据自己的办学宗旨和任务，有权决定具体课程、专业设置，决定选用何种教材，决定具体课时和教学进度，组织教学评比，集体备课，对学生进行统一考核、考试等，其他组织和个人不得非法干预学校这一权利的行使，同时学校有权抵御外界对教育教学活动的非法干扰。

（三）招收学生或其他的受教育者

招生权是学校的一项重要权利。学校有权根据自己的办学宗旨、培养目标、发展规划以及实际办学条件和能力，依据国家有关规定进行招生，任何组织和个人都不得进行非法干预。

学校虽然有权通过发布广告等形式确定招生范围和来源，但无论何种学校，所发布的招生信息必须是真实有效的，并得到法律的认可，否则法律将不予保护。

（四）对受教育者进行学籍管理，实行奖励或处分

学校有权根据主管部门的学籍管理规定，针对受教育者的层次和类别，制定有关入学与报名注册、纪律与考勤、休学与复学、转学、退学等管理办法，实施具体的管理活动。学校有权根据国家有关学生奖励、处分的规定，结合本校实际，制定具体的奖励与处分办法，并据此对学生实施奖惩管理。学校实行的奖励是指学校对受教育者在德、智、体等方面的优良表现，给予物质或精神上的表彰，如颁发奖学金，给予"先进积极分子"等称号。学校实行的处分是指学校依据教育法律或其内部管理制度对违反学校纪律的学生的一种校内惩戒或制裁。学校处分的类型，一般有六种：警告、严重警告、记过、留校察看、勒令退学、开除学籍。

（五）对受教育者颁发相应的学业证书

学业证书是对受教育者的学习经历、知识水平及专业技能的一种证明，是国家承认的具有法定效力的一种证件，向受教育者颁发相应的学业证书是学校自主实施教育教学活动所必然享有的权利，学校有权根据自己的办学宗旨、培养目标及教育教学任务的要求，遵照国家关于学业证书的管理规定，为经考试成绩合格的受教育者颁发相应的学业证书、结业证书等。但是，值得提出的是，学校在对受教育者颁发学业证书时，不可违背国家有关学业证书的管理规定。

（六）聘任教师及其他职工，实施奖励或处分

学校对教师的任用和管理是学校的一项基本权利。学校有权根据国家和教育主管部门有关教师及其他教职工的管理规定，从学校的办学条件、办学能力和教师的实际编制情况出发，制定本校教师及其他职工的聘任办法，并依此自主实施签订和解除教师及其他职工的聘任合同，决定聘任、解聘有关教师和其他教职工，并有权对教师及其他员工实施包括奖励、处分在内的具体管理活动。值得注意的是，学校对教师和其他教职工的聘任，应当遵循双方地位平等

的原则，以签订聘任合同的形式明确规定双方的权利、义务和责任。

（七）管理使用本单位的设施和经费

教育设施和经费是学校办学的物质基础，学校对其占有的场地、校舍、教学仪器、图书资料、办学经费及其他有关财产，享有管理权和使用权，学校用于教学、科研的资产不得随意改变用途，更不得用作抵押和为他人作保。学校在必要时，可对其所占有的财产进行处置。但学校在行使这一权利时，要遵守国家有关国有资产管理、教育经费投入及学校财务活动的管理规定，符合国家和社会的公共利益，使其有利于学校的正常发展。

（八）拒绝任何组织和个人对教育教学活动的非法干涉

这是为维护学校正常的教育教学秩序，抵制非法干涉而确立的一项重要权利，学校有权对来自国家机关、企事业单位、社会组织以及个人的非法干涉，并可通过教育行政部门会同当地有关部门，予以治理。所谓"非法干涉"，是指行为人违背国家法律、法规和有关规定，做出的不利于学校教育教学活动的行为，如乱摊派、乱集资、乱罚款、随意要求学校停课等。

（九）法律、法规规定的其他权利

学校享有我国现行法律、法规以及地方性法规赋予的其他权利，例如要求社会给学生提供乘车优惠，提供实习培训等。

权利和义务是相统一的，学校作为实施教育教学活动的专门机构，在行使其权利时，必须遵守法律、法规和国家教育主管部门的规定，必须符合国家和社会的公共利益，不得损害教职工和学生的合法权益，即学校在依法享有权利的同时，还必须履行其应尽的义务。

二、学校的义务

《教育法》第三十条专门规定了学校的基本义务："学校及其他教育机构应当履行下列义务：（一）遵守法律、法规；（二）贯彻国家的教育方针，执行国家教育教学标准，保证教育教学质量；（三）维护受教育者、教师及其他职工的合法权益；（四）以适当方式为受教育者及其监护人了解受教育者的学业成绩及其他有关情况提供便利；（五）遵照国家有关规定收取费用并公开收费项目；（六）依法接受监督。"根据上述法律条款及我国相关法律、法规的规定，我国学校法定义务的具体内容如下。

（一）遵守法律与法规

这是学校的一项基本义务。《宪法》第五条规定："一切国家机关和武装力量、各政党和各社会团体、各企业事业组织都必须遵守宪法和法律。一切违反宪法和法律的行为，必须予以追究。"学校也不例外，遵守法律、法规，包括遵守宪法、法律、行政法规、地方性法规以及规章等。学校不仅应履行教育法律、法规中为学校设立的特定义务，还应履行一般社会组织所应承担的法律义务。

（二）贯彻国家的教育方针，执行国家教育教学标准，保证教学质量

教育方针是一定历史时期教育工作的目标和方向。我国《教育法》第五条确立了国家教育方针："教育必须为社会主义现代化建设服务、为人民服务，必须与生产劳动相结合，培养德、智、体、美等方面全面发展的社会主义事业的建设者和接班人。"这项义务要求学校在组织实施教育教学活动的过程中，要保证贯彻国家的教育方针和教育标准，走教育与社会实践相结合的道路，全面推行素质教育，努力为社会主义现代化建设培养德、智、体、美、劳等方面全面发展的各类人才。不履行此项义务，不单是教育思想或工作方法的问题，更是一种违法行为。

国家教育教学标准是国家对各级各类教育的教育内容、教育教学质量及办校条件等规定的必须达到的一般标准，学校必须坚持国家教育教学标准，加强育人环节，保证教育教学活动达到国家的教育质量标准，并不断提高教育教学质量水平。

（三）维护受教育者、教师及其他职工的合法权益

这项义务包括两方面的含义：一是要求学校自身不得侵犯受教育者、教师及其职工的合法权益，如不得克扣、拖欠教职工工资，不得拒绝符合入学标准的受教育者入学等；二是当其他社会组织和个人侵犯了本校受教育者、教师及其他职工的合法权益时，学校有义务以合法方式积极协助有关单位查处违法行为的当事人，维护本校成员的合法权益。

（四）以适当的方式为受教育者及其监护人了解受教育者的学业成绩及其他有关情况提供便利

受教育者及其监护人了解受教育者的学业成绩及其他有关情况的知情权，是实现公民平等的受教育权和在学业成绩和品行上获得公正评价的重要前提，在法律上应当予以保护，学校不得拒绝受教育者及其监护人行使这一权利，但是学校在为受教育者及其监护人了解受教育者的学业成绩及其他有关情况提供便利时，应当采取合法、正当的方式，而不是采取"公布学生档案""考试成绩排名"等侵犯受教育者隐私权和名誉权的不适当方式。学校可以以家长接待日、家长会议、教师家访、找学生个别谈心等形式，为受教育者及其监护人了解学生的学业情况提供便利条件。

（五）遵照国家有关规定收取费用并公开收费项目

学校是公益性教育机构，应根据中央和地方各级政府及其有关部门的收费规定，确定收取学杂费的具体标准，不得巧立名目，乱收费用，甚至把办学当作牟利的工具。公民依法享有受教育的权利，同时应按所入学校的不同性质依照有关规定缴纳一定费用。学校既要严格按照国家有关规定收取费用，同时，收费的具体名称和标准，要向家长和社会公开，接受家长和广大人民群众的监督。

（六）依法接受监督

为了保证学校正确的办学方向，全面贯彻国家的教育方针，确保教育教学质量，学校对来自行政机关、司法机关的监督，以及对社会、本校师生员工的监督等都应当接受，并积极予以配合，不得妨碍检查、监督工作的正常进行。

以上法律、法规规定的学校义务，对于规范学校的办学行为，促进学校教育教学活动的实施，提高教育质量，有着十分重要的意义。学校不履行法律、法规规定的义务，则要分别承担相应的法律责任。

第四节 学校的内部管理体制

一、学校内部管理体制概述

（一）学校内部管理体制的内涵

学校内部管理体制是指学校内部管理机构的设立及其权限的划分。学校内部管理体制在学校的管理与发展中居于重要的地位，健全的学校内部管理体制，有利于学校日常教育教学工作的顺利开展，有利于保证教育教学质量，有利于提高办学效益。《教育法》第三十条第一款规定，学校及其他教育机构的举办者按照国家有关规定，确定其所举办的学校或者其他教育机构的管理体制，《国家中长期教育改革和发展规划纲要（2010—2020）》进一步要求完善中小学学校的管理制度，这为学校内部管理体制的确立提供了法律及政策依据。

（二）我国学校内部管理体制的历史沿革①

1. 校务委员会制

新中国成立后，党和政府接管了学校的工作，在学校及其他教育机构的内

---

① 劳凯声．教育法学［M］，沈阳：辽宁大学出版社，2008：110-111.

部实行校务委员会制，委员会由进步的教职员工组成，实行民主管理。

2. 校长责任制

1952年经政务院批准，中央教育部颁布了全日制中小学《暂行规程（草案）》，草案中规定中小学实行校长责任制，设立校长1人，负责领导全校工作。校长由政府委派，对学校的各项工作拥有最后的决策权。

3. 党支部领导下的校长负责制

1958年5月，中共中央、国务院颁布了《关于教育工作的指示》，明确规定："一切学校，应该接受党委的领导……一切中等学校和初等学校，也应放在党委的领导之下。"这一领导体制加强了党对教育事业的领导与管理工作，增强了对行政工作监督的职能。

4. 当地党委和主管的教育行政部门领导下的校长负责制

1963年3月，教育部颁发了《全日制中小学暂行工作条例（草案）》，该条例规定："校长是学校的行政负责人，在当地党委和教育行政部门的领导下，负责领导全校的工作。"

5. 革命委员会制

这是在"文化大革命"期间的一种极端政治化的学校领导体制。它否认了学校管理的客观规律，否认了学校的教育教学规律，给我国教育事业的发展带来了极大的伤害。

6. 党支部领导下的校长分工负责制

1978年，教育部修订了《全日制中小学暂行工作条例（草案）》（以下简称《条例》），指出中小学实行党支部领导下的校长分工负责制，学校的一切重大问题必须经过党支部讨论决定，《条例》还进一步规定了："校长是国家任命的学校行政负责人，对外代表学校，对内主持学校的经常性工作。"

7. 校长负责制

《中共中央关于教育体制改革的决定》明确规定："学校逐步实行校长负责制，有条件的学校要设立由校长主持的，人数不多的，有威信的校务委员会做审议机构。"《中国教育改革和发展纲要》规定，中等及中等以下各类学校实行校长负责制。《教育法》第三十条第三款规定："学校的教学及其他行政管理，由校长负责。"《民办教育促进法》第二十四条第一款规定："民办学校校长负责学校的教育教学和行政管理工作。"《国家中长期教育改革和发展规划纲要（2010—2020）》要求完善普通中小学和中等职业学校校长负责制，完善校长任职条件和任用办法。在现代大学制度改革试点中指出，要研究制定党委领导下的校长负责制实施意见，公办高等学校要坚持和完善党委领导下的校长负责制。依据上述法律、法规和政策的规定，我国现行的学校领导体制是校长负责制。

二、校长的基本条件、职权和职责

（一）校长的基本条件

《教育法》第三十一条第二款规定："学校及其他教育机构的校长或者主要行政负责人必须由具有中华人民共和国国籍、在中国境内定居、并具备国家规定任职条件的公民担任，其任免按照国家有关规定办理。"依据这一规定，校长的任职资格主要包括以下几项。

1. 国籍

校长必须是中华人民共和国公民，而且要在中国境内定居。外国公民及虽具有我国国籍但未在我国境内定居的人，都不能担任我国学校的校长。

2. 任职条件

依据国家教育委员会1991年6月颁布的《全国中小学校长任职条件和岗位要求（试行）》的规定，校长必须具备以下的基本条件：（1）拥护中国共产党的领导，热爱社会主义祖国，努力学习马克思主义。热爱社会主义的教育事业，认真贯彻执行党和国家的教育方针、政策、法规。关心爱护学生，刻苦钻研教育、教学业务。热爱本职工作。有一定的组织管理能力。团结同志，联系群众。严于律己，顾全大局。言行堪为师生的表率。（2）小学校长应有不低于中师毕业的文化程度，初级中学校长应有不低于大专毕业的文化程度，完全中学、高级中学校长应有不低于大学本科毕业的文化程度；中小学校长应分别具有中学一级、小学高级以上的教师职务；都应有从事相当年限教育教学工作的经历；都应接受岗位培训，并获得"岗位培训合格证书"。（3）身体健康，能胜任工作。

（二）义务教育学校校长的职权和职责

2013年2月，教育部颁布了《义务教育学校校长专业标准》（以下简称《校长专业标准》）。该标准的颁布，对于促进校长队伍的专业化具有重要意义，同时也是明确义务教育学校校长职权和职责的重要法律依据。

一般而言，校长专业标准的框架主要由两个维度构成：活动维度和素质维度。活动维度是指校长的职业角色和职业活动，明确校长应该做什么。我国校长专业标准，把校长的职业角色和职业活动分为以下6种：规划学校发展，营造育人文化，领导课程教学，引领教师成长，优化内部管理，调适外部环境。校长专业标准框架的另一个维度是专业素质维度，该维度一般包括专业知识、专业能力和专业精神等。《校长专业标准》强调五个基本理念，即校长的核心使命是"育人为本""引领发展"；校长个人素养要"以德为先""能力为重"；校长要保持专业水准，需要"终身学习"。《校长专业标准》把校长的专业职责确定为 6 项，对于校长的具体专业要求共有 60 条。在其具体内容的每一项"专业职责"（职业活动）中，都包括相应的 10 条"专业要求"（专业素质要求）。其中，专业理解与认识 3 条、专业知识与方法 3 条、专业能力与行为 4 条（见表 4-1）。[①]

表 4-1　义务教育学校校长的职权和职责

专业职责		专业要求
规划学校发展	专业理解与认识	1. 明确学校办学定位，履行实施义务教育的工作使命，保障适龄儿童、少年平等接受有质量的义务教育，着力保障农民工子女、残疾儿童少年、家庭经济困难学生的受教育权利。 2. 注重学校发展的战略规划，凝聚师生智慧，建立学校发展共同目标，形成学校发展合力。 3. 尊重学校传统和学校实际，提炼学校办学理念，办出学校特色。
	专业知识与方法	4. 熟悉国家的法律法规、教育方针政策和学校管理的规章制度。 5. 把握国内外学校改革和发展的基本趋势，学习借鉴优秀校长办学的成功经验。 6. 掌握学校发展规划制定、实施与测评的理论、方法与技术。
	专业能力与行为	7. 诊断学校发展现状，及时发现和研究分析学校发展面临的主要问题。 8. 组织社区、家长、教师、学生多方参与制定学校发展规划，确立学校中长期发展目标。 9. 落实学校发展规划，制定学年、学期工作计划，指导教职工制定具体行动方案，并提供人、财、物等条件支持。 10. 监测学校发展规划的实施，根据实施情况修正学校发展规划，调整工作计划，完善行动方案。

① 褚宏启. 锦上添花与雪中送炭：校长专业标准何以必要——我国《义务教育学校校长专业标准》的特征与价值 [J]. 人民教育，2013（12）：13-16.

续表

专业职责		专业要求
营造育人文化	专业理解与认识	11. 把德育工作摆在素质教育的首要位置，全面加强学校德育体系建设。 12. 将学校文化建设作为学校德育工作的重要方面，重视学校文化潜移默化的教育功能，把文化育人作为办学治校的重要内容与途径。 13. 热爱祖国优秀传统文化，充分发挥优秀传统文化的时代意义与教育价值，重视地域文化的重要作用。
	专业知识与方法	14. 广泛涉猎自然科学与人文社会科学知识，具有良好的艺术修养和相应的艺术欣赏与表现的知识。 15. 了解校园文化建设的基本理论，掌握促进优秀文化融入学校教育的方法和途径。 16. 掌握不同年龄阶段学生思想品德形成和健康心理发展的特点与规律，了解学生思想与品行养成过程及其教育方法。
	专业能力与行为	17. 绿化、美化校园环境，精心营造人文氛围，建设优良的校风、教风、学风，设计体现学校特点和教育理念的校训、校歌、校徽、校标。 18. 精心设计和组织艺术节、科技节等校园文化活动，充分利用好重大节庆日、传统节日等有特殊意义的日子以及学校组织特有的仪式，开展主题教育活动。 19. 建设绿色健康的校园信息网络，向师生推荐优秀的精神文化作品和先进模范人物，努力防范不良的流行文化、网络文化和学校周边环境对学生的负面影响。 20. 凝聚学校文化建设力量，发挥教师、学生及社团的主体作用，为共青团、少先队、学生社团、班集体活动开展提供必要条件，保证活动时间。
领导课程教学	专业理解与认识	21. 坚持面向全体学生，因材施教，全面提高教育教学质量。 22. 尊重教育教学规律，注重培养学生的责任意识、创新精神和实践能力。 23. 尊重教师的教学经验和智慧，积极推进教学改革与创新。
	专业知识与方法	24. 掌握学生不同发展阶段的培养目标和课程标准。 25. 了解课程编制、课程开发与实施、课程评价的相关知识和教材、教辅使用的政策以及国内外课程教学改革的经验。 26. 掌握课堂教学以及教育信息技术应用的一般原理与方法。

续表

专业职责		专业要求
领导课程教学	专业能力与行为	27. 有效统筹国家、地方、学校三级课程，确保国家课程、地方课程的落实，推动校本课程的开发与实施，为学生提供丰富多样的课程教学资源。 28. 认真落实义务教育课程标准，切实减轻学生过重的课业负担，不得随意提高课程难度，不得挤占体育、音乐、美术等课程的课时，确保学生每天一小时校园体育活动。 29. 建立听课与评课制度，深入课堂听课并对课堂教学进行指导，校长每学期听课不少于地方教育行政部门规定的课时数量。 30. 积极组织开展教研活动和教学改革，建立完善促进学生全面发展的教育教学评价制度，不片面追求学生考试成绩和升学率。
引领教师成长	专业理解与认识	31. 教师是学校改革发展最宝贵的人力资源，尊重、信任、团结和赏识每一位教师。 32. 校长是教师专业发展的第一责任人，将学校作为教师实现专业发展的主阵地。 33. 尊重教师专业发展的规律，激发教师发展的内在动力。
	专业知识与方法	34. 把握教师职业素养要求，明确教师的权利与义务。 35. 掌握教师专业发展的理论以及指导教师开展教育教学实践与研究的方法。 36. 掌握学习型组织建设的方法以及激励教师主动发展的策略。
	专业能力与行为	37. 建立健全教师专业发展的制度，推行校本教研，完善教研训一体的机制，落实每位教师五年一周期不少于 360 学时的培训要求。 38. 关注每一位教师的发展，指导教师根据自身发展特点制定专业发展计划，加强青年教师培养，支持教师轮岗交流，推进信息技术在教师专业发展中的应用。 39. 扎实开展师德师风教育，落实教师职业道德规范要求，严禁教师体罚或变相体罚学生，严禁教师从事有偿补课。 40. 维护和保障教师合法权益和待遇，关爱教师身心健康，建立优教优酬的激励制度。
优化内部管理	专业理解与认识	41. 坚持依法治校，自觉接受师生员工和社会的监督。 42. 崇尚以德立校，处事公正、严格律己、廉洁奉献。 43. 倡导民主管理和科学管理，坚持教书育人、管理育人、服务育人。

续表

专业职责		专业要求
优化内部管理	专业知识与方法	44. 把握国家相关政策对校长的职责定位和工作要求。 45. 掌握学校管理的基本理论与方法，了解国内外学校管理的变化趋势。 46. 熟悉学校人事财务、资产后勤、校园网络、安全保卫与卫生健康等管理实务。
	专业能力与行为	47. 形成学校领导班子的凝聚力，发挥党组织的政治核心作用，充分听取党组织对学校重大决策的意见。 48. 尊重和支持教职工代表大会参与学校管理的民主权利，定期向教职工代表大会报告工作，实行校务会议等管理制度。 49. 建立健全学校人事、财务、资产管理等规章制度，提高学校管理规范化水平，不得违反国家规定收取费用，不得以向学生推销或者变相推销商品、服务等方式谋取利益。 50. 努力打造平安校园，建立和完善学校各种应急管理机制，定期实施安全演练，正确应对和妥善处置学校突发事件。
调适外部环境	专业理解与认识	51. 坚持把服务社会（社区）作为学校的重要功能，勇于承担社会责任。 52. 坚持把合作共赢作为学校对外关系准则，积极开展校内外合作与交流。 53. 坚信学校与家庭、社会（社区）的良性互动是办学水平的重要体现。
	专业知识与方法	54. 掌握学校公共关系及家校合作的理论与方法。 55. 了解所在社区、学生家庭的基本情况，积极获取与学生成长、学校发展相关的信息。 56. 熟悉各级各类社会公共服务机构的教育功能。
	专业能力与行为	57. 优化外部育人环境，努力争取社会（社区）的教育资源对学校教育的支持。 58. 充分发挥家长委员会支持学校工作的积极作用，引导社区和有关专业人士参与学校管理和监督，接受改进学校工作的合理建议。 59. 建立健全家校合作育人机制，建立教师家访制度，通过家长学校、家长会、家长开放日等形式，指导和帮助家长了解学校工作情况和学生身心发展特点，掌握科学育人方法。 60. 积极发挥学校在社区建设中的作用，鼓励并组织学校师生参与服务社会（社区）的有益活动。

三、学校基层党组织的领导作用

为了保障学校各项工作坚持社会主义方向，并严格贯彻执行党与国家的教育方针，需要加强学校基层党组织的领导作用。《中共中央关于教育体制改革的决定》在定位学校的党组织在教育事业发展中以及学校领导中的地位与作用时指出，学校的党组织要团结广大师生，大力支持校长履行职权，保证学校教育工作正确的方向，保证监督党和国家教育方针、政策贯彻与执行，保证学校教育目标的顺利实现。《中国教育改革和发展纲要》认为加强学校党的建设，是全面贯彻教育方针，加快教育改革和发展，全面提高教育质量的根本保证。强调要坚持党对学校的领导，要加强党的基层组织建设，要发挥党员的先锋模范作用，并指出实行党委领导下的校长负责制的高等学校，党委要对重大问题进行讨论并作出决定；实行校长负责制的中小学和其他学校，党的组织发挥着政治核心作用。《国家中长期教育改革和发展规划纲要（2010—2020）》指出要健全各级各类学校党的组织，把全面贯彻党的教育方针、培养社会主义建设者和接班人贯穿学校党组织活动始终，坚持社会主义办学方向，牢牢把握党对学校意识形态工作的主导权。高等学校党组织要充分发挥在学校改革发展中的领导核心作用，中小学党组织要充分发挥在学校工作中的政治核心作用。要加强民办学校党的建设，积极探索党组织发挥作用的途径和方法，积极发挥民办学校党组织的作用。

四、教职工代表大会制度

教职工代表大会制度不仅是教职工参与学校管理、行使民主管理和监督的法定组织形式，而且是学校内部管理体制的重要组成部分。《中共中央关于教育体制改革的决定》规定："要建立和健全以教师为主体的教职工代表大会制度，加强民主管理和民主监督。"《教育法》第三十一条第四款规定："学校及其他教育机构应当按照国家有关规定，通过以教师为主体的教职工代表大会等组织形式，保障教职工参与民主管理和监督。"《国家中长期教育改革和发展规划纲要（2010—2020）》指出要实行校务会议等管理制度，建立健全教职工代表大会制度。《学校教职工代表大会规定》第三条规定："学校教职工代表大会是教职工依法参与学校民主管理和监督的基本形式。学校应当建立和完善教职工代表大会制度。"第十五条："有教职工 80 人以上的学校，应当建立教职工代表大会制度；不足 80 人的学校，建立由全体教职工直接参加的教职工大会制度。"

教职工代表大会制度是社会主义民主集中制度的体现，学校建立教职工代表大会制度，可以防止学校管理工作中的独断专行，有利于调动广大教职工参与学校管理的积极性。依据《学校教职工代表大会规定》第七条的规定，学校教职工代表大会的职权包括：（1）听取学校章程草案的制定和修订情况报告，提出修改意见和建议；（2）听取学校发展规划、教职工队伍建设、教育教学改革、校园建设以及其他重大改革和重大问题解决方案的报告，提出意见和建议；（3）听取学校年度工作、财务工作、工会工作报告以及其他专项工作报告，提出意见和建议；（4）讨论通过学校提出的与教职工利益直接相关的福利、校内分配实施方案以及相应的教职工聘任、考核、奖惩办法；（5）审议学校上一届（次）教职工代表大会提案的办理情况报告；（6）按照有关工作规定和安排评议学校领导干部；（7）通过多种方式对学校工作提出意见和建议，监督学校章程、规章制度和决策的落实，提出整改意见和建议；（8）讨论法律、法规、规章规定的以及学校与学校工会商定的其他事项。教职工代表大会的意见和建议，以会议决议的方式作出。

【复习思考题】

1. 界定下列概念：学校的法律含义、学校的法人地位、学校内部管理体制。

2. 简述学校设置的条件。

3. 简述我国学校的举办主体。

4. 简述学校的权利与义务。

5. 为什么说学校法人具有特殊性？

6. 简述我国学校法人的划分类型。

7. 简述我国学校内部的管理体制。

8. 为什么要让学校成为法人？学校具有法人地位的意义何在？

9. 为什么要确立学校的法律地位？确立学校法律地位的意义何在？

【案例分析题1】

据某年的新闻媒体报道，黄金周期间，由于大量的游人涌进××大学校园，××大学不堪其扰，已经作出拒绝游人进入校园的规定，并已经执行这一规定。

这一报道见诸媒体之后，引发了激烈的讨伐××大学的声音，诸多声音认为××大学不应该对游人说"不"，认为××大学拒绝游人进入校园，既不合情也不合理。最后，所有的问题都集中在一个焦点上："××大学是××大学人的大学，还是全国人民的××大学？"

问题：（1）为什么会产生对这个问题的讨论？如果××大学是一个公司、企业或工厂，会不会产生这样的问题？

（2）从法人的角度看，××大学与公司、企业及其他社会组织的区别在哪里？

【案例分析题 2】

某中学为了加强学校的教育教学管理，投资 600 多万元建成了一套全方位的现代化教学系统，其中"电子眼"是其主要的组成部分。通过"电子眼"学校可以随时随地看到教室、阅览室、实验室等各个角落的情况，通过各种情况的反馈来加强教育教学管理。

对于学校安装"电子眼"，有的师生对此表示理解和拥护。部分师生认为纪律比以前好多了，一些教师也认为能给他们以动力，而且校长能随时考查教师真实教学情况，老师处于作战状态，教学一刻不能松懈。但是，也有学生认为，这种做法像监狱似的，这是一种不尊重他人的表现。另有教师认为教师教学是一种发自内心的自然的教学活动，师生对教育教学发自内心不松懈和被动的不松懈完全是两码事。装了"电子眼"有一种被监视的感觉，无形之中会产生一种不正常的压力，对教学没有好处，装"电子眼"是利用高科技走教育倒退的道路。

问题：学校装"电子眼"的做法是否正确，为什么？

【案例分析题 3】

2010 年 8 月的一天，一场突如其来的爆炸，让当时才 14 岁的高×全身烧伤面积达 95%，生命垂危。后经过 9 个多月的治疗，高×出院回到了老家，并进入仁庄中学继续完成他的初中学业。2013 年中考后被私立学校青田县××中学录取为高一新生。8 月 30 日，监护人高×的伯父高×泉带着高×到××中学报到，交齐了学费并领了饭卡和宿舍的钥匙。因高×皮肤大面积烧伤，汗腺被破坏，不宜参加军训，他们向班主任请好假就一起回家了。就在回家的路上，××中学电话打来，要求他们回学校，说有事要谈。

"你们小孩这么难看，会把学生吓坏的，我们是私立学校，是要赚钱的，学生都给你吓跑了，我们还怎么赚钱？所以，你还是把小孩转到其他学校去吧。"高×泉回忆说，他第二天赶到学校后，该校的吴校长找他谈话时说出了这样的话。

　　吴校长还说："在开学报到时因为学生和家长比较多，班主任对高×也没有仔细看，后来高×要求请假不参加军训，才知道这个学生的相貌比较特别。当时班主任就向我汇报，说学生和家长对这个学生的反应比较大。"

　　问题：学校有无基于安全因素，劝退相貌难看学生的权利？为什么？

第五章　教　师

【学习目的和要求】

1. 掌握我国教师的法律地位和法律含义
2. 明确我国教师的权利和义务及其内涵
3. 了解我国教师制度
4. 知道违反《教师法》的法律责任

【具体教学内容】

1. 教师的法律地位、教师的法律内涵
2. 我国教师的权利和义务
3. 教师资格、职务、聘任等制度
4. 违反《教师法》的法律责任

第一节　教师的法律含义

一、教师的法律地位

1966 年联合国教科文组织《关于教师地位之建议书》中指出：教师"地位"一词，意指其立场及受重视程度，系经由对教师所发挥之功能，所表现之能力、工作态度，以及自其他专业团体获得之报酬与其他实质上奖励的重要性予以评估，所引证的结果。[①]

世界各国公立学校的教师身份，根据教师的任用主体和任用形式不同而有差异。例如，法国、德国、意大利、芬兰和葡萄牙等国把中小学教师列为国家公务员职系；日本、韩国则单设教育公务员职系并采用终身雇用制；美国实行中小学教师聘任制，若教师的服务成绩优良则以"续任聘约制"或"永久聘约制"来保持教师队伍的稳定。[②]

（一）公务雇员

有一些国家的教师兼具公务员和雇员的双重身份，如英国和美国等。其公立学校教师的任用权一般在地方政府，但任用时，教师需与地方教育当局签订合约，以合约的方式进行雇用。公务雇员身份的教师，既具有公务员法律规定的各项权利和义务，又具有合约规定的权利和义务。公立学校的责任团体（地方教育委员会或地方教育当局）采取雇用合同的形式与教师签订工作协议，教师的雇用和解雇不适用于一般的劳工关系法，也不适用于国家公务法律条款，而仅适用于学校雇员的法律规定。[③]

（二）学校雇员

雇员是政府、企业等通过合同建立雇用劳动关系的人员的统称。在各国几乎所有的私立学校中，教师由校长聘任，在这种任用方式下，教师与校长间完全属于私法上的契约关系。在一些国家的公立学校中，也存在着雇员身份的教师，其雇主是教育当局或者大学。教育雇员制度下，在雇用期限内，雇主可以

---

①　联合国教科文组织，关于教师地位之建议书 [J]. 现代学术研究专刊，1996 (1).

②　成有信. 教师职业的公务员性质与当前我国师范院校的公费干部学校特征 [J]. 教育研究，1997 (12).

③　黄葳，孟卫青. 英、美、法、德、日中小学教师法律地位的比较 [J]. 比较教育研究，2002 (6).

决定教师的雇用和解雇，促进教师竞争，提高教学质量。而对于雇主侵犯教师权利的行为，教师可以通过法律程序诉诸法律。由于在雇用合约中，明确规定了雇主与雇员的权利和责任，因此在这种雇用关系中，教师与雇主法律地位平等。

（三）教育公务员

将我国教师身份定位为教育公务员，这种理念近年来在教育界的呼声很高，因此有必要对别国教育公务员的体制特点进行介绍。

日本 1949 年颁布《教育公务员特例法》，将公立幼儿园到大学的园长、校长、教师和教育委员会的教育长的身份统一为"教育公务员"，建立了独立的教育公务员制度。这一举措一方面源于第二次世界大战后日本教育民主化、地方分权化的政治要求；另一方面也反映了教育系统保障地方学校教职员身份的需要。该法规定教育公务员的待遇要优于一般公务员，以确保优秀人才进入教师职业。日本教育公务员制度在选拔、任命、工作评定、晋级、轮岗等制度方面非常有特点，可以概括为以下四个方面。[①]

1. 岗类、岗级设置标准清楚，发展通道丰富，强调岗位管理

"岗位设置"一般包括设岗原则、岗位分级及结构比例、岗位资格与岗位规范等。日本确定中小学教师岗位设置的法律是《学校教育法》，确定教师配置比例的是《公立义务教育诸学校学级编制和教职员定数标准法》。日本中小学设管理、教学与指导及纯教学等三类岗位，每个岗类设置不同的岗级，法律还明确规定了各岗位的职责和任职条件。

2. 基于学校需求选任教师，选拔程序严格规范，任用考试考察素质全面

日本《地方教育行政组织运营法》规定，日本公立小学、初中教师和县立高中教师由都道府县教育委员会任命并提供薪酬，市町村立高中教师由市町村教委任命和提供薪酬，但指定都市教委[②]拥有一定自治权，可以任命该市管辖范围内公立小学、初中教师。任命的先决条件是取得或上任前可取得相应职位所需的教师资格证且教师选任考试合格。

---

① 蔡永红，肖艺芳．日本教育公务员制度的特点及对我国的启示 ［J］．教师教育研究，2011（11）．

② 指定都市教委：日本将拥有 50 万人口以上的城市设定为政令指定都市，拥有一定的自治权．

3.岗位晋级途径多样，晋级考核多元，有利于激励教师和确保管理人员的质量

日本中小学教职员岗位按照级别由低到高分别设有：讲师、助教、教师、指导教师、主干教师、教头、副校长和校长。助教和讲师都是临时职员，晋级为正式教师需要通过教委的教师选任考试并经过一年试用期考核合格后方可。普通教师可以选择教学类和管理类两类晋升通道发展，但都需要接受多元化的考核。

4.教职人员定期轮岗制度，促进了教师主动、有序地流动，有利于教育均衡发展

《地方教育行政组织与运营法》规定教师的任命权由原来的市町村上调至都道府县教委，教师人事流动范围扩大到都道府县范围内。各都道府县建立了不同岗类的定期轮岗制度并规定了相应的人事调动细则，包括校长、教头等管理岗位的定期轮岗制度和普通教职员轮岗制度，较早引入主干制的教育委员会还制定了主干级教职员的轮岗制度。

二、我国教师的法律含义

我国法律对教师身份的确认主要是通过《教师法》进行的。该法从1986年开始起草，经过八年酝酿、修改，于1993年10月31日第八届全国人民代表大会常务委员会第四次会议通过，1994年1月1日起施行。《教师法》的制定和颁布对于提高教师的地位，保障教师的合法权益，造就具有良好的思想品德和业务素质的教师队伍，促进我国社会主义教育事业的发展，都有着重要的意义。

根据《教师法》的相关规定，我国对教师身份的确认，主要有以下几种。

(一) 专业人员

《教师法》第三条规定："教师是履行教育教学职责的专业人员，承担教书育人，培养社会主义事业建设者和接班人、提高民族素质的使命。教师应当忠诚于人民的教育事业。"这条规定确定了教师的"专业人员"身份，但并没有指明教师工作的专业特殊性。

(二) 公务员

根据《教师法》第二十五条规定："教师的工资水平应当不低于或高于国家公务员的平均工资水平"，这说明教师不在国家公务员的范围内，但在实际

中，教师的工作具有公务员性质。①

（三）教师雇员

《教师法》第十七条规定："学校和其他教育机构应当逐步实行教师聘任制。教师的聘任应当遵循双方地位平等的原则，由学校和教师签订聘任合同，明确规定双方的权利、义务和责任。实施教师聘任制的步骤、办法由国务院教育行政部门规定。"但在实际履行中，教师聘任制并未完全依照法律规定来执行。

从上可知，我国法律对教师身份的确认并不明确。近年来，我国产生了许多新的半公半私或私立教育的新形式，在这些学校或机构中，教师的法律地位和身份也发生了许多变化。然而教师身份的确认，仍需要法律进一步进行明确。

第二节　教师的权利

教师在法律上的权利可分为两部分，一是教师作为一般公民所享有的宪法和法律赋予的权利；二是教师作为教育工作者所享有的权利，也叫职业权利。

教师作为一般公民所享有的权利基于宪法获得。教师作为国家公民，享有宪法规定的所有公民权利，如选举权和被选举权；人身自由权；人格尊严权；受教育权；言论、出版、集会、结社、游行、示威的自由权等公民基本权利。

本章所讲的教师权利，特指教师在教育教学中依法享有的权益，是国家对教师能够做出或不做出一定行为，以及要求他人相应做出或者不做出一定行为的许可与保障。法律上的教师权利包括教师实施某种行为的权利以及要求义务人履行义务的权利。

一、教师权利的内容

我国《教师法》对教师权利进行了规定，概括起来主要有教育教学权、科学研究权、批评管理权、获取报酬权、民主管理权和进修培训权等。

（一）教育教学权

教育教学权是指教师在教育教学活动中所享有的自主性权利，是教师职业

---

① 《公务员法》第二条规定："本法所称公务员，是指依法履行公职、纳入国家行政编制、由国家财政负担工资福利的工作人员。"

特定的权利，具有不可替代性。具体包括：（1）教师可依据其所在学校的教学计划、教学工作量等具体要求，结合自身的教学特点自主地组织课堂教学；（2）按照教学大纲的要求确定其教学内容和进度，并不断完善教学内容；（3）针对不同的教育教学对象，在教育教学的形式、方法、具体内容等方面进行改革、实验和完善。

任何组织或个人都不得非法剥夺在聘教师从事教育教学活动、开展教育教学改革和实验的权利。

【案例】

张某系高中教师，工作认真负责，在学生中树立了崇高的威信。同时，刻苦钻研业务，先后在教育报刊上发表论文若干篇。2000年他被评为县模范教师，获得县教育局颁发的荣誉证书和奖金500元。

2000年年底，县教育局某位领导找到张某，想让他的侄子进入张某任教的毕业班，张某按照学校的规定婉转地拒绝了该领导的要求。事隔不久，教育局突然收回张某所获的模范教师称号，收回所得奖金，理由是教学模式老化，学生反映意见大，张某不配得模范教师称号。张某得知后立即找县教育局交涉，要求县教育局承认自己的教学科研能力，保护自己辛苦得到的荣誉称号，但县教育局不予理睬。

张某所在学校议论纷纷，人们传说张某出了问题，要不怎么会被剥夺"模范教师"称号？张某为此精神压力很大，以至住院月余，花去医疗费500余元。遂向法院起诉。

讨论：根据相关法律，分析案例中的责任主体与法律责任。

分析：第一，张某对工作认真负责，刻苦钻研；所撰写论文受到好评，具有科研价值；其教育观具有很强的操作性和实用性。这些均在实践中得到广泛应用、重视，证明是可行的。第二，县教育局所说的"张某教学模式老化，学生反映意见大"的观点，没有实际依据。县教育局未经认真调查，只凭领导个人好恶，未依法定程序便剥夺张某的模范教师荣誉称号及奖金，构成对张某荣誉权的侵害，应当承担侵权的民事责任。第三，根据《教师法》的规定，教师依据法律规定享有进行教育教学活动、开展教学改革和实验的权利，这是国家赋予教师的特定权利，任何人都无权干涉或阻挠。本案县教育局的某领导打击报复教师张某的行为，侵犯了教师享有的合法权益，县教育局对此应承担相应的法律责任。第四，县教育局返还张某模范教师的荣誉证书及奖金500元；在原有范围内为原告张某消除影响，恢复名誉，并赔偿经济损失和精神抚慰金

400 元等。

（二）科学研究权

科学研究权是指教师有从事科学研究、学术交流、参加专业学术团体，在学术活动中发表意见的科学研究权，这是教师作为专业技术人员所享有的一项基本权利。具体包括：（1）教师在完成规定的教育教学任务的前提下，有权进行科学研究、技术开发、技术咨询等创造性劳动。（2）有权将教育教学中的成功经验或专业领域的研究成果等，撰写成学术论文，著书立说。（3）参加有关的学术交流活动，以及参加依法成立的学术团体并在其兼任工作的权利。（4）有在学术研究中发表自己的观点、开展学术争鸣的自由。

（三）指导评价权

指导评价权是指教师有指导学生的学习和发展、评定学生的品行和学业成绩的指导评价权，这是教师在教育教学活动中居于主导地位的基本权利。具体包括：（1）教师有权依据学生的身心发展状况和特点，因材施教，有针对性地指导学生，并就学生的特长、就业、升学等方面的发展给予指导。（2）教师有权对学生的思想政治、品德、学习、劳动等方面给予客观、公正的评价。（3）教师有权运用正确的指导思想、科学的方式方法，指导学生的个性和能力得到充分发展。

（四）获取报酬权

获取报酬权是指教师有权按时获取工资报酬，享受国家规定的福利待遇以及寒暑假期的带薪休假，这是教师的基本物质权利，是宪法赋予公民的劳动权利和劳动者有休息权利的具体化。具体包括：（1）教师有权要求所在学校及其主管部门根据国家教育法律、教师聘用合同的规定，按时、足额支付工资报酬，包括基础工资、职务工资、课时报酬、奖金、教龄津贴、班主任津贴及其他各种津贴在内的工资收入。（2）教师有权享受国家规定的福利待遇，包括医疗、住房、退休等方面的各种待遇和优惠以及寒暑假期的带薪休假。

【案例】

丁某，女，23 岁，2002 年从某师范大学毕业后，应聘到一所民办学校，担任小学英语教师。学校地处市郊、实行封闭化管理，平时不能外出．而且教学任务很重，不过每月有 3000 元的收入，比公办学校的教师工资高很多，这使她很欣慰。然而，随着寒假的到来，她才知道，学校有一个规定：寒暑假期间不上课，每人每月仅发 150 元的生活费。丁某很是不解，为什么公办教师可以带薪休假，而民办学校的教师就不可以呢？150 元的生活费甚至低于当地最低生活标准。

讨论：该学校违法吗？丁某该怎么办？

分析：该校的规定侵犯了教师有按时获取工资报酬、享受国家规定的福利待遇以及寒暑假期带薪休假的权利。根据《教师法》第二条的规定："本法适用于在各级各类学校和其他教育机构中专门从事教育教学工作的教师。"丁某在民办学校专门从事教育教学工作，因而属于《教师法》的适用范围，和公办学校教师一样受《教师法》的保护。《教师法》第七条规定："教师享有按时获取工资报酬，享有国家规定的福利待遇以及寒暑假期的带薪休假。"《民办教育促进法》第二十七条规定："民办学校的教师、受教育者与公办学校的教师、受教育者具有同等的法律地位。"这所学校在寒暑假期间给教师仅发生活费的做法违反了上述法律规定。

丁某可向学校所在地教育行政部门提出申诉，由教育行政部门责令该学校改正。为保障教师的申诉权、控告权、检举权得到切实行使，《教师法》第三十六条规定："对依法提出申诉、控告、检举的教师进行打击报复的，由其所在单位或上级机关责令改正；情节严重的，可以根据具体情况给予行政处分。""国家工作人员对教师打击报复构成犯罪的，依照《刑法》第一百四十六条的规定追究刑事责任。"这就从法律上对教师的申诉权提供了保障。

（五）民主管理权

民主管理权是指教师有权向学校教育教学、管理工作和教育行政部门的工作提出意见和建议，通过教职工代表大会或者其他形式，参与学校民主管理的权利。这是宪法赋予公民的民主权利在教育领域的具体适用，能够调动教师对教育教学工作的主动性和积极性，加强对学校和教育行政部门的监督。具体包括：（1）教师享有对学校及其他教育行政部门工作的批评和建议权，这是宪法规定的"公民对任何国家机关和国家工作人员，有提出批评和建议的权利"的具体表现。（2）教师有权通过教职工代表大会、工会等组织形式以及其他适当方式，参与学校的民主管理，讨论学校发展、改革等方面的重大事项，以保障教师的民主权利和切身利益，推进学校的民主建设，提高学校管理的效益和水平。

（六）进修培训权

进修培训权是指教师有参加进修或者其他方式的培训的权利。这是教师享有的接受继续教育、不断获得充实和发展的基本权利，是教师从事与本职工作相关的脱产或在职学习的一种继续教育形式。具体包括：（1）教师有权参加进修和接受其他多种形式的培训，不断更新知识、调整知识结构，以提高自己的思想品德和业务素质，从而保障教育教学的质量。（2）教育行政部门和学校及其他教育机构应当采取各种形式，开辟多种渠道，保证教师进修培训权的行使。

同时，教师进修培训权的行使，要在完成本职工作前提下，有组织、有计划地进行，不得影响正常的教育教学工作。

【案例】

杨某，30岁，1999年师专毕业，在某乡中学任初中物理教师。工作以来，杨某教学能力突出，很快成为学科的骨干教师。2002年，为了提高自己的学历层次，经杨某申请，当地教委和学校批准其到某师范大学进修。杨某十分珍惜这次来之不易的进修机会，在一年的进修期间，不仅成绩优秀，还发表了数篇论文。然而，进修结束后，她才发现学校将她进修期间的工资扣了一半，并告知：进修期间，没有在学校正常工作的，一律扣发一半工资。学校可以扣发进修教师的工资吗？杨某应该怎么办？

讨论：本案中学校有权扣杨某的工资吗？依据是什么？

分析：学校无权扣减杨某工资，杨某有权向学校所在地的教育行政部门申诉。《教师法》第七条规定：教师享有参加进修或者其他方式的培训的权利。

《中小学教师继续教育规定》第四条规定："参加继续教育是中小学教师的权利和义务。"第十六条规定："经教育行政部门和学校批准参加继续教育的中小学教师，学习期间享有国家规定的工资福利待遇。学费、差旅费按各地有关规定支付。"

二、教师权利的法律保护

（一）实体法对教师权利的保护

实体保障是指以成文或判例等不同的法律形式明确规定教师的权利。教师权利的保障体现在我国《教育法》《教师法》等法律、法规中。如"教师享有法律规定的权利""国家保护教师的合法权益，改善教师的工作条件和生活条件，提高教师的社会地位""教师的工资报酬、福利待遇，依照法律、法规的规定办理""违反本法规定，侵犯教师的合法权益，造成损失、损害的，应当依法承担民事责任"。

此外，还有一些教育行政法规和规章也对教师权益保护做出了相应规定。如为保障中小学教师继续教育权行使的《中小学教师继续教育规定》；为防止教师资格认定和聘任过程中侵犯教师权利现象出现的《教师资格条例》《〈教师资格条例〉实施办法》以及《教学成果奖励》《教师和教育工作者奖励暂行规定》等文件。

除上述专门法律外，教师还可援用宪法及其他法律中保护国家公民的条款保护自身合法权益。

（二）程序法对教师权利的保护

当教师权利受到侵犯时，程序法能提供教师权利受损时相关法律责任追究和法律救济的保障。《教育法》第八十一条，《教师法》第二十二、三十五、三十六、三十八条规定了侵犯教师权益并造成损害需要承担的法律责任。此外，我国的民法、民事诉讼法、刑法、刑事诉讼法、行政法、行政诉讼法等分别对民事制裁、刑事制裁和行政制裁的内容、方法及实施程序做出了明确规定。

在法律救济方面，《教师法》确立了教师申诉制度。该法第三十九条规定："教师对学校或者其他教育机构侵犯其合法权益的，或对学校或其他教育机构作出的处理不服的，可以向教育行政部门提出申诉，教育行政部门应当在接到申诉三十日内，作出处理。教师认为当地人民政府有关行政部门侵犯其根据本法规定享有的权利的，可以向同级人民政府或者上一级人民政府有关部门提出申诉，同级人民政府或者上一级人民政府有关部门应当作出处理。"这些规定确立了教师申诉制度的法律地位，使其成为保障教师权利的一项重要措施。除此之外，教师还可援用《行政复议法》、《行政诉讼法》以及《国家赔偿法》等救济性法律来获得法律救济。《行政复议法》第六条规定的八种可以申请行政复议的情况和《国家赔偿法》第三、四条对行政赔偿范围作出的具体规定，同样适用于教师。

【案例】

高老师在一中任教长达 25 年，先后获市先进教师、特级教师等称号。2003 年 7 月，因他对学校乱收费不满，向有关部门如实反映了学校的问题。一天，校长项某对他说："因工作需要，学校决定不用你，这事我跟县教委说过几次了，你去教委吧。"高老师问为什么要解聘他，项某不耐烦地说：没啥说的。当天，高老师到县教委，县教委说："一中是校长负责制，我们也没办法。"接着，高老师带着材料到有关部门申诉。县委组成调查组展开调查。形成初步意见：高老师仍回一中上班，但必须"对过去有一个认识，对将来的工作有一个态度"。高老师回到一中找副校长说："我来要工作了。"副校长没有给他安排工作，对他说："项校长说你没有向他做检讨。"

讨论：本案中高老师被解聘是否符合法律程序？其依据是什么？

分析：第一，校长的行为侵犯了教师的民主管理权。第二，学校解聘高老师不符合法律规定。任何组织和个人不得非法剥夺或者限制教师权利，学校虽有权解除聘用合同，但必须符合相应的条件和程序。第三，教职工参与民主管理是校长负责制的有机组成部分。第四，教代会应是实现学校民主管理的基本形式。知情权是教师参与民主管理和监督的前提和基础。学校校务的重要内容，应做到政策公开、过程公开、结果公开。第五，高老师可以通过人事仲裁或诉讼途径解决问题。

第三节　教师的义务

教师的义务是指教师依照《教师法》的规定所承担的必须履行的责任，表现为教师必须做出一定的行为或不得做出一定的行为。其重点在于教师在从事教育教学工作的过程中，为了保障教育对象的权利而必须或禁止做出一系列行为。

一、《教师法》规定的教师义务

（一）遵守宪法、法律和职业道德的义务

教师必须遵守宪法、法律和职业道德，为人师表。宪法和法律是国家、社会组织和公民活动的基本行为准则。教师要教书育人、为人师表，更应当模范地遵守宪法和法律，自觉培养学生的民主意识和法制观念，使其成为遵纪守法的公民。作为人类灵魂的工程师，应当遵守职业道德，以自己高尚的品质和行为在教育教学活动中对学生思想品质、道德、法律意识的形成发挥积极的影响。这不仅是教师自身的行为规范，也是法律要求教师应尽的基本义务。

（二）完成教育教学工作的义务

教学工作是教师的本职工作。所以，教师在教育教学活动中，必须贯彻国家的教育方针，遵守规章制度，遵守教育行政部门和学校其他教育机构制定的教育教学管理的各项规章制度和依据有关法律法规制定的具体的教学工作计划，履行聘任合同中约定的教育教学工作职责，完成职责范围内的教育教学任务，保证教育教学质量。

（三）进行思想品德教育的义务

教师的工作是教书育人，通过教书，达到育人的目的。所以，教师在教育

活动中有义务对学生进行宪法所确定的基本原则的教育和爱国主义、民族团结教育、法制教育以及思想品德、文化、科学技术教育,组织带领学生开展有益的社会活动。教师应自觉地结合自己教育教学的业务特点,将德育工作落实于教育教学工作的全过程中。对学生进行思想品德教育,不仅是政治思想品德课教师的职责,也是每一位教师的基本义务。

(四) 关心爱护学生,促进学生全面发展的义务

教师在教育教学活动中,应关心爱护全体学生,尊重学生的人格,促进学生在品德、智力、体质等全面发展。热爱学生是教师的天职和美德,教师应当一视同仁地对待所有的学生,尤其是尊重每一个学生的人格尊严,帮助其形成健康完善的人格,为其全面发展奠定良好的基础。特别是对于有缺点、错误的学生,更要满腔热情地帮助他们。要树立尊重学生人格尊严的法制观念,不歧视学生,更不允许侮辱、体罚学生。对于极个别屡教不改、错误性质严重、需要给予纪律处分的学生也要以理服人,不能压服。教师违反本法规定,侮辱、体罚学生,经教育不改的,应依法追究其法律责任。

(五) 保护学生合法权益,促进学生健康成长的义务

教师有义务制止有害于学生的行为或者其他侵犯学生合法权益的行为,批评和抵制有害于学生健康成长的现象。保护学生的合法权益和身心健康成长,这是全社会的共同责任。作为教师,自然更负有保护学生合法权益和身心健康成长的义务。教师应当在学校工作和与教育教学工作相关的活动中,对侵犯其所负责教育管理的学生的合法权益的违法行为予以制止,保护学生的合法权益不受侵犯,也应当对社会上出现的有害于学生身心健康成长的不良现象进行批评和抵制,这既是全社会的责任,也是教师义不容辞的义务。

(六) 不断提高思想政治觉悟和教育教学水平的义务

教师应不断提高自己思想政治觉悟和教育教学水平。教育教学工作是一项专业性较强的工作,担负着提高民族素质的使命。随着社会的进步,科技的发展,知识的更新速度不断加快,据美国技术预测专家詹姆斯·马丁预测,人类知识在 19 世纪是每五十年增长一倍,20 世纪上半叶是每五年增长一倍,而目前已达到了每两年增长一倍。所以作为一名教师,要想胜任教师工作,跟上时代的发展步伐,就需要不断学习,加强自身的思想道德修养,提高业务水平。

二、教师的道德义务

义务是伦理学中最重要的范畴之一。马克思曾经指出:"作为确定的人,

现实的人，你就有规定，就有使命，就有任务。至于你是否意识到这一点，那是无所谓的。"① 所以不管人们承认与否，在社会关系中生活的每一个人都必然要承担一定的责任或义务。法律的基础是道德，《教师法》中规定的教师义务可以理解为一种职业道德义务。②

（一）确立教师道德义务的意义

1. 减少教育冲突，有利于教育任务的完成

由于种种原因，教师在工作中可能只根据自己的"自然愿望"办事，譬如在备课、讲课、组织学生活动、协调关系解决工作中的问题等方面尽量少投入精力，这样就会形成与教育事业、学生发展的要求相违背的"情势冲突"。这种情势如不能正确解决，不仅会影响教育工作任务的完成，也会使教师本人处于一种紧张的人际关系和内心压力之中，教师就会失去教育上的"自由"。从主观上解决这一情势冲突的根本方法只能是教师深刻体认自己的教育使命，严格承担起教育道德义务。

2. 有利于教师在工作中进行道德上的"综合判断"

教师在自己的教育过程中常常会遇到义务冲突的情况，有不同的教育义务之间的矛盾，也有一般道德义务与教育道德义务之间的冲突。比如教师可能遇到家庭道德义务与教育义务之间的矛盾，也有可能遇到尊重学生、保守学生的"秘密"和与家长、同事进行适当沟通以采取恰当的措施帮助解决学生之间的矛盾等。在义务冲突明显的情境中，只有对职业使命和道德义务有较为深切和全面理解的教师，才能把握大局，进行道德"综合判断"，正确、恰当地履行教育义务。

3. 有利于培养学生的义务意识

约翰·罗尔斯在谈到履行帮助他人义务的重要性时说："这个原则的主要价值与其说要根据我们实际接受的帮助来衡量，倒不如说根据我们对其他人善良意向的信任感和一旦我们需要他们就会提供帮助的知识来衡量。"③ 教育的使命之一就在于向教育对象展示义务履行的必要。实际上教师对自己义务的严格履行对学生的最大影响在于，通过自己对道德义务的履行，让学生确立道德上的信心以及自觉履行道德义务的责任感，做一个道德上负责的人。

---

① 马克思恩格斯全集（第3卷）[M]．北京：人民教育出版社，1956：329．
② 檀传宝．论教师的义务 [J]．教育发展研究，2000（11）．
③ 约翰·罗尔斯．正义论 [M]．北京：中国社会科学出版社，1998：328．

4. 有利于培养教师的师德

康德曾经认为，纯粹出自于自然爱好而偶然性地履行的义务不具有道德价值。只有出于道德义务而且克服了"自然爱好"（或非道德冲动）的行为才具有真正的道德价值。这是因为只有面临和经历过道德冲突考验的义务和品质才是靠得住的。教师在履行道德义务时往往会遇到考验道德意志的情境，而每一次道德意志的考验都会提升教师的道德水平。苏霍姆林斯基说："恪守义务可以使人变得高尚。"① 因此，教师道德义务的真正确立反过来有益于教师道德动机的增强，教学水平的提高，形成高尚的"师格"。

（二）教师道德义务的形态

1. 一般道德义务与教育道德义务

教师的义务包括"一般道德义务"和"教育道德义务"两个方面。两者的区别主要是后者存在于教育行业道德体系之中。教师首先是生活的主体，所以有在日常生活中遵守诺言、偿还债务、扶贫济困等一般道德义务，同时教师作为一个特定职业生活的主体又有属于教育工作本身的一些职业道德要求，如为人师表、因材施教的义务。因此，教师必须要比一般人更严格履行一般道德义务，只有这样，他才能成为真正的道德榜样，成为真正的教育主体。同时，教师更应当严格地履行职业道德义务，努力完成教育任务。

2. 显见义务和实际义务

将道德义务明确区分为"显见义务"（或当然责任）和"实际义务"（或绝对义务、实际责任）的是英国现代伦理学家罗斯爵士。显见义务是指我们日常生活中能够看到的、普遍的、常识性的义务，如忠诚、责任、勿作恶的义务。而实际义务则表现了义务的全部本性，代表着实际趋向的义务，实际义务是道德"综合判断"的结果。显见义务虽然是理所当然的义务，但是在实际生活中它可能仅仅是一种"义务假象"。只有实际义务才是真实和绝对的义务。

在教师的工作中常常会面临非常复杂的道德境况，一个真正懂得教育义务的教师应当具有道德"综合判断"的能力，才能具体而非抽象地履行自己的职业道德义务。

---

① ［苏］苏霍姆林斯基. 和青年校长的谈话 ［M］. 上海：上海教育出版社，1993：155.

第四节　我国教师制度

一、教师资格制度

教师资格制度是国家对教师实行的一种特定的职业资格认定制度，是公民获得教师工作应具备的特定条件和身份。我国的《教育法》和《教师资格条例》对教师资格的分类、获得教师资格的条件、教师资格认定的机构和程序等一系列问题都有具体规定，只有具备教师资格的人才能担任教师，否则不允许从事教师职业。

2013年秋，教育部组织了教师资格考试和定期注册的试点。教育部计划用三年时间在全国推广教师资格考试，各省市原有的教师资格考试将逐步纳入全国统一的考核系统中。通过教师资格制度改革，逐步建立"国标、省考、县聘、校用"的教师准入和管理制度。

（一）教师资格的构成要件

《教师法》第十条第二款规定："中国公民凡遵守宪法和法律，热爱教育事业，具有良好的思想品德，具备本法规定的学历或者国家教师资格考试合格，有教育教学能力，经认定合格的，可以取得教师资格。"教师资格构成要件包括国籍、品德、学历、业务和认定五个方面，缺一不可。

1. 国籍

取得教师资格者必须是中国公民，这是成为教师的先决条件。另外，随着改革开放的深入和教育对外交流的扩大，我国一些学校与其他教育机构也正在聘任或继续聘任外籍教师。虽然这些教师已经在学校任教，但并不意味着他们取得了中国教师的资格，他们在中国学校任教须经过一定的审批手续，如《教师法》第四十二条提出："外籍教师的聘任办法由国际教育行政部门规定。"这一规定表明，聘任外籍教师也应按照法律许可的办法与程序进行。

2. 品德

取得教师资格者必须具有良好的政治思想水平和职业道德修养，热爱教育事业，努力钻研业务，忠于职守，关心爱护学生，大公无私，勇于奉献，作风正派，团结协作等，这是成为教师的一个重要条件，具体的要求体现在《中小学教师职业道德规范》中。

3. 学历

学历是一个人受教育的经历，一般表明其具有的文化程度。教师是专业化的职业，需要从业者具备专门的业务知识和技能才能完成教育教学任务，因此，对取得各级教师专业技术职务有基本的学历要求。《教师法》第十一条对取得教师资格应当具备的学历进行了具体规定：（1）取得幼儿园教师资格，应当具备幼儿师范学校毕业及其以上学历。（2）取得小学教师资格，应当具备中等师范学校毕业及其以上学历。（3）取得初级中学教师、初级职业学校文化和专业课教师资格，应当具备高等师范专科学校或者其他大学专科毕业及其以上学历。（4）取得高级中学教师资格和中等专业学校、技工学校、职业高中文化课、专业课教师资格，应当具备高等师范院校本科或者其他大学本科毕业及其以上学历；取得中等专业学校、技工学校和职业高中学生实习指导教师资格应当具备的学历，由国务院教育行政部门规定。（5）取得高等学校教师资格，应当具备研究生或者大学本科毕业学历。（6）取得成人教育教师资格，应当按照成人教育的层次、类别，分别具备高等、中等学校毕业及其以上学历。

2015年起，所有申请教师资格的公民，都必须通过国家教师资格考试，方可取得教师资格，国家教师资格考试制度由国务院规定。已经在学校或者其他教育机构任教的教师，未具备规定学历的，由国务院教育行政部门规定教师资格过渡办法。原国家教委制定并颁发的《教师资格过渡办法》，对教师资格过渡的范围、教师资格的分类及适用、教师资格的申请和认定等方面作了规定。

《中、小学教师考核合格证书试行办法》则对于学历尚未达标的中小学教师（含农业职业中学文化课教师），规定可申请参加国家考试，取得考核合格证书。考核合格证书设《教材教法考试合格证书》和《专业合格证书》。《教材教法考试合格证书》又分为《高中教材教法考试合格证书》《初中教材教法考试合格证书》《小学教材教法考试合格证书》三种。凡不具备国家规定合格学历的中小学教师，工作满一年以上者，可申请参加教材教法考试合格证书的考试；工作满两年以上者并已取得教材教法考试合格证书者，可申请参加《专业合格证书》的文化专业知识考试。文化专业知识考试一般每年一次，由省、自治区、直辖市教育行政部门组织。中学教师除考试所教学科的有关课程外，均需考核教育学和心理学基本原理。

4. 业务

教育教学能力是完成教育教学任务所必备的条件，也是取得教师资格的重要条件之一，只有具有一定的教育教学能力，才能完成教育教学任务，胜任教师工作。所以，在《〈教师资格条例〉实施办法》中对教师的教育教学能力作了具体规定。教育教学能力主要包括语言表达能力，灵活运用教育教学原则，正确使用教育教学方法的能力，组织教学的能力，班主任工作能力等。此外，还应掌握教育学、心理学和教学法的基本知识，努力练好教学基本功，如较好的汉字书写能力，普通话水平和沟通能力等。同时，在当代社会，教师还应具备一定的教育技术水平。《〈教师资格条例〉实施办法》还要求教师具有良好的身体素质和心理素质，无传染性疾病，无精神病史，能够适应教育教学工作需要，在教师资格认定机构指定的县级以上医院体检合格。

5. 认定

教师资格必须经过法律授权的行政机关或其委托的其他机构通过合法的程序认定。

（1）教师资格的认定机构，是指依法负责认定教师资格的行政机构或依法委托的教育机构。《教师法》第十三条和《教师资格条例》第十三条详细规定了教师资格的认定机构。

幼儿园、小学和初级中学教师资格，由申请人户籍所在地或者申请人任教学校所在地的县级人民政府教育行政部门认定。高级中学教师资格，由申请人户籍所在地或者申请人任教学校所在地的县级人民政府教育行政部门审查后，报上一级教育行政部门认定。中等职业学校教师资格和中等职业学校实习指导教师资格，由申请人户籍所在地或者申请人任教学校所在地的县级人民政府教育行政部门审查后，报上一级教育行政部门认定或者组织有关部门认定。受国务院教育行政部门或者省、自治区、直辖市人民政府教育行政部门委托的高等学校，负责认定在本校任职的人员和拟聘人员的高等学校教师资格。在未受国务院教育行政部门或者省、自治区、直辖市人民政府教育行政部门委托的高等学校任职的人员和拟聘人员的高等学校教师资格，按照学校行政隶属关系，由国务院教育行政部门认定或者由学校所在地的省、自治区、直辖市人民政府教育行政部门认定。

申请教师资格并经考核合格的公民，要求有关部门认定其教师资格的，有关部门应当依照《教师法》规定的条件予以认定。取得教师资格的人员首次任教时，应当有试用期。

（2）教师资格的认定程序。

首先，提出申请。申请人应当在每年春季或秋季规定的受理期限内提出申请，并提交教师资格认定申请表和证明材料。证明材料主要包括四种：申请人的身份证明；申请人的教师资格考试合格证明（2015年前的，应提交学历证书或教师资格考试合格证明）；教育行政部门或者受委托的高等学校指定的医院出具的体检合格证明；户籍所在地的街道办事处、乡人民政府或者工作单位、毕业的学校为其开具的品行证明材料。

其次，申请受理。教育行政部门或受委托的高校在收到公民的教师资格申请后，应当对申请人的申请条件进行审查。对符合认定条件，应当在受理期限终止之日起 30 天内颁发相应的教师资格证书；对不符合条件的，应当在受理期限终止之日起 30 天内将认定结论通知本人。对于非师范专业及其他通过教师资格考试合格的公民，申请认定幼儿园、小学或者其他教师资格的，应当进行面试和试讲，考查其教育教学能力；根据实际情况和需要，教育行政部门或者受委托的高等学校可以要求申请人补修教育学、心理学等课程。

最后，颁发证书。根据《教师法》与《教师资格条例》的规定，经认定机构认定合格的申请人，应当由教育行政部门或者受委托的高等学校颁发国务院教育行政部门统一印制的教师资格证书。

（二）教师资格的种类

根据《教师资格条例》第四条规定，我国教师资格分为七类：幼儿园教师资格；小学教师资格；初级中学教师和初级职业学校文化课、专业课教师资格（统称初级中学教师资格）；高级中学教师资格；中等专业学校、技工学校、职业高级中学文化课、专业课教师资格（统称中等职业学校教师资格）；中等专业学校、技工学校、职业高级中学实习指导教师资格（统称中等职业学校实习指导教师资格）；高等学校教师资格。

根据《教师资格条例》第五条规定，取得教师资格的公民，可以在本级及其以下等级的各类学校和其他教育机构担任教师；但是，取得中等职业学校实习指导教师资格的公民只能在中等专业学校、技工学校、职业高级中学或者初级职业学校担任实习指导教师。高级中学教师资格与中等职业学校教师资格相互通用。

（三）教师资格的限制取得和丧失

教师的职业特点决定了对教师的思想品德、道德修养必然有很高的要求。《教师法》第十四条明确规定："受到剥夺政治权利或者故意犯罪受到有期徒刑以上刑事处罚的，不能取得教师资格；已经取得教师资格的，丧失教师资格。"《教师资格条例》中也有相应的规定。例如，对有弄虚作假、骗取教师资格的；有品行不良、侮辱学生、影响恶劣等情形者，均由县级以上人民政府教育行政部门撤销其教师资格，由资格认定机构收回其教师资格证书。

二、教师职务制度

《教师法》第十六条规定："国家实行教师职务制度。"教师职务制度是我国教师任用的重要制度，教师职务是专业技术职务。教师任用制度的实施，从法律的高度确定了教师地位及其职业的不可替代性，促使教师队伍建设走上规范化、法制化的轨道，促进教师工资福利等待遇的改善，为优秀教师脱颖而出创造条件。对于充分调动和发挥广大教师为社会主义教育事业服务的积极性、创造性具有巨大的推动作用。教师职务制度涉及教师的聘用、职责、待遇、考核等多方面环节，通过教师的职务评聘，可以明确教师的地位及其权利和义务。

（一）教师职务设置

我国教师职务根据岗位设立，即根据学校教学和科研的实际情况设置职务；教师职务与工资待遇挂钩，并有数额限制；教师职务要经过全面考核，以确定其是否称职；教师职务不适用于离退休教师，教师离退休时职务同时解聘。

根据国家教育部的有关规定，目前我国教师职务系列设有高等学校教师职务、中等专业学校教师职务、技工学校教师职务五个系列。具体如下：高等学校教师职务设助教、讲师、副教授、教授；中等专业学校设教员、助教、讲师、高级讲师；普通中小学及幼儿园设一、二、三级教师和高级教师；技工学校文化、技术理论课教师职务设教员、助理讲师、讲师和高级讲师；生产实习课教师职务设三级、二级、一级、高级实习指导教师；各级成人学校，结合成人教育的特点和层次，分别执行普通高等学校、中专、中小学和技工学校教师职务试行条例。

2011 年 8 月 31 日召开的国务院常务会议决定扩大中小学教师职称制度改革试点，这意味着全国将有越来越多的中小学教师可以参评与教授级别一样的正高级职称。同时，改革的重点是将原来独立的中学教师职务系列与小学教师职务系列统一并入新设置的中小学教师职称（职务）系列。

我国现行的以中小学教师职务聘任制为主要内容的中小学教师职称制度是1986 年建立的。按照国家规定，中学教师职称最高等级为副高级，小学教师职称最高等级仅为中级，影响了很多中小学教师的积极性。

（二）教师任职条件

教师职务是专业技术职务，要求教师必须具备相应的任职条件。担任教师职务的任职条件包括：（1）具备各级各类学校相应的教师资格；（2）遵守宪法和法律，具有良好的思想政治素质和职业道德，为人师表，教书育人；（3）具备相应的教育教学水平，具有教育科学理论的基础知识，能全面、熟练地履行教师职责；（4）符合学历和学位的要求；（5）身体健康，能正常工作。

此外，各级各类教师还应具备与其职务相应的具体的任职条件。如《高等教育法》规定，高等学校教师职务的任职条件包括：（1）取得高等学校教师资格；（2）系统地掌握本学科的基础理论；（3）具备相应职务的教育教学能力和科学研究能力；（4）承担相应职务的课程和规定课时的教学任务。教授、副教授除应当具备以上基本任职条件外，还应当对本学科具有系统而坚实的基础理论素养和比较丰富的教学、科学研究经验，教学成绩显著，论文或著作达到较高水平，或有突出的教学、科研成果。

中小学教师评聘各级别职称（职务），除必须达到上述标准条件，还应分别具备以下标准条件。

1. 正高级教师

（1）具有崇高的职业理想和坚定的职业信念；长期工作在教育教学第一线，为促进青少年学生健康成长发挥了指导者和引路人的作用，出色地完成班主任、辅导员等工作任务，教书育人成果突出；（2）深入系统地掌握所教学科课程体系和专业知识，教育教学业绩卓著，教学艺术精湛，形成独到的教学风格；（3）具有主持和指导教育教学研究的能力，在教育思想、课程改革、教学方法等方面取得创造性成果，并广泛运用于教学实践，在实施素质教育中，发挥了示范和引领作用；（4）在指导、培养一级、二级、三级教师方面做出突出贡献，在本教学领域享有较高的知名度，是同行公认的教育教学专家；（5）一般应具有大学本科及以上学历，并在高级教师岗位任教 5 年以上。

2. 高级教师

（1）根据所教学段学生的年龄特征和思想实际，能有效进行思想道德教育，积极引导学生健康成长，比较出色地完成班主任、辅导员等工作，教书育人成果比较突出；（2）具有所教学科坚实的理论基础、专业知识和专业技能，教学经验丰富，教学业绩显著，形成一定的教学特色；（3）具有指导与开展教育教学研究的能力，在课程改革、教学方法等方面取得显著的成果，在素质教育创新实践中取得比较突出的成绩；（4）胜任教育教学带头人工作，在指导、培养二级、三级教师方面发挥了重要作用，取得了明显成效；（5）具备博士学位，并在一级教师岗位任教 2 年以上；或者具备硕士学位、学士学位、大学本科毕业学历，并在一级教师岗位任教 5 年以上；或在小学、初中一级教师岗位任教 5 年以上。城镇中小学教师原则上要有 1 年以上在薄弱学校或农村学校任教经历。

3. 一级教师

（1）具有正确教育学生的能力，能根据所教学段学生的年龄特征和思想实际，进行思想道德教育，有比较丰富的班主任、辅导员工作经验，并较好地完成任务；（2）对所教学科具有比较扎实的基础理论和专业知识，独立掌握所教学科的课程标准、教材、教学原则和教学方法，教学经验比较丰富，有较好的专业知识技能，并结合教学开展课外活动，开发学生的智力和能力，教学效果好；（3）具有一定的组织和开展教育教学研究的能力，并承担一定的教学研究任务，在素质教育创新实践中积累了一定经验；（4）在培养、指导三级教师提高业务水平和教育教学能力方面做出一定成绩；（5）具备博士学位；或者具备硕士学位，并在二级教师岗位任教 2 年以上；或者具备学士学位或者大学本科毕业学历并在二级教师岗位任教 4 年以上；或在小学、初中二级教师岗位任教 4 年以上；或在小学二级教师岗位任教 5 年以上。

4. 二级教师

（1）比较熟练地掌握教育学生的原则和方法，能够胜任班主任、辅导员工作，教育效果较好；（2）掌握教育学、心理学和教学法的基础理论知识，具有所教学科必备的专业知识，能够独立掌握所教学科的教学大纲、教材、正确传授知识和技能，教学效果较好；（3）掌握教育教学研究方法，积极开展教育教学研究和创新实践；（4）具备硕士学位；见习期 1 年期满并考核合格；或者具备大学专科毕业学历，并在小学、初中三级教师岗位任教 2 年以上；并在小学三级教师岗位任教 3 年以上。

5. 三级教师

（1）基本掌握教育学生的原则和方法，能够正确教育和引导学生；（2）具有教育学、心理学和教学法的基础知识，基本掌握所教学科的专业知识和教材教法，能够完成所教学科的教学工作；（3）具备大学专科毕业学历，并在小学、初中教育教学岗位见习 1 年期满并考核合格；或者具备中等师范学校毕业学历，并在小学教育教学岗位见习 1 年期满并考核合格。

6. 特殊申报条件

破格申报中学高级教师职务任职资格，必须具备下列条件：（1）教学效果好，教育质量高，得到县（市）级以上同行的公认，并获得一次一等奖或两次二等奖；（2）承担县级以上教育行政部门、示范课或观摩课三次以上，并获得好评；（3）受到市（厅）级以上教育行政部门表彰；（4）公开发表不少于三篇有价值的教育教学研究文章，或在素质教育方面取得显著成绩，在省级交流或推广，或因教学成绩特别突出，受到省级以上教育行政部门表彰。凡破格申报晋升专业技术职务任职资格的人员，在具备上述条件的同时，必须参加由评委会组织的专家答辩，成绩合格者方可提交评委会评审，各级评委会原则上不受理越级破格申报。

2013年秋，教育部发文，预计从2015年起，我国教师制度将实行每五年一注册制度，以确保教师队伍的整体素质。

三、教师聘任制度

《教师法》第十七条规定："学校和其他教育机构应当逐步实行教师聘任制。教师的聘任应当遵循双方地位平等的原则，由学校和教师签订聘任合同，明确规定双方的权利、义务和责任。"教师聘任制是学校与教师在遵循双方地位平等的原则下，签订聘任合同，明确规定双方的权利、义务和责任的一种制度，它是在当前为适应社会主义市场经济发展而进行的教师任用制度改革的重要组成部分。

长期以来，教师是作为国家正式干部进行计划分配的，这种制度造成了平均主义、大锅饭、包的过多、管得过死的弊端，已远远不能适应社会主义市场经济发展的需要。实行聘任制有利于打破这种状况，有利于促进人才的合理流动，改变用非所长、用非所学的人才分布和结构不合理的现象，有利于激发教师的工作责任感，调动工作的自主性和积极性，提高教育教学质量。

（一）教师聘任制的特征

教师聘任制度是在双方自由选择的前提下，以合同的形式确定教师的任期及职责。作为教师任用的一种基本制度，具有以下三个特征。

（1）教师聘任制是教师与学校或教育行政部门之间的法律行为，聘任人和受聘人双方通过聘任确立法律关系，且双方法律关系平等。

（2）聘任双方在平等地位上签订的聘任合同具有法律效力，对聘任双方都有约束力，它以聘书的形式明确双方的权利、义务和责任。在聘期内，教师、学校分别承担其义务、责任，行使自己的权利。根据聘任合同领取相应的工资，职务工资应反映教师的工作业绩、教育教学水平，体现按劳取酬的原则。

（3）教师聘任制度必须遵循双方地位平等的原则。聘任是双方的法律行为，聘任关系基于独立而结合，基于意见一致或相互同意而成立，并在平等地位上签订聘任合同。

（二）教师聘任的程序

教师聘任的程序，先是学校根据工作需要设置专业技术岗位，然后在定编定岗的基础上确定职务结构，最后是聘任。中小学教师的职务聘任，中学高级、一级教师职务由地市一级教育局聘任，二、三级教师职务由县级教育局聘任，小学高级教师由地市级教育局聘任，小学一、二、三级教师由县级教育局聘任。聘任证书由聘任机构具体颁发。

获得教师资格的人首次任教，应当有试用期。在试用期内，学校或教育行政部门可以对其从事教育教学工作的能力和水平予以考察，决定是否予以聘任或是否胜任某类教师岗位工作。试用期通常为一年。

教师在受聘期间，无特殊理由不能辞聘，学校亦不能解聘。确需变动时，应提前与对方协商，双方达成一致协议后，方可变更或解除合同。双方一旦发生纠纷，则需依据合同相关条款承担相应的责任。聘用合同一旦成立，就具有法律效力。

（三）教师聘任的形式

教师聘任制依其聘任主体实施行为的不同，一般可分为四种形式。

1. 招聘

招聘是指用人单位面向社会公开、择优选拔具有教师资格的人才。通常由用人单位或当地人才交流部门以公告或启示等形式面向社会发出要约，内容包括对招聘对象的要求、工作性质和任务以及工资待遇等，并公布审查和考核的方式。有意接受这类要约的公民，则可以通过招聘单位的审查和考核进入教师队伍。

2. 续聘

续聘是指约定的聘任期满后，聘任单位与教师续签聘任合同。续聘一般发生在前一聘任期内双方合作愉快的情况下，如聘任单位需要继续留任所聘用人员，而被聘任教师对单位提供的工作满意，双方自愿继续合作。续聘合同可以与前次聘任合同相同，亦可在双方认可的基础上变更内容。

3. 解聘

解聘是指用人单位因某种原因不适宜继续聘任教师，决定解除双方合同关系的行为。解聘的原因很复杂，一般说来，主要原因集中于教师工作不称职、不符合任职条件等违反合同约定的情形。聘任合同具有法律效力，因此用人单位在解聘教师时，除非有合法合理的依据，否则将承担违约责任。

4. 辞聘

辞聘指教师主动要求辞去相应职位，而请求用人单位解除聘任合同的行为。由于聘任合同的法律约束力，除非教师有正当理由，否则应当承担违约责任。

【案例】

原告李某与被告北京市徐悲鸿中学（简称徐悲鸿中学）签订了《兼职教职员工聘用书》，该聘用书约定李某工作岗位为英语教师，劳动合同期限为 2008 学年至 2010 学年。聘用合同到期后，双方未再签订书面协议。李某继续工作至 2011 年 7 月 13 日。李某工作期间，从事过班主任工作。2009 年，徐悲鸿中学进行了体制改革，转制为公办美术特色高中。2011 年 7 月，徐悲鸿中学因改制及李某未取得教师资格，停止了李某的工作，但未作出解除劳动关系的书面决定。李某诉至法院，要求徐悲鸿中学与其签订无固定期限的劳动合同，并给付 2010 年 9 月至 2011 年 7 月的双倍工资 36191.6 元。

讨论：未取得教师资格的劳动合同效力如何认定？

分析：本案争议焦点为李某与徐悲鸿中学是否符合签订无固定期限劳动合同的条件。

第一，李某与徐悲鸿中学的劳动关系是否有效。确定李某与徐悲鸿中学的劳动关系是否有效，首先，需要确定李某是否具备签订劳动合同的条件，这也是双方争议的焦点之一。我国劳动法和劳动合同法虽然没有对劳动者的主体资格进行规定，但依据常识，劳动是后天形成的，需要具备一定的知识和技能。要成为一名劳动者，首先需满足从事相应工作的自然条件，如脑力和体力。其次，需不违反法律基于法益保护而作出的规定，如《劳动法》第十五条规定："禁止用人单位招用未满十六周岁的未成年人。文艺、体育和特种工艺单位招用未满十六周岁的未成年人，必须依照国家有关规定，履行审批手续，并保障其接受义务教育的权利。"再次，劳动者应满足从事特定行业设定的资质准入条款。《教师法》第十条第一款规定："国家实行教师资格制度。"《教师资格条例》第二条规定："中国公民在各级各类学校和其他教育机构中专门从事教育教学工作，应当依法取得教师资格。"本案中，李某于 2008 年开始在徐悲鸿中学从事英语教学工作，徐悲鸿中学 2009 年转制为公办美术特色高中。根据我国《民办教育促进法》第二十八条规定："民办学校聘任的教师，应当具有国家规定的任教资格。"《民办教育促进法实施条例》第二十三条第一款规定：

"民办学校聘任的教师应当具备教师法和有关行政法规规定的教师资格和任职条件。"从上述规定可以看出，徐悲鸿中学的民办和公办性质并不影响对教师资质的要求。《北京市实施〈中华人民共和国教师法〉办法》第十条规定："学校和其他教育机构不得聘任未取得教师资格的人员任教。"国家设定教师资格的目的是为了保证教学质量，而且是以法律的形式设定的。因此，未取得教师资格证的劳动者不具备与学校签订教师岗位劳动合同的条件。从上述分析可以看出，李某未取得教师资格证，不具备从事教师岗位的资质。根据《劳动法》第十八条第一款及《劳动合同法》第二十六条第一款第三项的规定，违反法律、行政法规的劳动合同无效或者部分无效。故一、二审法院不支持李某要求签订无固定期限劳动合同的主张是正确的。

第二，劳动合同无效后如何处理。《劳动法》第十八条第二款规定："无效的劳动合同，从订立的时候起，就没有法律约束力。"但劳动合同法对此条款没有规定。《民法通则》第五十八条第二款规定："无效的民事行为，从行为开始起就没有法律约束力。"《合同法》第五十六条规定："无效的合同或者被撤销的合同自始没有法律约束力。"在买卖、赠与等合同中，合同的"自始无效"很正常。但是劳动合同属于一种继续性合同，这类合同无效后无法进行各自返还，而且是一种行为性合同，合同无效后对劳动者的利益容易造成损害，尤其是在用人单位也存在过错的情况下。本案中，学校明知道劳动者不具备教师资格仍与其签订了合同，并在合同履行完毕后继续履行原来的合同，学校的过错很明显，如果按照传统民法理论，合同无效且自始无效，则不利于保护劳动者权益。因此，当劳动已开始时，其主张无效者，唯得向将来发生效力。本案的处理结果正是这种思路的结果，既遵循了教师法关于教师资格的规定，也维护了劳动者权益，用人单位应当支付未签订劳动合同的双倍工资。《劳动合同法》第二十八条规定："劳动合同被确认无效，劳动者已付出劳动的，用人单位应当向劳动者支付劳动报酬。劳动报酬的数额，参照本单位相同或者相近岗位劳动者的劳动报酬确定。"从该条规定可以看出，此条款对于无效合同的效力也是面向将来的，劳动者已经付出劳动的，用人单位仍应支付报酬。

四、教师教育制度

教师培养是对准备从事教师职业的人实施专门教育的制度，属于教师的职前教育，在我国，教师培养主要通过师范教育渠道进行。教师培训是对在职教师进行相关领域学科和能力培养的教育制度，属于教师的职后教育，教师培养和培训制度共同组成了我国的教师教育制度。我国《教师法》对教师培养与培训作出了专门的法律规定。

(一)教师教育机构

根据《教师法》第十八、十九、二十和二十一条的规定，我国进行教师教育的相关机构主要包括：各级人民政府教育行政部门，学校主管部门和学校；各级教师进修学校、师范院校和综合性大学；国家机关、企事业单位和其他社会组织等。其中，各级人民政府和有关部门应当采取措施，鼓励优秀青年进入各级师范院校学习。提高教师待遇，尊重教师地位，保障教师权益等措施，能够吸引广大优秀青年志愿加入教师队伍。各级人民政府的教育行政部门、学校主管部门和学校应当制定教师培训规划，对教师进行多种形式的思想政治和业务培训，用以提高教师的理论水平和执教能力。各级教师进修学校承担培训中小学教师的任务，综合性大学应当承担培养和培训中小学教师的任务。各级师范院校的在校学生应当享受专业奖学金，国家机关、企事业单位和其他社会组织也应当为教师的社会调查和社会实践提供方便，给予协助。另外，各级人民政府也应当采取措施，为少数民族地区和边远贫困地区培养和培训教师，如近年来，我国实行的免费师范生制度，便为发展这些地区的教育事业提供了不少师资力量。

(二)教师教育的形式和内容

1. 教师培养

教师教育中的师资培养，从各国经验来看，大体可分为三类：(1)"定向型"师范教育。即在独立设置的师资培养机构培养师资，其培养目标是定向的，以苏联为代表。(2)"开放型"师范教育。即普通高等学校培养师资，以美国为代表。(3)"混合型"师范教育。即综合了定向型与开放型两种师范教育制度，以日本为代表。我国教师教育发展到现阶段，主要格局是以师范院校的培养为主，以综合性大学的培养为辅的模式。

2. 教师培训

教师教育中的师资培训又分中小学教师培训和高等学校教师培训。《教师继续教育规定》第九条将中小学教师培训划分为非学历教育和学历教育两种类型。

其中，非学历教育包括：(1)新任教师培训。即为新任教师在试用期内适应教育教学工作需要而设置的培训，培训时间应不少于120学时。(2)教师岗位培训。即为教师适应岗位要求而设置的培训，培训时间每五年累计不少于

240学时。（3）骨干教师培训。即对有培养前途的中青年教师按教育教学骨干的要求进行培训，以及对现有骨干教师按照更高标准进行的培训。

学历教育是指对具备合格学历的教师进行的提高学历层次的培训。《教师继续教育规定》第八条对中小学教师的培训内容进行了具体规定："中小学教师继续教育要以提高教师实施素质教育的能力和水平为重点。中小学教师继续教育的内容主要包括：思想政治教育和师德修养；专业知识及其更新与扩展；现代教育理论与实践；教育科学研究；教育教学技能训练和现代教育技术；现代科技与人文社会科学知识等。"

五、教师的考核与奖励制度

（一）教师考核制度

教师的考核是指各级各类学校及其他教育机构，按照教师考核规章的考核内容、考核原则、考核程序对教师进行的考察和评价。它具有导向功能，通过考核，能促使教师不断端正教育思想，调动教师的积极性和创造性，促进教师队伍建设管理的规范化。

教师考核的机构：《教师法》第二十二规定教师的考核机构有"学校或其他教育机构"，"教育行政部门对教师的考核工作进行指导、监督。"

教师考核的内容：《教师法》第二十二条规定考核的内容是"政治思想、业务水平、工作态度、工作成绩"四个方面。

教师考核的原则：《教师法》第二十三条规定："考核应当客观、公正、准确"，即考核要遵循客观性原则、公正性原则、准确性原则，应当坚持全面考核，以工作成绩为主。程序上要求："充分听取教师本人、其他教师以及学生的意见。"

教师考核的结果：《教师法》第二十四条规定："教师考核结果是受聘任教、晋升工资、实施奖惩的依据。"通过对教师的考核，给予公正、客观的评价，其结果有：一是教师受聘任的重要依据。学校在教师聘任合同期满或职务晋升时，决定是否续聘或晋升职务，要以平时考核、年度考核或专门考核结果为依据。对于被评定为称职或基本称职的，可以续聘；对于被评定为不称职的，可以按规定解聘或不再续聘；对于符合相应条件的，可以晋升教师职务。二是教师晋升工资的重要依据。建立教师晋级增薪制度后，不仅教师的晋级应以考核结果为依据，而且教师的定期增薪也应以考核结果为依据。凡考核结果为优秀或称职的，可以晋升工资。三是教师奖励的重要依据。经考核优秀的，应当予以奖励；经考核不称职的或表现不良的，可根据情况做出相应的处理。对教师进行处分时，除了要看其违规情况外，还应参考其以往的考核结果，以作出公正处理。

（二）教师奖励制度

教师的奖励是按照教师的工作成绩，对教育事业的贡献大小而给予的一定精神奖励和物质奖励。这是加强教师队伍建设的一个重要方面，具有很强的现实意义，有利于鼓励教师积极上进，终身从教，提高教师队伍素质，并且有利于尊师重教良好社会风尚的形成。

教师奖励的内容：《教师法》第三十三条规定："教师在教育教学、培养人才、科学研究、教学改革、学校建设、社会服务、勤工俭学等方面成绩优异的，由所在学校予以表彰、奖励。国务院和地方各级人民政府及其有关部门对有突出贡献的教师，应当予以表彰、奖励。对有重大贡献的教师，依照国家有关规定授予荣誉称号。"

教师奖励的基本原则：

奖励的层次性：规定学校、国务院和地方人民政府及其有关部门、国家三个层次的奖励，并就不同层次的受奖对象作"成绩优异""突出贡献""重大贡献"的规定。

奖励的多样性：主要体现在奖励的项目上，对教师在各方面取得的成绩都可以进行奖励，如教育教学、培养人才、科学研究、教学改革或学校建设等方面均可以进行奖励。奖励应体现物质与精神奖励相结合的原则。

六、教师薪酬制度

教师薪酬制度是指教师的工资、津贴、住房、医疗、退休等方面的总和。《教师法》第六章专门对教师待遇作了具体规定。

（一）工资

《教师法》第二十五条规定："教师的平均工资水平应当不低于或者高于国家公务员的平均工资水平，并逐步提高，建立正常的晋级增薪制度。具体办法由国务院规定。"这一规定体现了教师工资应提高的目标。国家以具有较高水平的最稳定的国家公务员工资为参照依据，可见国家对改善教师工资待遇的决心和行动，建立正常的晋级增薪制度，可以改变长期以来教师晋级增薪不正常、不定期的状况，为提高教师待遇提供法律保障。此外，国家还规定，教师应享受教龄津贴、班主任津贴、特殊教育津贴等。

（二）住房

《教师法》第二十八条规定："地方各级人民政府和国务院有关部门，对城市教师住房的建设、租赁、出售实行优先、优惠。县、乡两级人民政府应当为农村中小学教师解决住房提供方便。"长期以来，由于教师属于低薪职业，教师的住房条件较差，又需要安静的工作环境，《教师法》《教育法》将解决教师住房问题的政策上升为法律，体现了国家解决教师住房困难的决心，也为各级政府和主管部门提供了执行教师住房优惠方面的法律依据。

（三）医疗保健

《教师法》第二十九条规定："教师的医疗同当地国家公务员享受同等的待遇；定期对教师进行身体健康检查，并因地制宜安排教师进行休养。""医疗机构应当对当地教师的医疗提供方便。"医疗保健是教师生命健康的重要保证。法律将教师的医疗保健规定为同当地国家公务员享受同等的待遇，从而使教师的医疗保健得到法律的保障。

（四）养老保险

《教师法》第三十条规定："教师退休或退职后，享受国家规定的退休或者退职待遇。""县级以上地方人民政府可以适当提高长期从事教育教学工作的中小学退休教师的退休金比例。"教师在其退休离职后，国家将给予其良好的安置，这是社会对教师的尊敬和回报，并对稳定教师队伍、解决教师退休后的生活待遇问题提供了法律保障。

第五节　违反《教师法》的法律责任

违反《教师法》主要包括两种情形，一种是除教师外的他方违反该法的法律责任；另一种是教师自身违反该法的法律责任。

一、他方违反《教师法》的法律责任

（一）侮辱、殴打、报复教师的法律责任

《教师法》第三十五条规定："侮辱、殴打教师的，根据不同情况，分别给予行政处分或者行政处罚；造成损害的，责令赔偿损失；情节严重，构成犯罪的，依法追究刑事责任。"教师的职业特点决定了教师应当维护学校的规章制度和学生的合法权益。在实践中，当教师在执行教师任务，开展教学工作时，有时会因抵制社会不良现象或他人干扰而遭受人身侵害，因此，当教师的权益

被侵犯时，应勇于拿起法律武器保护自己。《教师法》第三十六条规定："对依法提出申诉、控诉、检举的教师进行打击报复的，由其所在单位或者上级机关责令改正；情节严重的，可以根据具体情况给予行政处分。国家工作人员对老师打击报复构成犯罪的，依照《刑法》第一百四十六条的规定追究刑事责任。"具体的法律救济手段，以下面这则案例进行说明。

【案例】

　　段老师，41岁，系某小学四年级一班的班主任。2003年10月的一天，段老师班上的学生侯某放学后在校园里和其他同学一起玩耍打闹，并相互投掷石块。结果，侯某不小心打坏了学校大礼堂的一块玻璃。第二天早晨，段老师批评了侯某，让他在全班同学面前做了检查，并决定按照学校有关规定由侯某赔偿被打坏的玻璃。当天下午，刚下完第二节课，侯某的父亲就冲入教室，不问青红皂白，对段老师挥拳便打。由于毫无防备，段老师被打倒在地上，鼻子、嘴角鲜血直流。侯某的父亲还扬言，如再欺负他儿子，还要教训老师。等其他老师闻讯赶来，侯某的父亲已扬长而去，大家急忙将段老师送往附近医院，经诊断，段老师眼底出血，鼻骨骨折，身上多处软组织受损，经鉴定为轻伤。

　　讨论：结合案情，思考如何处理段老师受到侮辱、殴打的行为？

　　分析：在这则案例中，人身权受到侵犯的段老师应当向当地公安机关报案，由公安机关对侯某的父亲给予行政处罚，并赔偿段老师的损失。如果公安机关认为其情节严重，已构成犯罪，依法追究其刑事责任。段老师也可依据《刑事诉讼法》第一百七十一条有关诉讼案件的规定，直接向当地人民法院提起刑事附带民事诉讼，要求追究侯某父亲的刑事责任并赔偿自己的损失。

　　《教师法》将侮辱、殴打教师的行为分几种情况予以制裁，情节较轻微的，给予行政处分或行政处罚；造成损害的由公安机关或法院责令违法者赔偿损失；情节严重的，根据刑法的有关规定，追究刑事责任，从而确保教师的人身权利。

（二）拖欠教师工资、克扣教育经费的法律责任

　　《教师法》第三十八条规定："地方人民政府对违反本法规定，拖欠教师工资或者侵犯教师其他合法权益的，应当责令其限期改正。""违反国家财政制度、财务制度，挪用国家财政用于教育的经费，严重妨碍教育教学工作，拖欠教师工资，损害教师合法权益的，由上级机关责令限期归还被挪用的经费，并对直接责任人员给予行政处分；情节严重，构成犯罪的，依法追究刑事责任。"教育经费和教师工资是教育工作正常进行的重要保障，挪用、克扣教育经费，

拖欠教师工资和损害教师合法权益的行为，都必须承担相应的法律责任。

【案例】

江老师，32岁，某乡小学的公办教师。该乡属贫困乡，当地经济落后，自然条件恶劣，农民收入很低，江老师是为数不多的教师之一，但是，江老师却一直未领到规定的津贴费。江老师多次向县教委反映，教委的一位领导告诉江老师：津贴不属于工资，应由单位自己解决。

讨论：江老师该怎么办？教师有没有权利获取津贴？

分析：根据《教师法》第三十八条的规定，上诉案例中的乡政府显然违背了法律的规定，克扣了教师的正常薪水，江老师有权向当地人民政府提出申诉。《教师法》第三十九条明确规定："教师对学校或者其他教育机构侵犯其合法权益的，或者对学校或者其他教育机构做出的处理不服的，可以向教育行政部门提出申诉，教育行政部门应当在接到申诉的30日内，做出处理。"

我国从1993年起实施的新工资制度时已对津贴问题作了明确规定：1993年工资套改时，各地应当按照国家和地方政策规定发放的福利、补贴及自行建立的津贴共计64元，纳入新的工资标准，剩余部分暂予保留。待建立地区附加津贴时一并纳入，建立地区附加津贴之前，按保留数额发给。按照国务院工改（1993）85号文件的规定，学校教师工资中，按当地工改政策确定的未纳入新工资的津贴部分应由地方财政支付。为保证教师的工资足额发放，1997年8月15日，国务院办公厅又专门下发了国办发（1997）27号文件，该文件明确规定：农村实施义务教育，各级学校公办教师的工资．一律由县级财政负责支付，经济发达的农村，也可以由乡级财政负责支付。

农村地区，拖欠教师工资的问题有一定的普遍性。如今，一些地方将应由政府支付的教师工资中的津贴、补贴，改为自筹资金解决，这是不符合国家有关文件规定的。江老师有权向县人民政府申诉，要求按时、足额支付规定的津贴。

二、教师违反《教师法》的法律责任

《教师法》第三十七条规定："教师凡有下列情形之一的，由所在学校、其他教育机构或者教育行政部门给予行政处分或者解聘：（一）故意不完成教育教学任务给教育教学工作造成损失的； （二）体罚学生，经教育不改的；（三）品行不良，侮辱学生，影响恶劣的。教师有前款第（二）项、第（三）项所列情形之一，情节严重，构成犯罪的，依法追究刑事责任。"《未成年人保护法》第十五条规定："学校、幼儿园的教职员应当尊重未成年人的人格尊严，不得对未成年学生和儿童实施体罚、变相体罚或者其他侮辱人格尊严的行为。"《义务教育法》第十六条第二款规定："禁止侮辱、殴打教师，禁止体罚学生。"《民法通则》第一百零一条规定："公民享有生命健康权。"根据此条法律规定和相关法律规定，学生享有不被体罚及变相体罚的权利。

（一）教师故意不完成教育教学任务的责任

《教师法》第三十七条规定的"故意不完成教育教学任务"的情形有两层含义：一是教师存在着主观故意。即教师没完成教育教学任务是由于其主观故意造成的，这排除了教师由于失误或其他不可抗力原因所造成的未完成教育教学任务的情形。二是教师的主观故意造成了完不成教育教学任务的事实，通常这种事实给正常的教育教学秩序带来了危害，造成了不良后果，破坏了正常教育教学秩序。因此，对于故意不完成教育教学任务的教师，学校可以给予行政处分甚至解聘。

（二）教师体罚、侮辱学生人格的责任

体罚是指通过对人身体的责罚，特别是造成疼痛，来进行惩罚或教育的行为。教师体罚是指教师对学生的身体进行惩罚，企图达到教育目的的手段。我国《教师法》并没有对教师体罚学生的边界作出界定，但一般以是否引起了严重的损害后果，将体罚与正常的批评管理学生区分开来。对于侮辱学生人格的行为，通常以取侮辱性绰号、讽刺学生、谩骂学生等方式进行。在实践中，教师行为是否确实构成了体罚与侮辱人格，需要结合民法的相关规定来进行评定。

我国《民法通则》规定的民事侵权行为主要有三类：一是教师对体罚或侮辱行为的危险性有预见，却仍然实施该行为，属于典型的故意行为；二是教师对自身行为的危险性应当能够预见，却因为种种原因没有预见到可能发生的危害后果，属于过失行为；三是教师有责任采取某些行为来保证学生免受不必要的风险，却没有采取该行为，属于疏忽大意的过失或玩忽职守的行为。

教师侵权行为承担的法律责任形式，遵从民法的相关规定，这类侵权行为引发的民事责任包括赔偿损失、停止侵害、消除影响、赔礼道歉和恢复名誉等。对于体罚学生未造成严重后果的教师，经教育后仍不改正的教师，以及品行不良、侮辱学生的教师，要给予行政处分或解聘。情节严重的，应当予以开除并追究其刑事责任。

（三）教师违反《教师法》的其他情形

1. 性侵害

性侵害是指教师以威逼利诱等方式对学生进行性侵害的行为。《刑法》第二百三十六条规定：以暴力、胁迫或者其他手段强奸妇女的，处三年以上十年以下有期徒刑。奸淫不满十四周岁的幼女的，以强奸论，从重处罚。强奸妇女、奸淫幼女有下列情形之一的，处十年以上有期徒刑、无期徒刑或者死刑：(1) 强奸妇女、奸淫幼女情节恶劣的； (2) 强奸妇女、奸淫幼女多人的；(3) 在公共场所当众强奸妇女的；(4) 二人以上轮奸的；(5) 致使被害人重伤、死亡或者造成其他严重后果的。《刑法》第二百三十七条规定：以暴力、胁迫或者其他方法强制猥亵妇女或者侮辱妇女的，处五年以下有期徒刑或者拘役。聚众或者在公共场所当众犯前款罪的，处五年以上有期徒刑。猥亵儿童的，依照前两款的规定从重处罚。

近年来，媒体频频报道一些教师性侵未成年学生的案件，这类案件的性质非常恶劣，对教师队伍的纯洁性造成了极大破坏。加重对教师职业性犯罪的惩罚力度，有效保护学生尤其是未成年学生的人身安全，成为维护当前校园安全的重大课题。

2. 泄露考题

部分教师由于其职务的特殊性，能够接触到一些重要考试的试题。面对一些不法分子的物质或权力诱惑，某些教师没能坚守自己的责任，成为泄露试题的主犯或帮凶，从而使自己走上了犯罪的道路。我国《刑法》第三百五十九条规定："国家机关工作人员违反保守国家秘密法的规定，故意或者过失泄露国家秘密，情节严重的，处三年以下有期徒刑或拘役；情节特别严重的，处三年以上七年以下有期徒刑。非国家机关工作人员犯前款罪的，依照前款的规定酌情处罚。"《保守国家秘密法》对该条进行了补充，"违反本法规定，不够刑事处罚的，可以酌情给予行政处分。"

面对一切违法犯罪行为，法律制裁仅仅是一种遏制手段。法律的真正目的不仅在于惩罚一些违法犯罪行为，更在于从根本上预防这类行为的发生。提升法律的公信力，提高教师队伍的素质，加强法制宣传，对预防违法犯罪行为具有积极的推动作用。

【复习思考题】

1. 界定下列概念：教师、教师资格制度、教师聘任制度。

2. 评述我国教师的法律地位及未来发展。

3. 结合实践讨论我国教师的权利与义务。

4. 通过国际比较，评述我国教师制度。

【案例分析题】

张老师被某市一所民办学校聘为德育主任，月工资 1300 元。但到次年 11 月，学校通知张老师其德育主任职务由他人接管了。此后，学校就没有给张老师安排工作（但并未解聘），也一直没有给张老师支付工资。就工作及工资之事，张老师与校领导有过多次交涉，但校方一直没有答复。张老师找到了教育行政主管部门，负责人说，由于某中学是民办学校，民办中学有独立的工资和人事处理权，教育主管部门管不了。几个月后张老师向法院提起诉讼，要求学校给付拖欠的工资 7800 元，并支付 25% 的赔偿金。法院认为，根据《教师法》第三十九条规定，张老师与学校之间因拖欠工资发生的争议不属于民事诉讼的受理范围，应提出申诉由教育行政部门解决。因此法院裁定驳回了张老师的起诉。

问题：本案中张老师的诉讼请求能得到法院支持吗？法律依据是什么？

第六章 学　生

【学习目的和要求】

1. 明确学生的法律含义

2. 理解学生的权利和义务

3. 了解未成年人保护的内容

【具体教学内容】

1. 学生的法律含义

2. 学生的权利和义务

3. 未成年人的法律保护

第一节　学生的法律含义

一、学生的法律地位

学生的法律地位是指学生以其权利能力和行为能力在具体法律关系中取得的一种主体资格，学生的法律地位要在具体的社会关系中来加以界定。学生所处的社会关系概括起来可以分为一般社会关系和教育法律关系两种，在这两种社会关系中，学生的法律地位是不同的，所取得的主体资格也是相异的。即分别为在一般社会关系中的公民地位和教育法律关系中的主体地位。

学生在一般社会关系中的地位，主要是指学生的国家公民身份。所谓公民，是指具有一国国籍的自然人。在我国，凡是具有中国国籍的公民，都是宪法规定的基本权利主体，凡是中国公民，都平等享有权利，不受民族、职业、家庭出身、宗教信仰、教育程度、财产状况诸因素的限制。"公民的宪法权利亦称公民的基本权利，它是由宪法所确认的首要的、根本的、具有决定性意义的权利。"[①]

作为国家的公民，学生享有法律赋予公民的权利，如受教育权、选举权与被选举权、言论、出版、集会、结社等自由权等。如《宪法》第四十六条规定：中华人民共和国公民有受教育的权利和义务，国家培养青年、少年、儿童在品德、智力、体质等方面全面发展。《宪法》第三十四条规定：中华人民共和国年满十八周岁的公民，不分民族、种族、性别、职业、家庭出身、宗教信仰、教育程度、财产状况、居住期限，都有选举权和被选举权；但是依照法律被剥夺政治权利的人除外。《宪法》第三十五条规定：中华人民共和国公民有言论、出版、集会、结社、游行、示威的自由。

学生在教育法律关系中的地位，包括学生的一般学生身份和特定学生身份。一般学生身份指教育法赋予教育法律关系主体的各项权利，如受教育权。《教育法》第九条规定："中华人民共和国公民有受教育的权利和义务。"《义务教育法》第四条规定："国家、社会、学校和家庭依法保障适龄儿童、少年接受义务教育的权利。"这些规定，反映了学生作为公民和作为教育法律关系主体的地位和权利。特定学生身份指不同年龄阶段的学生享有不同的法律地位，

---

① 杨海坤. 宪法基本权利新论［M］. 北京：北京大学出版社，2004.

如小学、中学、大学学生的法律地位又不尽相同，如1989年联合国第44届大会通过的《儿童权利公约》规定："儿童是指18岁以下的任何人，并规定儿童出生后就具有姓名权、国籍权、生存权、受教育权、不受剥削和虐待等各项权利，不受种族、肤色、性别、语言、宗教信仰、政治主张等影响。"我国政府于1990年正式签署了这份公约，成为签约国。同时，我国出台了《未成年人保护法》和《预防未成年人犯罪法》第一系列法律法规，旨在保护未成年人的合法权益。

学生在享有宪法中规定的公民的权利义务的同时，还享有教育法律及其他相关法律所规定的权利和义务，具体说来，未成年学生与成年学生的法律地位有所不同。对于未成年学生而言，他们是无民事行为能力人和限制民事行为能力人范畴，有些民事行为需要其监护人代理或辅助。对于已成年的学生而言，他们是完全民事行为能力人，能独立承担民事责任。

【案例】

小学生周某很有绘画天赋，3岁开始从师学画，6岁时就在全国儿童绘画大赛上获得了一等奖。他所在学校的美术出版社得知这一情况后，希望周某能够给他们提供几幅作品，出版社将择优录用，同时周某可以获得相应的报酬。于是，周某经父亲同意后，给该出版社拿去了4幅作品，但没有得到出版社的任何答复。半年后，周某在该校美术出版社出版的《儿童绘画作品选》上看到了自己的4幅作品，而且上面也没有注明自己的名字。于是周某的父亲向法院提起诉讼。

讨论：案例中周某有没有著作权？为什么周某的父亲而非周某向法院起诉？

分析：从学生的法律地位看，学生在一般社会关系中的地位，其身份是国家公民。在我国，凡是公民，都具有宪法规定的基本权利。同时，根据《未成年人保护法》第四十六条规定："国家依法保护未成年人的智力成果和荣誉权不受侵犯。"周某享有著作权。

但是，由于周某年仅六岁，属于民法上规定的"无民事行为能力人"范畴，因此涉及其权益的行为，可以由其监护人代为行使。本案中周某的父亲为周某的合法监护人。

二、学生法律地位的分析

西方教育法学理论认为，学生与其他公民一样，是从属于国家的，国家赋予其应有的法律权利和自由。同时学生又是社会细胞——家庭中的一个成员，是从属于父母及其监护人的管教权的。父母及其监护人只要依据宪法和法律关于公民健康、安全、发展和一般福利的规定对其子女进行管教，国家就不能干涉父母及其监护人对于子女的这一自然权利。但是在现代社会，由于教育的社会化，父母及其监护人对子女的管理和教育职能，在很大程度上被国家与社会所取代，由国家授权的学校来代行父母及其监护人的管教权。①

学生的法律地位主要包括学生与学校、学生与教师之间的法律关系。

（一）学生与学校的法律关系

学生与学校的法律关系有特别权力关系理论、契约关系理论等多种说法。

特别权力关系理论是大陆法系国家，尤其是德国和日本等国用来说明学校与学生关系的主导理论。特别权力关系，又称特别法律关系，是 19 世纪宪政国家法和行政法提出的用于国家与其公民之间的紧密关系的一种理论，主要适用于教育关系、监狱管理关系、其他设施关系以及公务员关系和兵役关系。与一般权力关系相比，特别权力关系是指基于特别的法律原因，为达成公法上的特定目的，在必要的范围内，对一定的人有概括的支配性权力。在特别权力关系中，公民处于内部行政的管辖领域，其中的各种纠纷属于行政内部事务，无需任何外来法律干涉。作为特别权力关系主体的行政机关，也可以行使总括性的支配权，对处在特别权力关系中的相对人发布命令，采取强制措施，以加强其管理事务的有效性。

学生与学校之间的契约关系，基于学校与学生间契约的签订与履行来说明学生的就读关系。在这种理论下，学生与学校之间存在明示或默示的教育合同，被视为是一种与一般民事契约相类似的教育契约。学生在学校接受教育的过程，被视作是一种教育契约的履行过程，教育活动也就是教育契约的签订、履行、发生纠纷以及解决纠纷的全过程。

我国的学生与学校之间的法律关系，主要包括以下两个方面。

一方面，学校与学生之间存在着教育与被教育、管理与被管理的关系。学校作为享有教育权力、承担教育任务的重要主体，实现着国家向公众提供教育的目的，因此，学校必须贯彻国家的教育方针、执行国家教育教学标准、保证教学质量，以维护受教育者的合法权益。如我国《教育法》规定，学校有对学生实施教育教学活动的权利；有对学生进行学籍管理、实施奖励或处分的权

①　余雅风. 新编教育法 [M]. 上海：华东师范大学出版社，2008：163.

利；有对受教育者颁发相应的学业证书的权利。

另一方面，学校与学生之间也存在着平等的权利主体关系。如学生有权要求学校在学业成绩和品德上给予公正评价，并在完成规定的学业后获得相应的学业证书、学位证书；学生有权对学校给予的处分不服而向有关部门申诉，并有权对学校侵犯其合法权益的行为提起诉讼。

【案例】

原告沈某系 2007 年初中毕业生，其于 2007 年 8 月收到被告云南省某技工学校的录取通知书，于 2007 年 8 月 18 日到学校报到，并交纳了被告规定的全部费用。2007 年 8 月 30 日，学校新生军训结束后，被告组织新生到医院进行体检，原告被查出乙肝表面抗原阳性。8 月 30 日中午，被告电话通知沈某的父亲到学校，告知沈某患有乙肝，依据学校规定需要退学。沈父于次日带沈某到医院复查，经做乙型肝炎两对半抗原测定，沈某是乙型肝炎病毒携带者。沈父于是带着复查结果与被告交涉，被告坚持原告系乙肝患者，应予退学，并于 2007 年 9 月 3 日退清了原告所交的全部费用。2007 年 12 月 11 日，原告沈某以要求确认被告云南省某技工学校辞退原告的行为违法为由，向曲靖市麒麟区人民法院提起行政诉讼，法院以被告提交的法人证书确认其性质属事业法人，不属国家行政机关，且《职业教育法》对此类案件的法律责任也无明确规定可以提起行政诉讼，不属行政案件的审理范围为由，裁定驳回原告的起诉。法院驳回原告的行政起诉后，2008 年 5 月 27 日，原告向法院提起民事诉讼，以被告违反教育服务合同为由，要求法院判令被告继续履行教育服务合同，让原告沈某继续接受职业教育。针对原告的诉讼主张，被告辩称，我校与沈某间系教育、管理与保护的关系，而非教育培训合同关系。原、被告的权利、义务是由《教育法》《职业教育法》及相关法律和行政法规所规定，而非原告与被告之间所约定。原、被告间属教育行政的内部管理关系而非合同关系及委托监护关系。我校作为国家投资开办的事业单位法人与学生之间不具有合同关系性质，多数是教育行政关系性质。原、被告间的关系不属于民事法律调整的范围。由于法律规定"空白"，导致本案定性困惑。我校辞退原告的行为是《教育法》等行政法律、法规赋予的权利，是正当、合法行为。请求法院依法驳回原告的诉讼请求。

讨论：本案的法律关系及各方诉求的合法性。

分析：第一，学校与学生是否形成教育服务合同关系。我国《教育法》第二十八、第二十九条规定了我国学校享有的权利和应当履行的义务，第三十一条规定了学校作为法人依法享有民事权利及应承担民事义务。教育服务合同是指学生交纳学杂费，到学校接受教育，学校收取学杂费用，按法律规定及合同约定对学生实施教育行为的服务合同。本案中，学校面向社会发出招生简介，组织招生，学生报名被学校录取到校报到且按学校规定交纳了相关费用后，学校对该学生即产生了按学校既定方案进行教育管理的权利和义务，而学生即产生了接受并服从学校教育管理的权利和义务，双方间即产生以教育管理为依托的教育服务合同。

第二，学校辞退学生的行为属民事行为而非行政行为。行政行为是享有行政权能的组织（行政主体）运用行政权力针对行政相对人作出的，具有法律效果且表示于外部的法律行为。行政行为的主体要件是行政权能的存在，权利要件是行政权力的运用，内容要件是法律效果的存在，形式要件是表示行为的存在。本案中，从表面看，学校辞退学生的行为具有单方性、强制性等特点，但从其实质性看，其系因学生的身体条件被学校认为未达到其要求标准，而对身体条件要求并不是学校的行政权能范围，其应被视为教育服务合同中学校对接受其教育管理的学生应具备的一个条件，其应属于在进行招生时合同应约定的范围。所以该行为并不是基于学校行政权力而产生的，而是基于学校与学生间的教育服务合同中的约定条件及权利义务而产生的，其不符合行政行为的构成要件，该行为不是行政行为。而系基于合同关系而产生的权利义务关系，属民事行为。

第三，学生受教育权属宪法权利，能否通过民事诉讼来实现。我国《宪法》是国家根本大法，公民的很多基本权利均系由该法律规定确定，但我国没有设立宪法法院，公民很多权利的实现系依宪法制定的相关法律法规而得到保护和实现的，只是有程序上的差别而已，并不是宪法权利就不能通过民事诉讼的途径得到解决。

第四，关于该类案件的执行问题。教育服务合同的特点使判决学校继续履行该合同与现实习惯不相符，几乎是不可执行的。教育服务合同具有时效性、阶段性、合同双方当事人紧密配合性等特点，判决继续履行该类合同与中国现实理念及现行体制有一定矛盾，希望能够探索出一条有效路径，使该类案件违约一方能够对受损一方进行现实的补偿。

（二）学生与教师的法律关系

1. 教育关系

在教育教学活动中，教师与学生作为教育法律关系的主体，双方地位不同，权利、义务也不同。在教育教学活动中，教师与学生首先是教育与被教育的关系。《教育法》第五条规定：教育必须为社会主义现代化建设服务、为人民服务，必须与生产劳动相结合，培养德、智、体、美等方面全面发展的社会主义事业的建设者和接班人。第六条规定：国家在受教育者中进行爱国主义、集体主义、社会主义教育，进行理想、道德、纪律、法制、国防和民族团结的教育。教师作为履行教育教学职责的专业人员，按照国家的教育方针对学生进行教育是教师的法定职责。《教师法》第三条规定：教师是履行教育教学职责的专业人员，承担教书育人，培养社会主义事业建设者和接班人、提高民族素质的使命。该法第八条规定教师须"完成教育教学工作任务。""对学生进行宪法所确定的基本原则的教育和爱国主义、民族团结的教育，法制教育以及思想品德、文化、科学技术教育，组织、带领学生开展有益的社会活动。"因此，教师与学生间的教育与被教育的关系是师生法律关系的一种重要体现。

2. 管理关系

教师实行教育学生、培养学生的法定义务是通过教育教学活动进行的，在教育教学活动中，教师对学生的管理是教育学生的重要方式，也是达到教育教学目的和国家教育质量标准的重要保障。我国《教育法》明确规定"对受教育者进行学籍管理，实施奖励和处分"。《教师法》规定："指导学生的学习和发展，评定学生的品德和学业成绩。"《预防未成年人犯罪法》则规定了学校、教师在预防未成年人犯罪和纠正未成年人不良行为方面的责任。因此，教师对学生的管理是教育教学活动的重要构成。

3. 保护关系

《教育法》第四十五条规定：教育、体育、卫生行政部门和学校及其他教育机构应当完善体育、卫生保健设施，保护学生的身心健康。《未成年人保护法》第三十五条规定：学校不得使未成年学生在危及人身安全、健康的校舍和其他设施、场所中活动。其他法律法规中也对教师保护学生身心健康的责任进行了相关规定。教师对学生的保护，不仅体现师德，更是教师应承担的法律义务。

4. 平等关系

这里的平等，主要是指导师生在法律权益和人格上的平等。我国相关法律法规对这种平等关系予以郑重对待，如《教师法》第八条规定："关心、爱护全体学生，尊重学生人格，促进学生在品德、智力、体质等方面全面发展。"《未成年人保护法》第二十九条规定："学校应当关心、爱护未成年学生，不得因家庭、身体、心理、学习能力等情况歧视学生。对家庭困难、身心有障碍的学生，应当提供关爱；对行为异常、学习有困难的学生，应当耐心帮助。"第二十八条规定："学校应当保障未成年学生受教育的权利，不得违反国家规定开除、变相开除未成年学生。"第二十七条规定："学校、幼儿园的教职员工应当尊重未成年人人格尊严，不得对未成年人实施体罚、变相体罚或者其他侮辱人格尊严的行为。"这些条款明确规定了教师与学生的关系是平等的。

【案例】

原告熊某系封闭式住宿私立学校初二学生，于2006年2月28日来到学校报到注册，当天中午熊某与该校初三学生在洗水池发生口角，当天下午熊某等人前往学生寝室寻找该学生，后在该校一寝室内与该校初三学生翁某发生争执，其后双方便相互拉扯，经同学劝阻纠纷止息后，原告熊某返回自己寝室拿衣叉再次与翁某发生斗殴。殴斗中翁某从一木箱中拿出西瓜刀砍伤原告。该校发现原告受伤后，即拨打急救电话并将原告送往当地医院治疗，同时通知原告家长。

经救治，原告共花去医疗费八千多元，并经司法鉴定中心鉴定为七级伤残。而原告熊某、被告翁某和学校三方就医药费等伤害赔偿费用协商未果，故原告诉至法院，要求责令第一被告翁某和第二被告该私立学校赔偿损失。

讨论：根据本案分析民办学校中侵权责任的划分。

分析：首先，学校对在校未成年学生承担的责任是基于学校作为教育、管理机构的特点而产生的。学校的主要功能在于教书育人，传授科学文化知识，培养学生的道德情操等。但是，由于未成年学生的智识、身体有所限制，而其在学校的活动又在一定程度上脱离监护人的控制、监督，因而法律赋以学校必要的义务，对行为能力受到身心限制的在校学生负保护人身安全的责任。私立学校采取的寄宿方式，与其他实行走读制的学校相比，只是在教育、管理职责上有所扩展，同时私立学校没有与家长形成明确委托监护约定，并不能推定学校已接受监护人的委托，更不存在所谓事实约定。综上所述，学校与学生并不是监护关系。学校虽然不是学生在校学习期间的监护人，但学校作为教育管理者，应当履行教育和管理职责，对在校学生的生命健康负有管理保护的责任。根据最高人民法院《关于贯彻执行〈中华人民共和国民法通则〉若干问题的意见》第一百六十条的规定："在幼儿园、学校生活学习的无民事行为能力人或者在精神病院治疗的精神病人，受到伤害或者给他人造成损害，单位有过错的，可以责令这些单位适当给予赔偿。"《最高人民法院关于审理人身损害赔偿案件适用法律若干问题的解释》第七条规定："对未成年人依法负有教育、管理、保护义务的学校、幼儿园或者其他教育机构，未尽职责范围内的相关义务致使未成年人遭受人身损害，或者未成年人致他人人身损害的，应当承担与其过错相应的赔偿责任。"二者都强调的是一种"过错"责任。由于本案致害者和受害者均是未成年的限制民事行为能力的在校学生，他们在校学习期间，学校对他们有保护、教育和负责其安全的义务，对限制民事行为能力人在校期间造成的损害负有因未尽到教育和管理职责的责任。学校承担责任适用过错责任原则，由于事故发生在开学时间，其行为已经先予违法，而学校管理人员没有履行教育和管理的职责，表明学校具有明显的、重大的过错。因此，学校对熊某伤残结果应当承担民事赔偿责任。

其次，未成年子女的行为造成国家、集体或他人损害时，作为监护人的父母应当承担民事赔偿责任。这种民事责任，对于监护人来说，实际上是一种无过错责任。因为，即使监护人尽到了监护责任，也不能绝对避免无民事行为能力人某些侵害行为的发生，一旦发生了侵权行为，监护人都要承担民事赔偿责任。如果监护人确实尽到了监护责任，也只能视情形适当减轻他们的责任。本案致害人学生翁某现在中学读书，属无民事行为能力人，其行为造成他人损害，理应由其作为监护人的父母承担民事赔偿责任。

最后，根据《民法通则》第一百一十三条规定：受害人对于损害的发生也有过错的，可以减轻侵害人的民事责任。在本案中，原告对该事故没有采取正当合理的办法解决纠纷，而是持放任态度，并再次返回事故地与第一被告发生斗殴，故自身应承担相应的责任。

第二节　学生的权利和义务

一、学生权利和义务的界定

作为法定的学生的权利和义务，其理解要以对一般权利和义务概念的理解为基础，现代法学对权利的理解是逐步发展的。以往对权利的解释仅限于其指向的利益，现代法学则普遍不再把权利简单地直接看成是某种特定的利益，而是从其不同要素或层面出发来理解权利，认为权利是其主体自由决定是否采取行动获取某种利益的资格。权利作为一种抽象的资格，只有指向具体的对象才具有实际意义。

　　与对权利的理解相应，对义务的理解也应当首先将其看作一种资格。义务是为满足权利主体的利益实现，相应主体具有被要求作为或不作为某种行为的资格。与权利作为资格不同的是，具有义务资格的主体一旦被要求承担某种义务，就必须履行义务，非法律允许范围不得拒绝，否则便是违法。

　　基于对权利和义务的上述理解，学生的权利主要是指公民在特定学校或其他教育机构按规定条件注册取得学生身份后，基于其学生身份依法在特定学校或其他教育机构可以做出享有相关利益的行为资格。学生在学校的利益主要体现在对教育资源的享有上，因而，具有这一行为资格的学生，可以对教育资源（即相关利益）进行享有。与之相应，学生的义务是指公民依其学生身份，为维护教育资源享有的秩序并完成学习任务应当依法在特定学校或其他教育机构做出一定行为，承担相应责任的资格。具有这一行为资格的学生，必须按照有关要求，完成相应学业，实现发展任务。

　　上述关于学生的权利和义务的分析是基于学生这一特定身份而进行的，而学生作为普通公民所享有的权利和承担的义务由宪法和其他相关法律规定。

二、学生权利和义务的分类

　　学生的权利和义务以公民的受教育权为基础，是公民受教育权的现实化，但学生的权利和义务在此是指受教育过程的权利和义务，而非泛指公民的受教育权利和义务。同时，学生以学习为主要任务，学生的权利和义务主要是从学生身份来探讨的，但学生并不是抽象的个体，而是公民的特殊身份的体现。学生的权利和义务的实现，特别是涉及学生在学校的生存质量方面时，仍与其作为公民的权利和义务有着密切的联系。因而，根据其与受教育权和学习活动的关系，可以分为直接相关权利义务和间接相关权利义务两大类。

　　与受教育权和学习活动直接相关的权利义务基于满足受教育权的实现和学习活动本身构成要素的需要而产生。公民进入学校后，其抽象的受教育权转化为现实学生的权利和义务，并在学习活动过程中逐渐得以实现。

　　学校的学习活动一般由学习目标、学习资源、学习者及其学习行为和传授或指导者及其教的行为等要素构成。学习目标是通过学习，预定使学习者在身体和心智方面所要达到的变化效果。

　　学生的学习有自学和在教师传授下学习两种形式。即使是自学，也需要教师给予一定的指导。因而，学习者和传授或指导者（即教师）都是学习活动开展的主体。在学习活动主体运用一定的教育资源，通过学和教（或指导）的行为相互配合，朝着一定学习目标运动的过程中，相互之间便产生了一定的权利和义务关系。

在这种权利义务关系中，所形成的学生的权利和义务就是直接权利和义务。由于直接权利和义务是最能体现学生身份特征的部分，因而，前述对学生权利和义务的概念解释，主要是针对这种直接权利和义务做出的。

与学习活动间接相关的权利义务基于满足虽不是学习活动的直接构成要素，但又会对学习活动产生影响（这种影响有时甚至是非常关键的）的相关因素的需要而产生。这类权利和义务实际上是学生依其公民身份具有的权利和义务在与其学生的权利和义务不冲突的情况下可以享有的权利和不能免除的义务。在现实中，学生的特别身份使相关主体容易忽视其作为公民的权利和义务，因而产生种种侵犯学生权利的现象。

对学习活动能够产生影响又能引起权利义务关系问题的相关因素主要是学习者在学习活动中所受到的身心对待及其应答行为和学生之间相处的行为。由于学生在学校的学习主要是在教师的传授或指导之下进行的，教师在传授或指导学生学习的过程中，也必然会以一定的态度或行为方式来对待学生，使学生的身心受到影响，并作用于学习活动，产生不同的学习应答行为。在实践中，我们经常可以接触到这样学生，由于喜欢或不喜欢某个教师，而对该教师所授学科产生喜欢或厌恶的态度，从而影响学习的效率或效果。

上述直接权利义务与间接权利义务是在同一学习实践活动过程中实现的。两类权利义务有机地结合在一起，并相互作用。

根据权利和义务产生的基础及相关的因果关系区分，可以分为第一性（原有性）权利义务和第二性（或补救）权利义务。学生的权利和义务也可以分为这样两种。

第一性（或原有性）权利是直接由法律赋予的权利，或获得法律授权的主体通过自身主动进行的活动而产生的权利。相应地，第一性义务是直接由法律规定的义务或由主体依法主动进行的活动而产生的义务。第二性权利是因第一性权利受到侵害时而产生的权利。因而，这种权利也称为"救济权利"。相应地，第二性义务是因为第一性义务主体未能履行义务所应承担的责任。

根据学生享有权利和履行义务的方式，可以将学生的权利区分为行动权利和接受权利；将学生的义务区分为积极义务和消极义务。行动权利是指学生通过自己的行为自由，来获得有关教育利益的权利。接受权利是指学生以被给予或被对待的方式获得有关教育利益的权利。就学生的学习过程而言，其行动权利和接受权利是互为条件、互相作用的过程，或者说是行动与接受的统一。接受学习中有主动接受的因素，而主动学习中也有接受指导的因素。在实践中两者是很难截然分开的，积极义务是指学生在教育教学活动中必须作为某种行为；消极义务是指学生在教育教学活动中不得作为的行为。履行义务要求学生付出一定的努力。

按照义务教育和非义务教育划分，义务教育阶段和非义务教育阶段学生的权利和义务作为资格，具有不可剥夺性或不可放弃和可剥夺性或可放弃两种。义务教育阶段学生的权利和义务的实现是无条件的，既不可为他人所剥夺，也不可为自身所随意放弃。而非义务教育阶段学生的权利和义务的实现则是有条件的，其义务的产生以其参与平等竞争，争取到该权利的享有为前提；且其权利的持续享有以其履行相应义务为基础。根据其条件是否满足，可予以是否剥夺的处置，或其主体也可以自动放弃。因此，义务教育阶段的学生一般不适用退学、开除之类的处分，学生自己也不能随意退学。而非义务教育阶段则可根据学生未能履行相关义务，所犯过错性质或程度做出退学、开除等剥夺处置，而学生也可以根据自己的愿望做出是否退学的决定。

三、学生权利的内容

学生的基本权利是指教育法律赋予学生的在教育活动中享有的权利。根据《教育法》第四十三条的规定，我国学生主要享有下列基本权利。

(一) 参加教育教学计划安排的各种活动，使用教育教学设施、设备、图书资料

这项权利，可以简称为"接受、享用教育的权利"。这是保障学生参加学习、接受教育、享有实质性的受教育权的前提和基础，也是学生受教育权的具体体现。它规定学生有权"参加教育教学计划安排的各种活动"，其前提是要求教育机构的教育教学计划对本机构的学生公开，使学生了解教育计划。学生有权按照教育教学计划的安排参加相应的活动，如本年级本班教师的授课活动，围绕课堂教学所安排的课外活动，包括参观访问、社会实践、勤工俭学等。一般来说，学校及其他教育机构的教育教学计划都是具体、确定的，具有规范性和可操作性，学生对照教育教学计划，即可知道自己有权参加的活动项目和内容。

活动的开展离不开物质条件。学生既然有权参加教育教学计划所安排的各种活动，自然享有教育教学活动所必需的教育设施、教学设备、图书资料的权

利。例如，教室和课桌椅是进行课堂教学的最基本的物质条件，学生有权使用；实验室是中小学校保证实施教学大纲，培养学生初步的科学实验能力和生产试验技能的重要场所，是高等学校进行教学和科研的重要基地，学生有权参加实验课，有权按实验课的要求使用实验室里的仪器设备，包括微机、试剂、模型、标本等。学校图书馆（室）贮有为教学科研服务的大量藏书和各种信息资料，学生有权按有关规定进行查询和借阅等。随着科技进步和社会发展，教育教学设施和设备将会不断更新、完善和现代化，图书资料将会不断增添并且向着多样化发展，学生使用教育教学设施、设备、图书资料的权利的具体内容也将随之扩大和增多。

（二）按照国家有关规定获得奖学金、贷学金、助学金

这项权利可简称为"获取物质保障的权利"或获取各种学金资助的权利，它体现国家政府对为学生提供完成学业的物质保障的重视，也是学生的一项实质性权利。

这里的"国家有关规定"主要是指《普通高等学校本、专科学生实行奖学金制度的办法》《普通高等学校研究生奖学金办法》《普通高等学校本、专科学生实行贷款制度的办法》《关于在普通高等学校设立勤工助学基金的通知》和《义务教育法》及《义务教育法实施细则》等。根据上述有关规定，我国建立了奖学金、贷学金和助学金制度。

奖学金、贷学金主要适用于普通高等学校和中等专业学校学生，体现了国家对特殊群体学生的鼓励和扶助。根据《普通高等学校本、专科学生实行奖学金制度的办法》，普通高等学校及中等专业学校学生有获得奖学金的权利。奖学金分为三种，学生可根据条件申请不同类型、不同等级的奖学金：（1）德智体等方面全面发展，品学兼优的学生可申请获得优秀学生奖学金；（2）考入师范、农林、体育、民族、航海等专业的学生均有权享受专业奖学金，并且在校学习期间，德智体等方面全面发展的优秀学生可获得较高等级的专业奖学金；（3）立志毕业后到边疆地区、经济贫困地区和自愿从事煤炭、矿业、石油、地质、水利等艰苦行业的学生，可按有关规定申请定向奖学金。根据《普通高等学校研究生奖学金办法》，高校研究生均可享受普通奖学金；在专业学习和研究中成绩突出的研究生，除享受普通奖学金外，还可享受优秀奖学金。此外，对于企业事业组织、社会团体和学校设立的奖学金，品学兼优的学生和报考国家重点保证的、特殊的、条件艰苦的专业的学生或符合其他规定条件的学生，有权申请。

贷学金制度是国家为帮助确有经济困难、无力解决在校期间生活费用的部分大中专学生而实行的无息贷款的办法。根据《普通高等学校本、专科学生实行贷款制度的办法》，经济确有困难、学习努力、遵守国家法律和学校纪律的学生，均有权提出贷款申请，以解决在校期间的生活费用。对于自愿到国家急需的地区和单位工作的毕业生，国家将给予适当的一次性奖励。贷学金制度，赋予了经济困难而学习努力的学生以获得必要资助的权利。

随着我国高校学生缴费上学制度的建立和奖学金、贷学金制度的实行，助学金制度在高校已经成为历史，但家庭经济困难的高校学生可获取助学金性质的资助。根据《关于在普通高等学校设立勤工助学基金的通知》，家庭经济困难的学生，尤其是特困生可通过勤工助学活动得到资助或根据条件申请不定期的困难资助。目前，国家对普通高校经济困难的学生实行减免学杂费的政策，符合条件的学生有权申请。

助学金制度主要适用于义务教育阶段。我国《义务教育法》第十条明确规定："国家设立助学金，帮助贫困学生就学。"《义务教育法实施细则》规定，"贫困学生包括初级中等学校、特殊教育学校的家庭困难的学生，少数民族聚居地区、经济困难地区、边远地区的小学及其他寄宿小学的家庭经济困难的学生"，有权按省级人民政府制定的实行助学金制度的具体办法申请享受助学金。城镇和大部分农村的小学不设立助学金，但家庭经济困难的少数学生，可申请减免学杂费。

（三）在学业成绩和品行上获得公正评价，完成规定的学业后获得相应的学业证书、学位证书

这项权利可简称为"获得公正评价与相应证书的权利"。具体可分为：一是有获得公正评价的权利；二是有获得学业、学位证书的权利。

在学业成绩和品行上获公正评价是学生的一项基本权利，是教育机构必尽的义务。学业成绩的评价是教育机构对学生在受教育的某一阶段（时期）的学习情况和知识结构、能力水平的概括性鉴定，包括课程考试成绩记录，平时学习情况和总评等。品行评价是教育机构对学生的思想品德和行为表现作出鉴定，包括对学生政治觉悟、道德品质、劳动态度等的评定。学生有权要求获得学业成绩评价和品行评价，而且有权要求评价实事求是，体现公平、公正。例如，每学期、每学年直至毕业时，在例行表格填写和总结上，或因正当需要，学生都有权要求学校所在系或教师出示学业成绩和品行评价，并对各种失真的评价有权通过正当途径要求予以更正。

从本质上看，学业证书、学位证书是对学生某一阶段受教育时期的学业成绩、学术水平和品行的终结性评定，它对学生的升学、就业和今后的发展具有重要的作用。学生在思想品德等方面合格的前提下，学完或提前学完教育教学计划所规定的全部课程，经考核（考查、考试）及格或修满学分，在该教育阶段结束时均有获得相应学业证书以及学位证书的权利。学业证书包括毕业证书、结业证书和肄业证书等，它相应于学生所受教育的区别有不同的类型和等级或规格。学位证书分为学士、硕士和博士学位证书三种。根据《学位条例》，学士学位由有权授予学士学位的高等学校授予，硕士、博士学位由有权授予硕士、博士学位的高等学校和科研机构授予，符合条件的学生有权申请获得的权利。

（四）对学校给予的处分不服向有关部门提出申诉，对学校、教师侵犯其人身权、财产权等合法权益，提出申诉或依法提起诉讼

这项权利可简称为"维护自身权益的权利"或"申请法律救济的权利"。它是公民申诉权和诉讼权在学生身上的具体体现。诉讼权是公民的一项基本权利，包括民事诉讼权、刑事诉讼权和行政诉讼权。本项规定的学生对学校、教师侵犯其人身权、财产权等合法权益提起诉讼的权利，主要属于民事诉讼的范畴。根据《民事诉讼法》的规定，学生享有的诉讼权利可分以下几种情况：

（1）学生对学校或教师侵犯其受教育权可以提起申诉或诉讼，如学校或教师对学习差、品格有缺陷的学生迫使其退学或转学的行为，学生有权提起诉讼。

（2）学生对学校侵犯其合法财产权可以提起诉讼，例如：对学校违反《义务教育法实施细则》和地方性法规向学生乱收费，包括利用补办学历证件，违法设定"辍学保证金"等罚款项目，强制推行校服、运动服装，收取不合理费用等，学生有权起诉。

（3）学生对学校侵犯其人身权利可以提起诉讼，例如学生对学校在校园管理过程中处理不当而侵害了其名誉权，有权提起诉讼。

（4）学生对教师侵犯其合法财产权利可以提起诉讼，例如教师强迫学生购买与教学无关的物品；教师故意不完成教学任务而给学生补课时自行收费，或在规定时间内不完成教学任务，而为个别有困难的学生辅导时高额收费；学生均有权提起诉讼。

（5）学生对教师侵犯其人身权利的可以提起诉讼。例如：教师私拆学生信件造成其身心伤害，污辱学生人格、情节恶劣，体罚学生造成严重后果等，学生均有权提起诉讼。

（6）学生对学校或教师侵犯其知识产权可以提起诉讼，例如：教师剽窃学生的著作权、发现权、发明权或学校强行占有学生的知识产权等，学生有权提起诉讼。但学生对学校按照学生管理规定给予的处分不服，不能向司法机关提起诉讼，只可就不当处分中侵犯人身权、财产权等合法权益的部分提起诉讼。

除诉讼权外，学生还享有申诉权。申诉分为诉讼上的司法申诉和非诉讼上的行政申诉。前者向司法部门提出，后者向主管行政部门提出。本项申诉属于非诉讼的行政申诉。这是学生维护自身合法权益的一项权利，学生对前述的学校、教师侵犯其合法权益的那些行为在不提起诉讼的前提下，均可提出申诉。对学校给予的处分不服，认为所受处分过重或不该受处分，也可提出申诉。目前，我国申诉制度尚未完备，国家将逐步健全学生申诉制度，对受理学生申诉的机关、职权、受案范围等予以规范。随着学生申诉制度的逐步确立、完善，学生对学校给予的处分不服以及对学校、教师侵犯其人身权、财产权等合法权益，可根据《教育法》的配套法规或规章提出申诉，以维护自身的合法权益。

【案例】

安徽省 S 市的孟女士最近被一件事搅得心烦意乱，她的儿子洋洋在 S 市第二中学上学，因为成绩不好长期被他们班上的老师停课、罚站，这让望子成龙的孟女士感到十分气愤和惊讶。没想到儿子只读到初二就读不下去了，作为学生他竟然整整 7 个月没有进教室上课。孟女士说，洋洋之所以读不下去是因为成绩不好，受到班主任张某的歧视。其实，自从 2002 年 9 月张某当上班主任，洋洋罚站的遭遇就断断续续开始了。初二上学期开学没多久，刚刚当上班主任的张某就听其他老师反映班里的纪律差，于是她就想了办法，让全班同学投票评选上课捣乱的学生，结果洋洋和另外 4 个同学得票最多。张老师就把这 5 个同学的名字写在了黑板上。

讨论：本案中教师的做法是否违法？为什么？

分析：《未成年人保护法》明确规定了不得体罚和变相体罚。受教育的权利就是要保证学生能够上课接受教育，九年义务教育阶段是不能开除学生的。北京市在修订《未成年人保护条例》时明确规定了学校不得以劝退停课等方式，变相剥夺学生的受教育权。老师发动全班同学进行投票评选出最差的学生，侵害了学生的名誉权。如果学生因此自杀自伤的行为，学校和老师可能就要面临承担民事赔偿责任，而且侮辱的程度非常严重也会构成侮辱罪。

（五）法律、法规规定的其他权利

这项权利可简称为"法定的其他权利"。《教育法》规定学生除享有上述权利外，还享有法律、法规所规定的其他权利。此处"法律、法规"主要是指有关教育的法律、法规以及依据其他法律、法规制定的有关教育的规章。例如：《未成年人保护法》规定，学校不得使未成年学生在危及人身安全、健康的校舍和其他设施、场所中参加教育教学活动，换言之，未成年的学生有拒绝在危及人身安全、健康的校舍和其他教育教学设施中参加教育教学活动的权利。《预防未成年人犯罪法》第四十一条规定，"被父母或者其他监护人遗弃、虐待的未成年人，有权向公安机关、民政部门共产主义青年团、妇女联合会、未成年人保护组织或者学校……请求保护。"《普通高等学校学生管理规定》规定，学生有权参加校内合法的学生社团，等等。

四、学生义务的内容

学生的义务是指学生依照教育法及其他有关法律、法规，在参加教育活动中必须履行的义务。依学生就读学校的类别与其年龄，学生的具体义务各有差别。我国现代教育基本法，即《教育法》第四十四条对各级各类学校及其他教育机构的学生的基本义务专门作了规定，包括下列四个方面内容。

（一）遵守法律、法规

这项义务可简称为"遵守法律法规的义务"，此处的"法律、法规"是指宪法、法律、行政法规和依据法律、法规制定的规章。

学生作为国家公民，遵守法律、法规是一项基本要求。《宪法》是我国的根本大法，是反映全国各族人民意志和根本利益的国家总章程。依据《宪法》制定的法律和依据法律制定的法规及相应的各部门规章，也是国家意志的体现，符合国家和人民的共同利益，是国家社会组织和公民一切活动的基本行为准则。我国《宪法》第三十三条规定："任何公民享有宪法和法律规定的权利，同时必须履行宪法和法律规定的义务。""中华人民共和国公民在法律面前一律平等"，任何公民都必须遵守法律、法规。"有法必依，违法必究"。遵守法律、法规是《宪法》赋予每个社会公民的义务，是合格公民的基本素养。学生作为公民，履行遵守法律、法规的义务是不可推卸的。

遵守法律、法规，对学生来说，还具有另一层意思，就是要遵守有关教育的法律、法规和规章。我国现已颁布、施行了《教育法》《学位条例》《义务教育法》《教师法》等有关教育的法律以及《扫除文盲工作条例》《高等教育自学考试暂行条例》《全国中小学勤工俭学暂行工作条例》《学校体育工作条例》《学校卫生工作条例》《残疾人教育条例》等教育行政法规。此外，国务院教育行政部门单独或与其他部委联合制定、施行了若干有关教育的规章，地方立法机构也依法制定了大量的地方性教育法规和规章，这些教育法律、法规和规章都涉及了学生的权利和义务。作为最广泛的教育法律关系主体，学生必须同教育者一起加以遵守，做到"知法、守法"。

（二）遵守学生行为规范，尊敬师长，养成良好的思想品德和行为习惯

这项义务可简称为"遵规尊师养德修行的义务"。这里的学生行为规范特指国家教育行政管理机关制定、颁发的关于学生行为遵守的统一规定，其包括《小学生日常行为规范》《中学生日常行为规范》《高等学校学生行为准则（试行）》以及《小学生守则》《中学生守则》《高等学校学生守则》等。这些规章集中体现了国家对学生不同阶段，即小学生、中学生和高等学校学生政治、思想、品德等方面的基本要求，各级各类学校的学生应当遵守相应的行为规范。其他教育机构学生应参照这些学生规范，自觉养成良好的思想品德和行为习惯。

尊敬师长是遵守学生行为规范的具体要求，是良好的思想品德和行为修养的具体体现。在教育教学活动中，教师是文化知识的传播者，承担着教书育人、培养社会主义事业建设者和接班人、提高民族素质的使命，理应受到学生和全社会的尊重。尊敬师长是我国的传统美德，也是社会进步文明的重要标志，学生要养成良好的思想品德和行为习惯，提高自身素养，就应当继承发扬这一传统美德。

（三）努力学习，完成规定的学习任务

这项义务可简称为"努力学成学业的义务"。学习科学文化知识，完成规定的学业，以便使自己成为德智体等方面全面发展的社会主义事业的建设者和接班人，这是学生的首要任务，也是学生区别于其他公民的一项主要义务。

学生"以学为主"，学生作为专门的学生进入学校就意味着他的主要任务是学习，意味着承担接受教育、完成学业的义务，对于义务教育阶段的学生来说，这种义务是强迫的，具有强制性；对于非义务教育阶段的学生来说，这是自愿入学在享用受教育权利的同时应承担的义务。履行完成学业的义务是学生享有获得学业证书及学位证书的权利的前提。任何一个教育阶段的学习任务都包括两种：一是结果性的或称终结性的，即某一教育阶段教育计划规定的学生在该教育阶段结束时应完成的学习任务；二是过程性的，是学生为完成某一教育阶段的学业或总的学习任务而要完成的日常的、大量的、具体的学习任务。这两种性质的学习任务是相辅相成的，过程性的学习是量的积累，其目的和结果是质的提高。因此，学生对学习任务都应认真对待，为完成既定的学习目标而努力。

（四）遵守所在学校或者其他教育机构的管理制度

这项义务可简称为"遵守管理制度的义务"，或称"守纪服从管理的义务"。学校及其他教育机构的管理制度，也是国家教育管理制度的重要组成部分，是确保学校及其他教育机构教育教学活动正常有序进行的基本措施，也是国家为实现教育权利而赋权于学校及其他教育机构制定的必要的纪律。从广义上说，它是国家法律法规的具体化，遵守学校或其他教育机构的管理制度与遵守国家的法律法规，在实质上是一致的，学生作为广泛的教育活动主体之一，有义务加以遵守和服从。具体地说，主要包括以下几个方面。

（1）遵守其所在教育机构的思想政治教育管理制度。

（2）遵守其所在教育机构的教学管理制度。

（3）遵守其所在教育机构的学籍管理制度，包括入学注册、成绩考核、登记，对升级、留级、转学、复学、休学、退学的处理，考勤记录、纪律教育、奖励处分、毕业资格审查等的管理规定。

（4）遵守其所在教育机构的体育管理、卫生管理、图书仪器管理、校园及宿舍管理等。

第三节　未成年人权利保护

1959 年 11 月 20 日，联合国大会通过了《儿童权利宣言》，明确了各国儿童应当享有的各项基本权利，但一些儿童工作者却指出，宣言不具有法律约束力，不能起到更大的作用。1978 年，联大决定制定一份具有法律效力的《儿童权利公约》（以下简称《公约》）并成立了起草工作组，1989 年 11 月 20 日，联大通过了《公约》，1990 年 9 月 2 日，《公约》在获得 20 个国家批准加入后正式生效，这是第一部有关保障儿童权利且具有法律约束力的国际性约定。我国于 1992 年加入《儿童权利公约》，时下《公约》已获得 193 个国家的批准，是世界上最广为接受的公约之一。

《公约》共有 54 项条款，根据《公约》规定，凡 18 周岁以下者均为儿童，除非各国或地区法律有不同的定义。《公约》规定了世界各地所有儿童应该享有的数十种权利，其中包括最基本的生存权、全面发展权、受保护权和全面参与家庭、文化和社会生活的权利。《公约》确立了 4 项基本原则：无歧视、儿童利益最大化、生存和发展权以及尊重儿童。《公约》通过确立卫生保健、教育以及法律、公民和社会服务等多方面的标准来保护儿童的上述权利，明确了国际社会在儿童工作领域的目标和努力方向。《公约》指出，缔约方应确保儿童均享受《公约》中规定的各项权利，不因儿童、其父母或法定监护人的种族、肤色、性别、语言、宗教、政治身份、出身、财产或残疾等不同而受到任何歧视。缔约方为确保儿童的福祉，应采取一切适当的立法和行政措施，各相关部门和机构在制定相关政策和落实中以儿童利益最大化作为首要考虑。2000年5月，联合国大会在《公约》框架基础上通过了《关于儿童卷入武装冲突问题的任择议定书》和《关于贩卖儿童、儿童卖淫和儿童色情的任择议定书》，以推动国际社会努力保护儿童、消除日益猖獗的残害儿童犯罪活动。截至2009年7月，这两份议定书分别获得了128个和132个国家的批准。

我国目前大约有3.41亿未成年人，占全国总人口的26.1%。随着中国现代化进程的快速行进，未成年人在思想观念、生活方式、价值追求等方面呈现出多元化趋势，这种趋势给未成年人权利保护工作带来了新的课题，如学生人身伤害问题、校园安全事故问题、农村留守儿童问题等。在此背景下，未成年人保护法修订案于2020年10月17日经十三届全国人大常委会第二十二次会议表决通过，该法自2021年6月1日起施行。《未成年人保护法》规定国家对未成年人的保护，分为家庭保护、学校保护、社会保护、网络保护、政府保护和司法保护六个方面。

一、家庭保护

家庭保护是指父母或其他监护人对未成年人进行的保护。这种保护包括在生活上的关心照顾和思想上的教育培养。家庭是人生第一所学校，父母是孩子的第一任教师，父母的思想、观点、道德文化素质、兴趣爱好、能力以及个性，都会对孩子产生深远的影响。家庭在对未成年人的保护方面有着不可替代的作用，这也正是法律之所以规定对未成年人的家庭保护的目的所在。家庭保护有其独特的地位，是未成年人保护的第一个阵地，也是未成年人保护的基础，而且还有其自身固有的重大作用。

（一）家庭保护的目的和作用

1. 使未成年人的合法权益免受家庭侵害

在我国，"打是亲，骂是爱"的传统家庭教育思想，在不少家长的观念中根深蒂固。因此，虽然时代在进步，公民的法律意识普通在提高，但在家庭教育领域，仍然经常出现儿童遭受家庭虐待的案例。有些家长、监护人对子女动辄打骂，随意体罚，有的惨无人道，长期虐待，使子女过着非人的生活。在一些农村地区，重男轻女思想严重。一些城市流动人口的非婚生子女，以及出生有残疾的儿童，往往是弃婴、溺婴的高发群体，特别是女婴，案件的发生仍然呈高发趋势。一些父母迫使未成年人辍学经商、外出打工，迫使未成年人结婚、订婚，早婚、早育现象时有发生。《未成年人保护法》规定的家庭保护，为消灭这些来自家庭的、给未成年人身心健康造成极大危害的违法犯罪提供了法律保障。

2. 为未成年人提供适宜的家庭环境

适宜的家庭环境是指利于儿童成长的家庭环境，它包括适宜的家庭物质环境与相应的家庭精神文化。比如父母或监护人应当为儿童提供适合的学习环境，为儿童提供成长的必要引领，腾出亲子时间以促进儿童的身心健康发展。但需要注意的是，家庭保护一方面要强调父母或其他监护人对未成年人的抚养，另一方面也要反对溺爱。溺爱过多或过分满足未成年人的需要，会使未成年子女的品格向坏的方向发展，例如：自私、任性、懒惰、粗暴，这同样不符合家庭保护的要求。

3. 使未成年人成为合格的社会成员

未成年人在家庭的保护下，开始逐步认识周围世界，开始学习一定的知识，发展了各种能力，养成一定的品格特点以及一些好的行为习惯，这就为儿童稳步过渡到合格的社会成员打下了坚实的基础。实践证明，良好的家庭保护可以抵制和减少社会的消极影响，使未成年人健康成长。缺乏家庭保护，不仅使未成年人身心受到侵害，而且他们也往往会侵害他人、侵害社会。家庭保护，不仅是家长对未成年子女负责，更是对社会负责，对社会尽义务。

4. 预防和减少未成年人犯罪，促进社会稳定

未成年人犯罪原因复杂，家庭保护不力是其中一个重要原因。家庭教育不良、家庭控制力和稳定性的破坏，是导致未成年人不良行为和犯罪的重要因素。家庭是控制未成年人犯罪的第一防线，在预防和减少未成年人犯罪，促进社会稳定方面，家庭保护具有特别重要的作用。改善家庭抚养条件，重视家庭教育，保持家庭稳定，是防止未成年人犯罪比较有效的解决方法。

（二）家庭保护的主要内容

依法履行对未成年人的监护职责和抚养义务。具体包括：（1）保护被监护未成年人的人身健康和安全，保护他们的姓名权、荣誉权等，对他们进行德、

智、体等方面的培养和教育；（2）管理好被监护未成年人的财产，及时排除他人对未成年人财产的侵犯，在有利于未成年人利益的前提下，可以处理未成年人的财产；（3）代理未成年人对国家、集体和他人造成的损害的民事赔偿责任；（4）从物质上对未成年人进行养育和照料，为未成年人提供生活费、医疗费和教育费。

在对未成年人履行监护和抚育义务的同时，《未成年人保护法》要求父母及其他监护人不得虐待、遗弃未成年人，不得歧视女性未成年人或者有残疾的未成年人，不得溺婴、弃婴。否则，应依法承担法律责任。

尊重未成年人接受教育的权利，必须使适龄未成年人按照规定接受义务教育，不得使在校接受义务教育的未成年人辍学。不论由于何种原因导致未成年人失学或辍学，都是家长的失职，都侵犯了未成年人的合法权益。

用健康的思想、品行和适当的方法教育未成年人，引导未成年人进行有益身心健康的活动，预防和制止未成年人吸烟、酗酒、流浪以及聚赌、吸毒、卖淫等行为。家庭是社会的一个教育单位，父母是子女的第一任老师，父母应承担起教育子女的重要职责。

不得要求未成年人结婚或订婚。我国《婚姻法》规定的结婚年龄是：男不得早于22周岁，女不得早于20周岁。就年龄而言，父母允许未成年人结婚就是违法行为。父母不但不能允许或者迫使未成年人结婚，也不得为未成年人订立婚约。这也是父母对未成年人给予家庭保护的一个方面。

父母或其他监护人除从以上几个方面履行对未成年人家庭保护的义务外，还应根据自己的情况及未成年人的身心特点和不同情况，进行适人、适事、适时、有效的其他方面的家庭保护。

（三）家庭保护的限制规定

我国《未成年人保护法》对家长和监护人提出了限制性的要求。

1. 不许虐待、遗弃未成年人

虐待是指用打骂、冻饿、捆绑、限制自由、强迫干重活、有病不给治等手段对未成年人进行迫害。有些父母认为，孩子是我的，想打想骂，别人管不着。他们遇到孩子做的事不随自己意，或因孩子有病、呆傻而虐待孩子，使孩子的身心都受到严重摧残。还有个别家长为了自己的快乐，把未成年的孩子扔掉或赶出家门，迫使孩子在外流浪，导致孩子受伤甚至死亡，这些都是触犯法律的。

一般说来，虐待是否构成虐待罪，即罪与非罪的界限主要是看虐待情节是否严重，主要从以下几个方面考查：

（1）虐待行为持续的时间。虐待时间的长短，在相当程度上决定对被害人身心损害的大小。虐待持续的时间长，比如几个月、几年，往往会造成被害人的身心受到较为严重的损害。（2）虐待行为的次数。虐待时间虽然不长，但行为次数频繁的，也容易使被害人的身心遭受难以忍受的痛苦，极易出现严重后果。（3）虐待的手段。实践中，有的虐待手段十分残忍，使用这些残忍手段，极易造成被害人伤残和死亡，应以情节恶劣论处。（4）虐待的后果是否严重。虐待行为一般都会程度不同地给被害人造成精神上、肉体上的痛苦和损害，其中有的后果严重，例如，由于虐待行为人使被害人身体瘫痪、肢体伤残；将被害人虐待致死；被害人因不堪虐待而自杀；等等。凡发生了上述严重后果的，都应以情节恶劣论处，当然，判断是否"情节恶劣"，可以根据上述诸方面进行综合分析，也可以根据其中的一个方面加以分析认定。

2. 不得歧视女性未成年人和残疾未成年人

这一条规定是对特殊未成年人的保护，也就是说，女孩子和男孩子是平等的，残疾孩子和健全孩子是平等的，谁也不许歧视他们、看不起他们，更不允许侵害他们的权益。在中国长期的封建社会中，妇女的地位很低，她们的人格得不到充分尊重。这种重男轻女的思想至今仍存在于一些人的头脑中，特别是一些边远的山区、农村，女孩子在家中备受歧视，一些父母认为，女孩子早晚要嫁人，能烧水做饭、生儿育女就行了，念不念书没关系，所以失学的青少年中，大多数是女孩子。

国家对女童教育问题十分重视，要求各地采取措施，逐步降低、消除女童失学现象，使每年女童失学率不得超过 2%。各地在大力宣传《义务教育法》的基础上，还针对实际，解决女童入学问题，有的地方开设女童班、女子中小学，有些地方允许女童带弟妹上学，允许中途插班，允许晚来早走等，有效地控制了学龄女童失学现象。

国家对残疾儿童也给予了特别关注，残疾儿童教育是义务教育的一部分。国家兴办了各类残疾人学校，如盲童学校、聋哑学校、弱智学校，或者在普通学校开设特教班，并要求普通中小学招收能适应其学习生活的残疾儿童，不得将他们拒之门外。到 1996 年年底，全国残疾人特殊教育学校共有 1426 所，比1980 年增加 4 倍，在校学生 32.1 万人，比 1980 年增加了 8 倍，残疾儿童入学率达到了 60%，在经济发达地区达到了 80%。残疾儿童的合法权益得到了充分保障。

3. 不得迫使未成年人结婚和订婚

《婚姻法》规定了结婚的年龄，男子不得早于 22 周岁，女子不得早于 20 周岁。可是，有些地区至今仍保留着定"娃娃亲"的风俗，孩子一生下来，父母就给他们定了亲，子女长大后，不管愿不愿意都得履行婚约。这种陋俗给未成年子女带来了沉重的心理负担，使他们不能专心读书学习，有的甚至毁了孩子的一生。

《未成年人保护法》第十七条第九款规定，父母或者监护人不得允许或者迫使未成年人结婚，不得为未成年人订立婚约。这一规定是为了保护未成年人的身心健康，也有利于家庭幸福和社会的安定。

（四）家庭保护中的家长义务

《未成年人保护法》第十六条规定，未成年人的父母或者其他监护人应当履行下列监护职责包括：（一）为未成年人提供生活、健康、安全等方面的保障；（二）关注未成年人的生理、心理状况和情感需求；（三）教育和引导未成年人遵纪守法、勤俭节约，养成良好的思想品德和行为习惯；（四）对未成年人进行安全教育，提高未成年人的自我保护意识和能力；（五）尊重未成年人受教育的权利，保障适龄未成年人依法接受并完成义务教育；（六）保障未成年人休息、娱乐和体育锻炼的时间，引导未成年人进行有益身心健康的活动；（七）妥善管理和保护未成年人的财产；（八）依法代理未成年人实施民事法律行为；（九）预防和制止未成年人的不良行为和违法犯罪行为，并进行合理管教；（十）其他应当履行的监护职责。这里说的监护人，是指对未成年人的人身、财产以及其他一切合法权益进行监督和保护的人。父母是青少年子女法定的监护人。

监护人的义务有两项：一是监护；二是抚养。监护就是要对未成年人的生命安全和身体健康负责，不让他们的权益受到侵犯。二是帮助未成年人管理财产。三是帮助未成年人解决他们自己解决不了的事情。监护人的另一个义务是抚养。未成年人从一出生到长大成人，需要吃饭、穿衣。需要上学，生了病需要去医院……做这些事情需要花钱，这些钱应该由谁来出呢？理所当然地应该由父母或其他的监护人来承担。如果父母以各种理由不尽抚养义务，那就是违犯了法律，未成年子女有权要求父母给予支付，协商不成时，可以由人民法院裁决。虽然父母对子女有抚养义务，但是这种抚养不是无限期的。父母不能养子女一辈子，子女长大成人，参加工作，有了自己的收入，能独立生活时，父母就不再承担抚养义务。反过来，在父母年迈，生活困难时，子女还必须尽一份赡养义务，照顾他们的晚年生活。

【案例】

余某刚刚两岁时，父母就离婚了。之后母亲再嫁，法院判决余某由父亲抚养，但实际上是与年迈的爷爷相依为命。余某父亲从不管他，母亲也从不来看他。13 岁时，爷爷去世，余某便和父亲在一起生活，父亲经常打骂他，后来还将其赶出家门，不管不问。余某无家可归，四处流浪，沾染了许多恶习，最终因盗窃被送到某工读学校学习。余某没有生活来源，其父母一次没有来看过他，更不要说给其生活费了。2010 年 3 月，在当地村委会和律师的帮助下，余某将其父母告上法庭，要求父母支付生活费。

讨论：根据本案分析父母的监护义务。

分析：本案涉及的是父母对未成年子女的监护责任和抚养义务的法律问题。《未成年人保护法》第八条规定："父母或者其他监护人应当依法履行对未成年人的监护职责和抚养义务，父母作为未成年子女的法定监护人，必须对未成年子女的人身、财产以及其他一切合法权益加以监督和保护。"本案中，余某的父母离异后，余某随父亲生活，但他的父亲却没有尽到抚养教育义务，经常打骂他并将其赶出家门，致使他离家出走在外流浪，并染上一些不良习惯。余某的母亲也没有对他履行过相应的监护责任，既没有给过生活费也没有关心过他的生活和学习情况。余某身上之所以染上了许多不良行为，其父母有着不可推卸的责任，如果他们能够依法履行对子女的监护义务和教育职责，余某就不会在外流浪，更不会染上许多不良习气，其生理、心理都将健康正常地发展。本案中，未成年人余某所在地的村委会和有关部门，帮助他把不履行监护和抚养义务的父母告上法庭是十分正确的。余某的父母应当支付余某各项生活费用，直至其长大成人。

二、学校保护

学校保护，是指有关的学校、幼儿园及其他教育机构依照我国《未成年人保护法》及其他有关法律、法规，对未成年学生和幼儿园儿童实施的专门保护。这里说的学校，包括普通中小学，各种中等职业技术教育学校，特殊教育学校和工读学校，以及各种招收未成年人为对象的文艺、体育学校等，甚至还包括一些举办少年班，对具有特殊天赋的未成年人进行高等教育的高等学校。此外，幼儿园也在学校保护的范畴之内。

学校作为对未成年人实施教育的机构，是培养社会主义建设者和接班人的阵地。同时，学校也是预防和矫治未成年人违法犯罪的重要环节，未成年人有一半时间将在学校度过，因此，在这个领域中对未成年学生和儿童的身心健康、受教育权、人身权及其他合法权益提供必要和有效的保护，对整个未成年人保护工作起着举足轻重的作用。因此，学校保护是我国未成年人保护的重要方面。学校保护主要体现在以下几个方面。

（一）全面贯彻国家的教育方针

1. 关于国家教育方针

教育方针，是党和国家在一定历史时期内为实现该时期的总路线和总任务对教育工作提出的根本指导思想和总的工作方向。教育方针是我们对未成年人实施学校保护的基本依据。要继续贯彻教育必须为社会主义现代化服务，必须同生产劳动相结合，培养德、智、体全面发展的建设者和接班人的方针。这就是我们党和国家对新时期我国教育方针的表述。

教育必须为社会主义现代化服务，这是规定我国教育工作的总方向。它既包括物质文明建设，又包括精神文明建设；既包括经济基础的建设，也包括上层建筑和思想意识形态的建设，是具有中国特色的社会主义经济、政治和文化三大方面的建设。

教育必须同生产劳动相结合，这是培养全面发展的社会主义事业建设者和接班人的根本途径。其中应包括教育与国民经济的发展相适应，教育过程中理论与实践相结合，脑力劳动者与体力劳动者相结合。

培养德、智、体全面发展的建设者和接班人，是我国各级各类学校教育的培养总目标，"建设者"和"接班人"是相互联系，不可分割的。

2. 全面贯彻教育方针，对未成年人进行德育、智育、体育、美育、劳动教育

全面贯彻国家的教育方针，对未成年人进行德育、智育、体育、美育、劳动教育，是学校保护的重要任务。对未成年人实施这五个方面的教育，对于把他们培养成为全面发展的社会主义建设者和接班人具有重要意义。当前，我们应改革未成年人思想品德教育，加强音乐、美术等科目的教育和社会实践及劳动观念、劳动技能的教育。

3. 对未成年人进行社会生活指导和青春期教育

我们通过对未成年人的社会生活指导，使他们提高对是非的辨别力和抵御不健康事物影响的免疫力；提高他们的生活自主自理能力，形成良好的生活行为习惯；提高他们社交能力，建立正常、健康的人际关系，积极地参加社会生活。

青春期教育要以社会主义道德教育为核心。通过教育，使未成年人正确认识自身生理的发育变化，培养未成年人良好的心理素质和道德修养，使他们身

心健康发展。学校应当积极稳妥、严肃认真地开展青春期教育，要在师资、教材、教学条件等方面采取措施，使青春期教育健康稳步地开展。

4. 关心爱护全体学生

全面贯彻国家教育方针，不仅体现在要使学生得以全面发展上，而且体现在要面向全体学生上。学校应关心、爱护学生，对品行有缺点、学习有困难的学生应当耐心予以教育、帮助，不得歧视他们，以保护这部分未成年学生的身心健康和合法权益，使他们同其他未成年学生一样，健康地发展。

（二）保护未成年学生的受教育权

1. 受教育权是未成年人的一项基本权利

未成年人的受教育权，是指未成年人依法享有的进入学校或其他教育机构以适合于其身心发展的适当方式接受系统的学校教育、学前教育或其他教育培训的权利。这项权利是提高未成年人的素质，为投身国家建设，参与社会生活奠定基础的一项重要的发展权。可以说，未成年人受教育权利的享有和行使，对未成年人今后一生的发展影响十分重大。

2. 学校保护是未成年人受教育权保护的重要方面

未成年人受教育权的保护，涉及国家、社会、学校及家庭等各个方面。其中学校和其他教育机构作为实施教育的专门机构，在对未成年人受教育权的保护中，具有十分突出的地位。对未成年人受教育权的保护，是未成年人学校保护的主要内容。由于我国教育法制建设还很不健全，保障未成年人受教育权利的具体制度、措施和程序还不够完善，因而要使未成年人受教育的权利得到充分有效的保障，还需做不懈的努力。

3. 加强和完善对未成年人受教育权的学校保护

加强和完善对未成年人受教育权的学校保护，对于有关学校和教职员来说，第一，对依法应当接受规定年限义务教育的适龄儿童、青少年，以及其他符合入学条件应当招收接受非义务教育阶段的学校教育的未成年人，必须按照有关规定接纳他们入学，不得将他们无理地拒之于校门之外。第二，对在校学习的未成年人，不得非法剥夺或侵害他们受教育的权利。第三，对中途辍学、逃学、旷课的未成年学生，应当及时采取措施，使其返校上学。第四，学校不得违反国家的有关规定，对学生滥收费用，影响未成年学生受教育权利的行使。第五，学校改善办学条件，合理利用教学场地和设施，不得随意将校舍、场地、设施出租、出售或挪作他用，妨碍学校教育教学活动的正常进行。第六，各级各类学校还应当端正办学思想，提高教学质量，加强学生素质教育，使未成年人受教育权利的保护工作真正体现出来。

（三）保护未成年学生和儿童的人身权

未成年人享有广泛的人身权利，包括生命权、身体健康权、姓名权、肖像权、人格权、名誉权、荣誉权以及自由权。在自由权中又包括人身自由、住宅自由、通信自由以及言论、出版、集会、结社、游行、示威自由和宗教信仰自由等。我国《未成年人保护法》把对未成年人的人身权利的保护列为学校保护的重要内容，学校保护所涉及的未成年人的人身权利，主要是指与学校、幼儿园实施教育活动紧密相关联的未成年学生和儿童的人格尊严、人身安全和健康权。

需要特别提出的是，学校幼儿园及其教职员对未成年人实施人身权利保护的义务是基于《未成年人保护法》和其他有关法律、法规的规定而产生的，而不是因为未成年学生和儿童就学或入园后，成年人监护权从父母或其他监护人自然转移到学校、幼儿园及其教职员身上，这种把学校保护的义务认定为监护权自然转移的观点是错误的和缺乏法律依据的。

1. 学校保护未成年学生和儿童的人格尊严

未成年人的人格尊严极易被忽视，少数学校的个别教师对未成年学生、儿童进行体罚或变相体罚的现象屡有发生，有的甚至粗暴摧残，严重侵害了未成年学生和儿童的人格尊严和身心健康。学校和幼儿园的教职员，应当树立尊重未成年学生和儿童人格尊严的法制观念，师生之间应当建立民主、平等、亲密的关系。《未成年人保护法》把不得对未成年学生和儿童实施体罚、变相体罚和其他侮辱人格尊严的行为规定为教职员应当依法履行的法定义务，并规定了相应的法律责任。

2. 学校保护未成年学生和儿童的人身安全和健康

生命健康权是人们生存和发展的基本权利，包括生命权和健康权两项人身权。《未成年人保护法》第三十三条规定："学校应当与未成年学生的父母或者其他监护人互相配合，合理安排未成年学生的学习时间，保障其休息、娱乐和体育锻炼的时间。学校不得占用国家法定节假日、休息日及寒暑假期，组织义务教育阶段的未成年学生集体补课，加重其学习负担。幼儿园、校外培训机构不得对学龄前未成年人进行小学课程教育。"第三十条规定："学校应当根据未成年学生身心发展特点，进行社会生活指导、心理健康辅导、青春期教育和生命教育。"保护未成年学生和儿童的人身安全和健康，是学校保护的一项重要内容。学校、幼儿园不得在可能危及未成年学生人身安全和健康的校舍和其他教育设施中，组织未成年学生和儿童进行各种活动；在安排未成年学生和儿童参加集会、文化娱乐、社会实践等集体活动时，应当防止发生人身安全事故；未成年学生和儿童适用的教学场地和设施，应当符合国家标准；应当合理科学地安排作息时间、学习任务，健全卫生保健制度，做好未成年学生和儿童的常见病、多发病的群体预防和矫治工作。

【案例】

王某系合肥市一所小学六年级学生。2005年1月下旬的一天下午，王某从本班教室出来欲下楼，当行至三楼下二楼的第四、五级台阶时，听到二楼同学方某的声音，便将手搭在楼梯栏杆上，头伸着往楼下看，忽然身体失去重心从栏杆处翻出，摔在二楼上三楼的台阶上，鼻部当场出血，后被送往医院治疗。经安徽省立医院医学鉴定，王某左眼视神经萎缩、左眼视力下降与外伤有关，法医鉴定为八级伤残。经法院实地勘验，事发地点楼梯栏杆高度为75厘米。

讨论：本案中学校是否该负责任？依据是什么？

分析：根据《教育法》和《未成年人保护法》的规定，学校应该为学生提供符合国家规定标准的校舍、场地及其他公共设施、设备等。

根据《中小学校建筑设计规范》规定，室外楼梯及水平栏杆（或栏板）的高度不应小于110厘米。根据国家建设部有关规定，容纳1000人以上的学校教学楼楼道的宽度至少要保证在2米以上。

（四）保护特殊群体的未成年人

1. "问题学生"受教育权的保护

这里的"问题学生"包括学习有困难的学生和思想品行有问题的学生。《未成年人保护法》第二十八条第一款规定："学校应当保障未成年学生受教育的权利，不得违反国家规定开除、变相开除未成年学生。"第二十九条第一款规定："学校应当关心、爱护未成年学生，不得因家庭、身体、心理、学习能力等情况歧视学生。对家庭困难、身心有障碍的学生，应当提供关爱；对行为异常、学习有困难的学生，应当耐心帮助。"这两条法律规定可以理解为：首先，学校不得歧视"问题学生"。如有些学校举行的"公选差生"行为，就已经触犯了法律。若造成严重后果的，责任人需要承担相应的法律责任。其次，不得开除"问题学生"。"劝退"未成年学生属于变相开除，是违法行为。

2. 留守、困境、残疾儿童受教育权的保护

新修订的《未成年人保护法》第八十三条明确规定，政府和学校有责任和

义务救助留守、困境、残疾儿童："各级人民政府应当保障未成年人受教育的权利，并采取措施保障留守未成年人、困境未成年人、残疾未成年人接受义务教育。对尚未完成义务教育的辍学未成年学生，教育行政部门应当责令父母或者其他监护人将其送入学校接受义务教育。"第八十六条规定："各级人民政府应当保障具有接受普通教育能力、能适应校园生活的残疾未成年人就近在普通学校、幼儿园接受教育；保障不具有接受普通教育能力的残疾未成年人在特殊教育学校、幼儿园接受学前教育、义务教育和职业教育。各级人民政府应当保障特殊教育学校、幼儿园的办学、办园条件，鼓励和支持社会力量举办特殊教育学校、幼儿园。"

依法设置专门学校的地方人民政府应当保障专门学校的办学条件，教育行政部门应当加强对专门学校的管理和指导，有关部门应当给予协助和配合。专门学校应当对在校就读的未成年学生进行思想教育、文化教育、纪律和法制教育、劳动技术教育和职业教育。专门学校的教职员工应当关心、爱护、尊重学生，不得歧视、厌弃，放弃等。

（五）幼儿教育保护

1. 幼儿教育保护是未成年人学校保护的重要组成部分

幼儿教育是我国社会主义教育事业的重要组成部分。由于幼儿园是实施保育、教育的学前教育机构，属于学校教育的预备阶段，因此《未成年人保护法》把幼儿教育保护工作，列入未成年人学校保护的范围。幼儿教育保护工作，对从小向儿童有目的地施加教育影响，促进幼儿身心健康发展，提高民族素质具有重要作用。但是目前我国的幼儿教育保护工作还不能完全适应幼儿健康成长的要求，仍存在许多不足，我们有必要把幼儿教育保护工作纳入未成年人保护的法制轨道上来，保护学龄前儿童的身心健康和谐地发展。

2. 保教结合，全面提高保育、教育质量，促进幼儿体智德和谐发展

幼儿园的幼儿保护工作，应当把保育和教育结合起来，促进幼儿身体正常发育和机能的协调发展。为了保证儿童的身体健康，幼儿园应当按照《幼儿园管理条例》《幼儿园工作规则》的规定，切实搞好幼儿保育工作，促进儿童在体质、智力、品德等方面的和谐发展。

3. 提高幼儿师资素质，适应幼儿保护工作的需要

搞好幼儿教育保护工作涉及各方面的条件，其中关键在于提高幼儿保育教育师资的素质。这项工作不仅要求从事幼儿保育、教育的人员应当具备合格的保育教育能力，而且要求他们必须具有高度的责任心，热爱幼儿保育教育工

作，热爱幼儿。为了保证幼儿园工作人员的素质，各类幼儿园应当按照国家关于幼儿园工作人员的条件和要求聘用或任用幼儿园的各类工作人员，对其还应经常进行政治思想教育，开展多种形式的业务培训，提高他们从事幼儿保育教育工作的业务水平，以保护幼儿在幼儿园中得到良好的教育、照顾和保护，使他们的身心健康发展。

三、社会保护

社会保护是指各社会团体、企事业组织和其他组织及公民，对未成年人实施的保护。其内容是：保护未成年人的安全与健康，保护未成年人的荣誉权，保护未成年人的智力成果权、保护有特殊天赋和突出成就的未成年人以及公共场所优惠开放等。

（一）保护未成年人的安全与健康

《未成年人保护法》第五十五条规定："生产、销售用于未成年人的食品、药品、玩具、用具和游戏游艺设施等，应当符合国家标准或者行业标准，不得危害未成年人的人身安全和身心健康；上述产品的生产者应当在显著位置标明注意事项，未标明注意事项不得销售。"

国家还特别重视本成年人的疾病预防工作。1990 年 6 月，国家教委和卫生部发布了《学校卫生工作条例》，对学校提出了 13 条要求，其中要求学校定期对学生进行体格检查，建立学生体质健康卡片，纳入学生档案，以便发现疾病时，及时配合家长做好转诊治疗。同时，中国政府对儿童实行"计划免疫"，就是通过定期打预防针、吃预防药，增强儿童对疾病的抵抗能力，使少年儿童少生病或者不生病。比如有一种病毒叫脊髓灰质炎病毒，它侵入人体后，能使天真活泼的孩子产生腿疾，留下终身的残疾，可是如果之前服用过小儿麻痹糖丸，就能有效预防这种病的发生。在 1949 年以前，中国的卫生保健事业极为落后，免疫接种工作基本没有开展，那时，每年有 1000 万儿童因染上各种疾病而死亡，儿童死亡率高达 2%。新中国成立后，儿童的预防接种工作得到了重视和加强，特别是从 1978 年开始，在全国范围内普及计划免疫工作，少年儿童患各种传染病的人数大大减少。以白喉、百日咳、麻疹、小儿麻痹 4 种病的统计为例，1978 年患病人数是 360.6 万，1996 年是 7.9 万，减少 352.7 万人，1978 年死亡人数为 12 766 人，1996 年是 173 人，减少了 12 593 人。到 1995 年，中国儿童计划免疫接种率实现以乡为单位达到 85%，从 1994 年 10 月以来，全国未发现新的由脊髓灰质炎病毒引起小儿麻痹的病例。此外，为了保护未成年人的健康，《未成年人保护法》还规定："任何人不得在学校、幼儿园和其他未成年人集中活动的公共场所吸烟、饮酒。"这一规定，可以使未成年人避免被动吸烟，保证身体健康不受侵害。

（二）保护未成年人的荣誉权

未成年人的荣誉权，是指他们在学习或社会生活中做出优异成绩后获得精神奖励而产生的权利，比如被选为"十佳少先队员""优秀团员""见义勇为好少年"等。任何组织和个人不得非法剥夺未成年人的这些荣誉称号。对未成年人智力成果权和荣誉权利的保护，可以激发未成年人蓬勃向上的进取心，鼓励未成年人从小树立远大的理想和志向，将来对国家做出更大的贡献。

（三）保护未成年人的隐私权

为了保护未成年人的隐私，《未成年人保护法》第六十三条规定："任何组织或者个人不得隐匿、毁弃、非法删除未成年人的信件、日记、电子邮件或者其他网络通讯内容。除下列情形外，任何组织或者个人不得开拆、查阅未成年人的信件、日记、电子邮件或者其他网络通讯内容：（一）无民事行为能力未成年人的父母或者其他监护人代未成年人开拆、查阅；（二）因国家安全或者追查刑事犯罪依法进行检查；（三）紧急情况下为了保护未成年人本人的人身安全。"隐私权是指学生有权要求他人尊重自己个人的、不愿让或不方便让他人获知或干涉的、与公共利益无关的信息或生活领域。《宪法》第四十条规定："中华人民共和国公民的通信自由和通信秘密受法律的保护。"《儿童权利公约》第十六条规定："儿童的隐私、家庭、住宅或通信不受任意或非法干涉，其荣誉和名誉不受非法攻击。儿童有权享受法律保护，以免受这类干涉或攻击。"未成年人与成年人一样具有受法律保护的隐私权。

（四）保护有特殊天赋和突出成就的未成年人

《未成年人保护法》既充分保障大多数未成年人的权利，又考虑到一些特殊情况的未成年人的特殊需要。如第三十六条规定："对有特殊天赋或者有突出成就的未成年人，国家、社会、家庭和学校应当为他们的健康发展创造有利条件。"

特殊天赋是指人生来就有的，一般人所不具有的才能，这样的人十分难得，因此，应采取特殊的教育培养方式，使他们的聪明才智充分发挥，早日成才。对那些经过努力取得突出成就的未成年人，也进行充分表彰和特殊爱护，并为他们今后的健康发展，提供、创造良好的条件。比如，有些学生在小学阶段就学完了初中和高中的课程。这样的学生就可以直接考入大学的少年班深造。还有的学生在体育、音乐、绘画、书法等方面有突出成就，国家就提供条件让他们发展特长，给他们安排有专业知识和技能的老师，对他们进行专业训练，让他们参加各种比赛活动，为国争光。这些做法，显示了国家对未成年人保护的精心和周到。

（五）公共场所优惠开放

未成年人除了在家庭和学校活动之外，还有不少时间是在社会上活动，比如到电影院看电影、到博物馆参观、到科技馆参加活动。到这些公共场所活动，可以使他们的生活丰富多彩，充满乐趣，又能开阔眼界，增长见识。所以，国家特别重视这些文化设施的建设，让它们为青少年健康成长提供服务。

《未成年人保护法》第四十四条第一款规定："爱国主义教育基地、图书馆、青少年宫、儿童活动中心、儿童之家应当对未成年人免费开放；博物馆、纪念馆、科技馆、展览馆、美术馆、文化馆、社区公益性互联网上网服务场所以及影剧院、体育场馆、动物园、植物园、公园等场所，应当按照有关规定对未成年人免费或者优惠开放。"在平时，未成年人进入这些场所，票价一般都比成年人票价低，每逢节假日和寒暑假，各场所还要举办各种丰富多彩的活动和竞赛，吸引广大青少年参加，培养他们广泛的兴趣和爱好。

那么，是不是所有的公共场所都对未成年人优惠开放呢？不是。有些场所不仅不能优惠，而且还要禁止未成年人进入，比如营业性歌舞厅、录像厅，因此，这些场所禁止未成年人进入，是国家对未成年人的关怀和爱护。国家要求在这些营业性场所，要有明显的标牌标志，需要写上"禁止未成年人进入"等字样，营业员不许向青少年出售门票。对于那些违反规定的经营者，有关部门要责令改正并处以罚款，屡教不改的还要受到法律制裁。

四、司法保护

司法保护是指公安机关、人民检察院、人民法院以及监狱、少年犯管教所等劳动改造执行机关，依法行使权力，履行职责，对未成年人实施的专门保护。

（一）办理未成年人犯罪案件的特殊制度

根据《未成年人保护法》及其他相关法律规定，对违法犯罪的未成年人，实行教育、感化、挽救的方针，坚持教育为主、惩罚为辅的原则。对违法犯罪的未成年人，应当依法从轻、减轻或者免除处罚。教育，就是对违法犯罪未成年人进行有组织的政治学习、文化知识学习、劳动技能学习，使他们提高觉悟，改正恶习，成为合格的公民。感化，就是要求从事劳改、劳教、少管的人员以情感、道义的力量去感动违法犯罪的未成年人麻木的心灵。挽救，就是要求司法人员，还有从事劳改、劳教、少管的人员运用多种方法启发违法犯罪的未成年人深刻认识错误和危害，树立改过从善的决心。

公安机关、人民检察院、人民法院办理未成年人犯罪案件和涉及未成年人权益保护案件，应当照顾未成年人身心发展特点，尊重他们的人格尊严，保障他们的合法权益，并根据需要设立专门机构或者指定专人办理。公安机关、人民检察院讯问未成年犯罪嫌疑人，询问未成年证人、被害人，应当通知监护人到场。公安机关、人民检察院、人民法院办理未成年人遭受性侵害的刑事案件，应当保护被害人的名誉。对羁押、服刑的未成年人，应当与成年人分别关押。羁押、服刑的未成年人没有完成义务教育的，应当对其进行义务教育。解除羁押、服刑期满的未成年人的复学、升学、就业不受歧视。在未成年人犯罪案件中，新闻报道、影视节目、公开出版物、网络等不得披露该未成年人的姓名、住所、照片、图像以及可能推断出该未成年人的资料。对未成年人严重不良行为的矫治与犯罪行为的预防，依照预防未成年人犯罪法的规定执行。

（二）对未成年人继承权、抚养权的规定

《未成年人保护法》对未成年人民事权利的保护也有规定，特别指出，人民法院在审理继承案件时，应当保护未成年人的继承权。在审理离婚案件时，如果离婚双方因抚养未成年子女发生争执，不能达成协议时，法院应当根据保障子女权益的原则和双方具体情况进行判决。父母或者其他监护人不履行监护职责或者侵害被监护的未成年人的合法权益，经教育不改的，人民法院可以根据有关人员或者有关单位的申请，撤销其监护人的资格，依法另行指定监护人，被撤销监护资格的父母应当依法继续负担抚养费用。在《未成年人保护法》第六章中，还规定，当未成年人的合法权益受到侵害，依法向人民法院提起诉讼的，人民法院应当依法及时审理，并适应未成年人生理、心理特点和健康成长的需要，保障未成年人的合法权益。在司法活动中对需要法律援助或者司法救助的未成年人，法律援助机构或者人民法院应当给予帮助，依法为其提供法律援助或者司法救助。侵权者应承担相应的民事责任、行政责任，侵权者的侵权行为构成犯罪的，应追究他们的刑事责任。

【复习思考题】

1. 结合实际，评述我国学生的法律地位。

2. 学生权利的内容是什么？实践中如何有效保护学生权利？

3. 学生义务的内容是什么？结合实际评述学生义务履行的情况。

4. 评述我国的未成年人保护制度。

【案例分析题】

董某夫妇之子小虎是小学四年级学生。7月11日上午第二节课时突然出现精神不振、出汗等症状。任课老师发现后，即派两名学生小刚、小强（当时均11岁）送小虎回家。两人将小虎送到家时发现大门锁着，就将小虎放在大门口地上，返回学校。后来被邻居发现，送到医院此时已是中午。乡医院诊断小虎患病毒性脑炎，后又转院，但为时已晚，诊断结论为患急性食物中毒并多脏器功能衰竭而死。董某夫妇认为学校未尽到职责，延误治疗，应该赔偿医疗费及死亡慰抚金等。

问题：结合案例讨论如何采取有效措施保护未成年学生的权益。

第七章　教育法的实施

【学习目的和要求】

1. 掌握教育法实施、教育行政执法、教育法遵守、教育法适用等概念

2. 理解教育行政执法的原则

3. 了解教育行政执法的主要形式

4. 掌握教育守法的范围和内容

5. 知道教育守法的主体与形式

6. 了解教育法适用的特点与原则

7. 了解国家机关教育法实施监督的主体

8. 知道社会力量教育法实施监督的内容

【具体教学内容】

1. 教育法实施的内涵，教育法实施的基本原则

2. 教育法的遵守

3. 教育行政执法，教育行政执法的特点、教育法执行的形式、教育法执行的原则

4. 教育法的适用及其要求

5. 教育法的时间、空间及对事的效力

6. 教育法实施的监督形式

第一节　教育法实施概述

一、教育法实施的含义

（一）法的实施

法的实施，也叫法律的实施，是指法律在社会实际生活中的具体运用和施行。法的实施包括两个方面：一是国家执法、司法机关及其公职人员严格执行法律、适用法律，保证法律的实现；二是指一切国家机关、社会组织和个人，即凡是行为受到法律调整的个人和组织都要遵守法律。① 前者称为法律的适用，后者称为法律的遵守。孟子云："徒善不足以为政，徒法不能以自行。"后者意思为只有好的法令，并不能自行于世，即法令必须要得到推行才能彰显它的意义。在一定意义上，法律的制定是为了法律的实施，否则制定再多、再完善的法律也毫无意义。法的实施是实现"有法可依，有法必依，执法必严，违法必究"的保证，这也是法的生命力的体现。

（二）教育法的实施

教育法的实施，指的是教育法律规范在教育实践中的具体运用和实行。在教育法律文件中，教育法律规范所规定的教育法律关系和教育法律秩序只是一种可能，要变成现实，需要经过教育法的实施，即通过教育法的实施，实现教育法律规范转变为现实的法律关系和法律秩序，实现依法治教。教育法实施的方式，可以划分为守法、执法与司法三种形式。在教育活动中，教育法的制定与教育法的实施共同构成了教育立法、执法、司法、守法的比较完整的教育法治环节。

二、教育法实施的相关概念

（一）教育法的制定

教育法的制定和教育法的实施是两个密切联系但又有区别的过程。法律的制定，又称立法，是指国家机关依据法定权限和程序制定、修改和废止法律、法规的活动。教育法的制定，同一般法律制定的程序一样，就是国家机关依据法定权限和程序制定、修改和废止教育法律、法规的活动。法律的制定是法律

---

① 黄葳．教育法学［M］．广州：广东高等教育出版社，2002：267.

实施的前提基础，法律的实施首先要"有法可依"，"有法可依"需要制定完善的法律。法律制定的主要步骤一般包括：法律议案的提出、法律议案的审议、法律议案的表决和通过、法律的颁布等。

（二）教育法的实效

法的实效是指人的行为与法律规范的符合，即人们实际上按法律规范的要求行为，法律规范实际上被遵守。教育法的实效强调的是人们的教育行为与教育法规范的一致性，是教育法在教育实践活动中实施的实际效果。在实践中，教育法规范的约定与教育法实施的实效不一定一致。例如，迄今为止，《教师法》对教师的工作福利待遇等相关规定的目标仍然没有能够很好地达到；《民办教育促进法》意在促进民办教育的发展，但是，民办教育法的不少规范恰恰在某种程度上约束了民办教育的发展；《教育法》约定的政府的教育财政的部分职能也未能够充分地得到落实。

（三）教育法的实现

教育法的实现是指教育法的规则、原则变成社会现实，教育权利得以实现，教育义务得以履行，教育责任得以兑现。[①] 教育法的实施追求的就是教育法的实现，如果没有教育法的实现，教育法实施的效果就不能得到体现。教育法实施是教育法实现的前提，教育法实现是教育法实施所追求的目标。教育法的实施与教育法的实现的主要区别在于，第一，教育法的实现比教育法的实施含义更广，既包括贯彻执行法律规范的过程，又包括执行法律的后果，而法的实施仅指前者。第二，教育法的实施是指执法、司法和守法，而教育法的实现还包括法律监督。第三，教育法的实施有获得实效的，也有没有获得实效的，教育法的实现主要是指已经获得实效的。教育法实现的意义在于，教育法所规范的权利、义务与责任已经真正得到贯彻落实与实施。

【案例】

2003 年 4 月，某中学在午间播放了一盘录像带，在录像带的最后，是初二学生孙某与其女朋友搂抱、接吻的镜头，该镜头被公之于全校学生的眼前。虽然画面打上了马赛克，但熟悉的同学还是立即认出了他们。事后，班主任分别找二人谈话。同时，学校认为两人严重违反了学校的规定，情节严重，因此给予两人开除学籍的处分。孙某的父母将学校告上法庭，认为学校安装摄像头播放拍摄内容，并开除孙某，侵犯了孙某的隐私权和受教育权，要求学校撤销

---

① 黄葳. 教育法学 [M]. 广州：广东高等教育出版社，2002：268.

开除学籍的处分，并赔偿精神损失费。法院经审理认为，学校随时打开摄像头监视学生的行动，并将摄像的内容在全校播放，使得孙某及女友两人的关系及其行为在全校范围内公开，严重侵犯了孙某的隐私权；同时，学校给予孙某二人开除学籍处分的做法剥夺和侵犯了二人的受教育权，故判决学校撤销对孙某及女友开除学籍的决定。

讨论：学校教室安装监视器是否必要？是否有助于教育法在实践中的有效实施？

分析：学校教室安装监视器或有必要，但无助于教育法在实践中的有效实施。因为学校把学生的活动置于监视器的监视之下，可能会使学校对学生的管理有所帮助，但是，把监视的内容予以公开，容易导致侵犯学生的隐私权。另外，若学校对学生的管理到了依靠教室安装监视器的地步，只能说明学校对学生教育管理能力的弱化。

第一，学生享有隐私权。隐私是指与个人的私生活密切相关的不愿为人所知的秘密，如身体缺陷、两性关系等，隐私权是指公民，包括未成年人所享有的个人秘密和个人私生活未经允许不得公之于众的权利。随着社会的进步和发展，人们越来越重视对他人隐私的尊重和保护，但对于未成年人是否享有隐私权却存在争议，有人认为未成年人年龄尚小，生活简单，谈不上有什么隐私权，在这种错误想法的支配下，出现了许多侵害未成年人隐私权的现象，例如父母、教师私拆未成年人的信件，偷看未成年人的日记，在网站、报纸、电视、录像上擅自披露未成年人隐私的情况等，这给正处于成长阶段、身心尚未发育成熟、涉世未深的未成年人造成了深深的伤害，导致他们心灵上的苦闷，甚至引发离家出走、自杀等恶性事件。为保护未成年人的隐私权，联合国《儿童权利公约》第十六条规定："儿童的隐私、家庭、住宅或通信不受任意或非法干涉，其荣誉和名誉不受非法攻击。"我国《未成年人保护法》第十五条规定："学校、幼儿园的教职员应当尊重未成年人的人格尊严。"第三十条规定："任何组织和个人不得披露未成年人的个人隐私。"所以，未成年人与成年人一样有着自己不愿被他人知晓的隐私，与成年人一样享有隐私权。

第二，学校在教室安装监视器是否侵犯学生隐私权。目前，我国法律对此没有明确的规定。但是，此案中，孙某起诉学校侵犯隐私权、受教育权的案件最终得到了法院的支持。说明学校将监视器拍摄的学生拥抱、接吻的内容公之于众这一行为是不为法院支持的。

第三，学校不得以"行使教育管理权"为由侵犯学生隐私权。学校、教师发现学生的不良行为后，尤其是早恋行为，往往在处理时不注意方式、方法，很容易造成侵犯学生的隐私权，例如私自开拆学生信件、设置监视器甚至将拍摄内容公之于众，以开大会等形式宣扬学生隐私，等等，侵权后还以"是正常地行使教育管理权"为托词进行申辩。在学校中常见的侵犯学生隐私权的行为还有：教师私自开拆学生信件，在侵犯学生通信自由和通信秘密权利的同时，也侵犯了学生隐私权；偷看学生日记、电子邮件；采用暴力、胁迫、引诱等方式要求学生说出内心并不愿意被他人知道的秘密；检查学生的私人物品以窥探学生的秘密；向外宣扬或公开披露学生不愿意被他人知道的事情，等等。

第四，学校侵犯学生隐私权，需要承担法律责任。《未成年人保护法》第四十七条规定："侵害未成年人的合法权益，对其造成财产损失或者其他损失、损害的，应当依法赔偿或者承担其他民事责任。"《民法通则》第一百三十四条规定："承担民事责任的方式主要有：（一）停止侵害；（二）排除妨碍；（三）消除危险；（四）返还财产；（五）恢复原状；（六）修理、重作、更换；（七）赔偿损失；（八）支付违约金；（九）消除影响、恢复名誉；（十）赔礼道歉。以上承担民事责任的方式，可以单独适用，也可以合并适用。"2001年最高人民法院通过的《关于确定民事侵权精神损害赔偿责任若干问题的解释》第一条规定：自然人隐私权受到侵害的，受害人以侵权为由向人民法院起诉请求赔偿精神损害的，人民法院应当依法予以受理。

第五，学校应当尊重学生的人格尊严，正确行使教育管理权。学生虽然是被管理者，但他们首先是个"人"，他们享有人格尊严，法律赋予成年人的人格权，一样适用于未成年人，学校应当尊重学生的权利。不论教师与学生、父母与子女，人与人之间都应当是平等的，学校不能因为对学生享有教育、管理的权利，就可以采用任何手段行使自己的教育管理权，学校没有这样一种特权。学校对学生的教育和管理必须建立在尊重学生合法权利的基础上，而不能建立在侵犯学生自由和隐私的基础之上。

三、教育法实施的基本原则

教育法实施的基本原则，是指全部实施教育法活动必须遵循的准则。它贯穿于一国教育法律、法规之中，是守法、执法和司法的基本依据。我国教育法实施的基本原则具体包括以下内容。

（一）教育的社会主义方向性原则

教育法实施的社会主义方向性原则要求在教育法的实施时要做到以下一些

基本要求：第一，坚持以马克思列宁主义、毛泽东思想和邓小平理论为指导；第二，坚持由中国共产党掌握教育领导权；第三，坚持把培养社会主义事业的建设者和接班人作为学校的根本任务；第四，坚持在受教育者中进行爱国主义教育、集体主义、社会主义的教育，进行理想、道德、纪律、法制、国防和民族团结的教育。

（二）教育的公共性原则

教育法实施的公共性原则要求：第一，国家制定教育发展规划，并有责任举办教育事业，各级政府是办学的重要主体；第二，各级各类学校必须接受国家的管理和监督；第三，教育活动必须符合国家和社会公共利益，举办学校不得以营利为目的；第四，教师应忠诚于人民的教育事业，教师的劳动应当受到全社会尊重；第五，整个社会和公民负有通过一定方式支持教育的义务；第六，教育与宗教相分离，并排除不正当因素干扰。

（三）教育的民主性原则

教育法实施的民主性原则要求：第一，中华人民共和国公民有受教育的权利与义务。公民不分民族、种族、性别、职业、财产状况、宗教信仰等，依法享有平等的受教育机会；第二，国家对特殊地区、特殊教育对象予以扶助，以体现平等的受教育权，主要是帮助和扶持各少数民族地区、边远贫困地区发展教育事业，扶持发展残疾人教育事业，保护女子在受教育方面的平等权利，对家庭经济困难的学生提供各种形式的资助等；第三，国家的教育基本制度及学校和其他教育机构的教育教学活动应公开并为受教育者提供便利；第四，学校内部管理体制应通过建立以教师为主体的教职工代表大会或监事会、校务委员会等其他组织形式，实行民主管理和监督。

（四）教育的统一性和多样性相结合的原则

这一原则主要体现为国家建立统一性和多样性相结合的教育体系，其基本要求是：第一，国家制定统一的教育事业发展规划，保持各级各类教育事业均衡发展，同时赋予地方从本地实际出发，分区规划，分类指导，形成社区教育特色；第二，国家实行统一的学校教育制度，同时通过全日制和部分时间制、正规和非正规、普通和特殊等多样性教育，以及远距离教育形式，满足公民对教育的不同需求；第三，国家规定统一的教育方针和教育教学标准，保证基本的教育质量，同时尊重不同类型学校和受教育者的个性差异，发挥其优势，发展其特长。

（五）教育与终身学习相适应的原则

这一原则主要体现为教育改革和发展要致力于建立和完善终身教育体系。

其基本要求是：第一，教育体系要从单一的学校教育向多种教育形式过渡，从一次终结性教育向多次性的开放性教育过渡，使教育制度具有灵活性和适应性，满足公民不同时期的多种受教育需求；第二，各级各类教育之间要相互融通和联系，尤其是学制系统内学校的融通性和开放性，使教育体制适应社会主义市场经济体制和教育事业发展的客观需求；第三，教育面向的对象，要从过去单一的青少年为主，转向为全体公民提供教育服务，要使教育成为贯穿于人的一生各个年龄阶段的学习活动。

第二节 教育法的遵守

一、教育法遵守概述

（一）教育法遵守的含义

1. 法的遵守

法的遵守可以有广义与狭义两种含义，广义的法的遵守，就是法的实施，包括执法、司法和守法。狭义的法的遵守，也叫守法，专指公民、社会组织和国家机关以法律为自己的行为准则，依照法律行使权利和权力的同时，履行义务的活动。

法的遵守，可包括消极守法和积极守法。"消极守法"是指守法主体对法律规范（主要是义务性法律法规）的被动服从以及对合法权利的正当放弃。"积极守法"是指守法主体对法律规范的主动适用以及对社会不法行为或意向的合法抑制或反对。

从守法主体看，法的遵守涵盖一切组织和个人。在我国，所有人都是守法主体，所有组织都有义务守法；各政党包括共产党都要遵守宪法和法律，都要在宪法和法律的范围内活动。从守法内容看，在我国，所要遵守的法律，是广义的法律，不仅包括宪法和全国人民代表大会及其委员会制定的基本法律和非基本法律，而且包括与宪法和法律相符合的行政法规、地方性法规，行政规章和其他所有法律渊源。

2. 教育法遵守

教育法律的遵守也有广义与狭义两种含义，广义的教育法遵守，是指国家机关及其工作人员、社会团体组织和公民自觉按照教育法律规范的要求，行使权利、履行义务从而使教育法律规范得到实施和实现的活动。即教育法的遵守就是教育法的实施，包括执法、司法和守法。教育法执法的主体是国家机关和教育行政机关，其执法活动必须严格按照法定职权和法定程序进行，必须依法执法。广义的教育司法包括教育行政机关及审判机关的司法活动，无论是行政机关的司法活动，还是人民法院的司法审判活动，都必须依法进行。

狭义的教育法遵守，专指教育法律关系主体自觉遵守教育法的规定，按照教育法的规范要求，作为或不作为，它是教育法实施的重要表现形式。

（二）教育法遵守的形式

教育法的遵守可以分为多种类型。从守法形式上可分为三类：行使教育法规定的合法权利，积极履行教育法规定的义务和遵守教育法规定的禁令。

1. 行使教育法规定的合法权利

这是授权性法律规范的实现方式，就是教育法律关系主体按照教育法律法规的规定，享受自身的权益，维护自身的利益。如《教育法》规定，学校有按照章程自主管理；组织实施教育教学活动；招收学生或者其他受教育者；对受教育者进行学籍管理，实施奖励或者处分；对受教育者颁发相应的学业证书；聘任教师及其他职工，实施奖励或者处分；管理、使用本单位的设施和经费；拒绝任何组织和个人对教育教学活动的非法干涉及法律、法规规定的其他权利。上述权利是教育法授予学校的权益，学校依法行使上述权利，学校合法地行使了上述权利，也就是教育法得到遵守的体现。当然，在正确行使自身的权利时，要时刻注意：第一，要在自身的权益范围内行使自己的权利；第二，行使自身的权利切忌侵犯了他人的权益；第三，要正确地维护自身的权益，如是轻易放弃教育法授予自身的权益，常常意味着教育法律规范没有得到遵守。

2. 积极履行教育法规定的义务

这是义务性法律规范的实现方式，就是教育法律关系主体主动履行教育法要求的必须有所作为或不作为的行为。只有教育法律关系主体按照教育法要求履行自己的义务，教育法律规范才能得到实现。如《教师法》第九条规定："为保障教师完成教育教学任务，各级人民政府、教育行政部门、有关部门、学校和其他教育机构应当履行下列职责：（一）提供符合国家安全标准的教育教学设施和设备；（二）提供必需的图书、资料及其他教育教学用品；（三）对教师在教育教学、科学研究中的创造性工作给以鼓励和帮助；（四）支持教师制止有害于学生的行为或者其他侵犯学生合法权益的行为。"即教师教育教学任务的顺利完成，需要包括国家政府机关部门在内的各教育法律关系主体的教育法所规定的义务的积极履行。各教育法律关系主体义务的积极履行，对教育质量的保证与提高具有积极的意义，同时使教育法的遵守得到落实。

3. 遵守教育法规定的禁令

这是禁止性法律规范的实现方式，就是教育法律关系主体不做教育法禁止的行为，违反了就要受到教育法的制裁。禁令性的法律规范在教育法中有众多的明确规定，如《教育法》第七十一条规定："违反国家有关规定，不按照预算核拨教育经费的，由同级人民政府限期核拨；情节严重的，对直接负责的主管人员和其他直接责任人员，依法给予行政处分。违反国家财政制度、财务制度，挪用、克扣教育经费的，由上级机关责令限期归还被挪用、克扣的经费，并对直接负责的主管人员和其他直接责任人员，依法给予行政处分；构成犯罪的，依法追究刑事责任。"《义务教育法》第五十六条第一款规定："学校违反国家规定收取费用的，由县级人民政府教育行政部门责令退还所收费用；对直接负责的主管人员和其他直接责任人员依法给予处分。"

【案例】

2012年6月20日下午，某中学初三（2）班学生马某上自修课时吸烟，并且大声喧哗。班长陆某指出其错误，并要求马某立刻改正。马某不服，当即用粉笔扔陆某。陆某找来班主任处理此事，班主任严厉批评并教育马某，随后罚马某做掌上压100次。马某愤怒至极，大肆侮辱和恐吓班主任，随后跑离学校，并找来社会上的人在校门口趁放学之时，将陆某殴打致伤，并且就此自动退学。

讨论：各个教育守法主体遵守教育法律的行为。

分析：首先，学生马某没有遵守教育法规定的禁令，违反了学校的相关规定，其行为是错误的。第一，上课吸烟、大声喧哗是违反学校课堂纪律和中学生日常行为规范的。第二，向陆某扔粉笔，找人殴打其致伤，属于不服从管理和侵犯了他人人身安全的行为。第三，大肆侮辱、恐吓班主任，是不服从教育，并侵犯了他人人格尊严和人身安全的行为。

其次，陆某和班主任能够积极履行教育法所规定的义务。第一，陆某指出马某的错误并要求其改正，在其处理不了时，找班主任协助处理是履行班长职责和协助班主任工作，是正当的。第二，班主任向马某提出严厉批评和教育是履行教育工作者的职责和义务，是正确的。

最后，班主任没有遵守教育法规定的禁令，罚学生马某做掌上压100次，属于变相体罚学生，这是违反《教育法》的行为。

（三）教育法遵守的意义

教育法的遵守是教育法律关系主体实现自己根本利益的必然要求。教育法的遵守要求教育法律关系主体自觉遵守教育法律规范设定的行为模式，并将各种教育法律规范转化为现实，使权利、义务、责任落到实处，规范教育法律关系主体的各种教育法律行为，保护教育法律关系主体的合法权益。教育法的遵守是教育法律关系主体获取教育权利的最佳途径，教育法遵守的程度越高，教育法律权利实现的可能性越大。

教育法的遵守是教育法律实现最基本的形式。教育法实现包括三个途径：一是教育法的执行；二是教育法的适用；三是教育法的遵守。遵守教育法是教育法实施中最广泛、最常见的方式，是教育法实施的重要形式。

教育法的遵守是建设社会主义法治国家的必要条件。遵守教育法是国家为全体社会成员设定的义务，是法治社会建立正常教育秩序的必然要求。现代社会，教育法是教育活动正常有序的最重要的手段和调节机制，良好的教育秩序必须依靠教育法的调整。教育法通过特有的手段和方式，调整教育法律关系主体的教育行为，解决教育活动领域的纠纷，体现教育活动领域的公平，维护教育领域的利益，体现社会主义法治国家依法治国的价值理念。

二、教育法遵守的主体

依据宪法规定，法律遵守的主体包括一切组织和个人。《宪法》第五条第四款规定："一切国家机关和武装力量、各政党和各社会团体、各企业事业组织都必须遵守宪法和法律。一切违反宪法和法律的行为，必须予以追究。"第五款规定："任何组织或者个人都不得有超越宪法和法律的特权。"第三十三条第四款规定："任何公民享有宪法和法律规定的权利，同时必须履行宪法和法律规定的义务。"第五十三条规定："中华人民共和国公民必须遵守宪法和法律。"一切被国家的与教育相关的法律和法规纳入调整范围的组织和个人都是教育法遵守的主体。从实践角度看，教育法遵守的主体主要包括以下方面：国家机关、教育行政机关、学校和其他教育机构、企事业组织、社会团体及其他社会组织和个人、教师和其他教育工作者、受教育者、适龄儿童、少年和他们的父母或其他监护人，等等。在教育法遵守的各个主体中，国家和地方各级人民政府机关及其工作人员、国家教育行政机关及其工作人员、中小学校校长和教师带头遵守法律、规范尤其重要。

（一）国家教育行政机关

国家教育行政机关既是专门的教育行政管理机关，又是教育行政执法机关。教育行政机关是否能够依法行政，直接影响着教育法规的实施。因此，教育行政机关必须带头严格遵守教育法，按照法定的权限和程序履行自己的职责，不失职，不越权，不谋求教育法规定以外的特权，不为本单位牟取私利。

（二）国家教育行政机关工作人员

国家教育行政机关工作人员是我国教育行政机关中代表国家从事教育行政管理，行使国家权力，执行国家公务的人员。他们既是教育行政管理者，又是教育行政执法者，在教育法的遵守方面，应该起榜样作用。国家教育行政机关及其工作人员是否带头模范遵守教育法，关系到教育法能否真正贯彻、落实与实施。

（三）中小学校校长

中小学校校长是学校的法定代表人，是学校的行政负责人。校长的职责和法律地位要求他们必须是模范的守法者，按照教育法的要求组织实施教育教学和学校管理活动，依法维护学校、教师、学生和本人的合法权益。校长自觉遵守教育法与否，直接影响到教育法律规范是否真正在学校中得到实施，学校教育活动中许多法律规范没有得到实际意义上的遵守，与学校校长遵守教育法的素养有很大关系。

（四）教师

教师是教育教学活动的具体实施者，是教育教学活动中教育法规的具体执行者，教师工作的榜样性、示范性使得他们的思想、道德、行为、法律素养都会对学生产生潜移默化的影响。强调教师带头遵守教育法，有利于学生守法行为的养成。

（五）公民个人

教育法的遵守是每一个公民应尽的义务。公民守法意识薄弱，是实践中产生教育法律纠纷，发生教育法律侵权行为的主要原因。培养公民守法观念，塑造公民守法行为，是教育法遵守落到实处的重要保证。

三、教育法遵守的范围和内容

教育法遵守的范围指的是遵守哪些教育法，由于教育活动极其广泛，涉及社会生活的方方面面，世界上还没有任何的一个国家能够只制定一部统一的教育法典就能对所有的教育活动进行调整。我国调整教育活动的教育法已经初步形成了一个按照效力等级划分的层级体系，遵守教育法的范围可以包括以下方面的内容。

（一）宪法

宪法是国家的根本大法，具有最高的法律效力，任何组织和个人都必须以宪法为根本的行为准则，宪法中有关教育的条款，是教育立法的依据，也是进行教育管理和教育教学活动的依据。

（二）教育法律

教育法律是根据宪法由最高权力机关制定的，规范教育各个领域的活动，每个社会组织和公民都必须遵守。目前由全国人民代表大会及其常务委员会制定的教育法律主要有：教育法、教师法、义务教育法、职业教育法、高等教育法、民办教育促进法、未成年人保护法等，其中教育法是规范教育活动和教育关系的基本法，也是依法治教的根本大法。

（三）教育行政法规

教育行政法规由最高行政机关即国务院制定的教育行政法规主要有：义务教育实施细则、教师资格条例、民办教育促进法实施条例、学校体育工作条例、学校卫生工作条例等。

（四）地方性教育法规

地方性教育法规是由有立法权的地方人民代表大会及其常务委员会制定的，目的在于保证宪法、法律和行政法规的遵守和执行，结合本行政区的具体实际情况和实际需要的有关地方性的教育行政法规，如《××省普及义务教育条例》《××省实施学前教育办法》等。

（五）教育行政规章

教育行政规章包括由国务院教育行政部门或者由地方国家行政机关制定的教育法律文件两类。国务院教育行政部门制定的教育法律文件，如《普通高等学校学生管理规定》《幼儿园工作规程》《义务教育学校收费管理暂行办法》《学生伤害事故处理小法》等；地方国家行政机关制定的教育法律文件则为数更为众多。

（六）其他

遵守教育法，不仅包括遵守宪法和教育法律，遵守其他各个层次和各种形式的教育法律规范，而且也包括教育行政执法部门依法做出的一些非规范性文件，如行政处罚通知书、行政复议决定书等。

第三节　教育法的执行

一、教育法执行的含义

（一）教育执法的概念

教育法执行简称教育执法，教育执法是教育法实施的重要方面。在日常生活中，法的执行通常有广义与狭义两种。广义的执法，是指所有国家行政机关、司法机关及其公职人员依照法定职权和程序实施法律的活动。狭义的执法，则专指国家行政机关及其公职人员依法行使管理职权，履行职责，实施法律的活动。本节所讲的法的执行是狭义的法的执行，即教育行政执法，是国家教育行政机关依照法定的职权和程序，针对特定事项和特定的教育行政管理相对人，适用教育法律规范并产生法律效力的活动。

教育行政执法是教育法律实施的重要途径，在现代社会，国家行政机关被称为国家权力机关或立法机关的执行机关，后者制定的法律和其他规范性法律文件主要由前者贯彻、执行，付诸实现。

（二）教育执法的特点

1. 教育行政执法主体的确定性

教育行政执法的主体，是国家各级教育行政机关以及法律授权的行政主体，这就把教育行政机关与其他国家机关执法活动区别开来。在我国，宪法规定国家行政机关是国家权力机关的执行机关，是具有行政执法权的国家机关，其他国家机关均没有行政执法权。法律授权非义务教育学校，享有对学生进行学籍管理以及颁发学位证书学历证书的权利，它们虽不是行政机关，但属于法律授权的行政主体。人民法院依法审理教育行政案件的活动，虽然也是执法活动，但它是以司法机关为主体的"司法活动"，不属于教育行政执法。比如，对招用适龄儿童、少年就业的相对人给予责令停止营业和吊销营业执照的行政处罚决定，只能由工商行政管理机关做出，属于工商行政执法。这就把教育行政机关与其他行政机关区别开来。但是，由于教育法律关系的复杂性，有些教育法律规范的适用往往需要由多个行政机关协同进行，各个行政机关都应在其管辖职权范围内进行教育行政执法。

从实践来看，我国的教育行政主体大致有以下几种：（1）教育行政机关，包括中央与地方各级教育行政机关；（2）其他国家行政机关，如在农村，教育行政主体是乡、镇人民政府，乡、镇人民政府有对违反教育法的行为负责处罚的职责；（3）教育行政法律法规授权的组织，如高校和科研机构，经相关法律法规授权可以实施教育行政执法。

2. 教育行政执法的主动性

执行法律既是教育行政机关进行教育管理的权力，也是面对社会、公民承担的义务，是职权，也是职责。因此，教育行政机关在对教育进行管理时，应当依据法律主动执行，而不一定需要行政相对人的请求（对申请资质证、办学许可证等除外）和同意。如教育行政机关依法对招生、考试、办学活动进行的检查，如果教育行政机关不主动执法并因此给国家或教育造成损失，就构成失职，需要承担法律责任。

3. 教育行政执法的单方性

由于教育行政执法是由国家行政机关代表权力机关执行教育法规的活动，其执法主体可以通过拥有的各种强硬手段来强迫执法对象服从，并不需要考虑其执法对象的个人意愿；反之，其执法对象必须无条件服从执法主体的约束，使教育行政执法成为一种具有单方权威性的活动。当然，教育行政执法的单方权威性并不意味着专制，因为它所执行的教育法律规范体现了广大人民的共同教育意志，其民主性在立法过程中已经得到充分的体现。

4. 教育行政执法对象的明确性

教育行政执法是将相关的法律法规起用于具体行政管理相对人或事的活动。不针对具体的人或事，不是教育行政执法，如行政领导主持会议、考场巡视等行为。另外，教育行政立法等抽象行政行为，也不是针对具体的人或事，当然也不是教育行政执法。而针对具体人或事，教育行政机关依照法律法规作出处理，由此引起教育法律关系的产生、变更或消灭，使教育法律法规的一般规定具体化，产生具有法律效力的行政执法文件。如颁发某校办学许可证，发教师资格证，取消某校招生考试资格，等等，都是教育行政执法。

5. 教育行政执法程序的严格性

教育行政机关执行法律的过程也是行使执法权的过程。行政权是一种国家权力，教育行政权也不例外，它具有国家的强制性。教育行政执法既能改变教育资源的分配，也能影响并制约各级学校、教师、学生等发展速度和规模。教育行政机关只有在其法定权限范围内，依照法定程序进行执法活动，才是有效的行政执法行为。任何超越法定权限，违反法定程序的行为，不仅是违法的，而且自始至终无效。教育行政执法程序一般包括：（1）教育行政相对人提出申请；（2）教育行政机关依法受理；（3）教育行政机关依法处理，如对行政相对人的申请进行有效审查，作出解释，进行听证，作出决定，制作相应的法律文件，送达当事人等。上述程序是教育行政执法过程中必不可少的，必须严格遵守。

【案例】

1998年年底，北京科技大学应用科学院物理化学系94级学生田某一纸行政诉状将自己的母校告上法庭，要求法庭判令学校按规定向自己颁发毕业证和学位证，办理相应的毕业手续，并赔偿因为延迟颁证所遭受的损失3000元。

原告田某因在一次考试中携带记有公式的字条而被监考老师停止考试，后被告北京科技大学教务处以考试作弊为由，依据学校关于严格考试纪律的文件对田某作出退学处理，但该退学处理决定并未得到实际执行。尽管被告在认定原告考试作弊的事实后决定给原告退学处理，但没有直接向原告宣布处分决定和送达变更学籍通知，也未办理退学手续。

在此后的两年中，原告以一名正常学生的身份继续参加学期注册，使用学校各项设施，包括校医院、图书馆、教室，继续享受学校补助金，也交纳了学费，修完了所有学分并参加了实习和毕业设计。临近毕业时，被告教务处通知原告所在系，因对原告已作退学处理，故不能毕业，不发放毕业证、学位证、派遣证等。原告认为学校拒发毕业证、学位证的行为侵犯了其合法权益，向北京市海淀区人民法院提起诉讼，请求法院判令被告发放毕业证、学位证等，及时有效地为其办理毕业派遣手续；赔偿经济损失3000元，并在校报上，公开赔礼道歉等。

一审受理案件的北京市海淀区人民法院认为：北京科技大学可以根据本校的规定对田某违反考场纪律的行为进行处理，但是这种处理应当符合法律、法规、规章规定的精神，至少不得重于法律、法规、规章的规定。国家教育委员会《普通高等学校学生管理规定》第十二条规定："凡擅自缺考或考试作弊者，该课程成绩以零分计，不准正常补考，如确实有悔改表现的，经教务部门批准，在毕业前可给一次补考机会。考试作弊的，应予以纪律处分。"第二十九条规定应予退学的10种情形中，没有不遵守考场纪律或者考试作弊应予退学的规定。北京科技大学的"068号通知"，不仅扩大了认定"考试作弊"的范围，而且对"考试作弊"的处理方法明显重于《普通高等学校学生管理规定》第十二条的规定，也与第二十九条相抵触，应属无效。

北京市海淀区人民法院经审理，判令被告北京科技大学在本判决生效之日起 30 日内向原告田某颁发大学本科毕业证书；于本判决生效之日起 60 日内召集本校的学位评定委员会对原告田某的学士学位资格进行审核；于本判决生效之日起 30 日内履行向当地教育行政部门上报原告田某派遣的有关手续的职责；驳回原告田某的其他诉讼请求。

二审法院驳回了北京科技大学的上诉，维持了一审判决。

讨论：北京科技大学对田某作出退学处理是不是教育行政执法行为？为什么？

分析：（1）依据相关法律规定，北京科技大学颁发毕业证和学位证时是法律授权的行政主体，当属于教育行政执法的主体，具有给本校毕业生颁发或不颁发毕业证和学位证的职权，北京科技大学颁发毕业证和学位证的行为是教育行政管理行为。

（2）学校对田某作出退学处理的行为，是针对特定事项和特定的教育行政管理相对人，适用教育法律规范并产生法律效力的活动。

（3）学校无权对学生作出比相关法律、法规、规章规定更重的处分。田某在补考时虽然携带写有与考试有关内容的纸条，其行为尚未达到考试作弊的程度，应属于违反考场纪律。北京科技大学可以根据本校的规定对田某违反考场纪律的行为进行处理，但是这种处理应当符合法律、法规、规章的规定。

（4）学校对学生的退学处理决定必须按照法定程序严格执行。学校对田某作出退学处理始终都没有得到实际执行，表现为尽管学校在认定田某考试作弊的事实后决定给田某退学处理，但没有直接向田某宣布处分决定和送达变更学籍通知，也未办理相关退学手续。

二、教育法执行的形式

根据宪法关于行政机关职权的规定精神，教育行政执法的形式主要包括：教育行政许可、教育行政处罚、教育行政强制措施、教育行政强制执行、教育行政奖励等。

（一）教育行政许可

教育行政许可即教育行政机关根据当事人的申请，经审查赋予其从事培训、教学、研究等活动的权利或资格，并予以注册或批准的行为。如《教育法》第二十一条规定："国家实行国家教育考试制度。国家教育考试由国务院教育行政部门确定种类，并由国家批准的实施教育考试的机构承办。"第二十八条："学校及其他教育机构的设立、变更和终止，应当按照国家有关规定办理审核、批准、注册或者备案手续。"《义务教育法》第十一条第二款规定："适龄儿童、少年因身体状况需要延缓入学或者休学的，其父母或者其他法定监护人应当提出申请，由当地乡镇人民政府或者县级人民政府教育行政部门批准。"都属于教育行政许可的范畴。

（二）教育行政处罚

教育行政处罚是指教育行政机关依法对违反教育法律规范的行政管理相对人进行惩戒制裁的教育行政执法行为。教育行政处罚的形式主要有申诫罚，包括警告、通报批评；行为能力罚，包括：取消……资格、撤销职务、降级、降职、除名、开除、撤销机构等；财产罚，包括罚款、没收非法所得等。《教育法》第九章"法律责任"对教育行政处罚的不同情形分别有明确的法律责任规定。

（三）教育行政强制措施

教育行政强制措施是指为了保障教育行政处理决定的有效执行或避免、排除可能发生的危害后果或制止已经发生的危害结果的进一步持续，而依法采取的强制措施。如《义务教育法》第五十一条规定："国务院有关部门和地方各级人民政府违反本法第六章的规定，未履行对义务教育经费保障职责的，由国务院或者上级地方人民政府责令限期改正；情节严重的，对直接负责的主管人员和其他直接责任人员依法给予行政处分。"第五十八条规定："适龄儿童、少年的父母或者其他法定监护人无正当理由未依照本法规定送适龄儿童、少年入学接受义务教育的，由当地乡镇人民政府或者县级人民政府教育行政部门给予批评教育，责令限期改正。"

（四）教育行政强制执行

教育行政强制执行是指教育行政机关对应履行而不自动履行教育法定义务的行政管理相对人依法强制其履行义务的教育行政执法行为。《未成年人保护法》第一百二十六条规定，密切接触未成年人的单位在招聘工作人员时，应当向公安机关、人民检察院查询应聘者是否具有性侵害、虐待、拐卖、暴力伤害等违法犯罪记录；发现其具有前述行为记录的，不得录用。密切接触未成年人的单位应当每年定期对工作人员是否具有上述违法犯罪记录进行查询。通过查询或者其他方式发现其工作人员具有上述行为的，应当及时解聘。如果违反上述规定，未履行查询义务，或者招用、继续聘用具有相关违法犯罪记录人员的，由教育、人力资源和社会保障、市场监督管理等部门按照职责分工责令限期改正，给予警告，并处五万元以下罚款；拒不改正或者造成严重后果的，责令停业整顿或者吊销营业执照、吊销相关许可证，并处五万元以上五十万元以下罚款，对直接负责的主管人员和其他直接责任人员依法给予处分。

（五）教育行政奖励

教育行政奖励即根据教育行政机关对依法行使教育权，并因其合法行为在维护教育法律的权威性方面成绩突出的组织或个人给予奖励的行为。它以相对人的守法行为作为前提，通过奖励，加强对教育法的宣传和推行。如《教育法》第十三条规定："国家对发展教育事业做出突出贡献的组织和个人，给予奖励。"《未成年人保护法》第九条规定："各级人民政府和有关部门对保护未成年人有显著成绩的组织和个人，给予表彰和奖励。"《教师法》第三十三条："教师在教育教学、培养人才、科学研究、教学改革、学校建设、社会服务、勤工俭学等方面成绩优异的，由所在学校予以表彰、奖励。国务院和地方各级人民政府及其有关部门对有突出贡献的教师，应当予以表彰、奖励。对有重大贡献的教师，依照国家有关规定授予荣誉称号。"第三十四条规定："国家支持和鼓励社会组织或者个人向依法成立的奖励教师的基金组织捐助资金，对教师进行奖励。"

三、教育法执行的原则

（一）合法性原则

教育行政合法性原则，是指教育行政机关在教育行政执法过程中要遵循教育法以及与教育活动有关的其他法律法规的规定，教育行政执法活动要有法的依据，严格依法办事。合法性原则是教育法执行的一条基本原则，是社会主义法制"有法必依"原则的具体体现。

教育行政执法的合法性原则主要包括以下三方面的内容：（1）教育行政执法的主体必须符合法律的规定，并在法定的权限范围内活动。教育法对教育行政执法的主体在以下方面进行了限制：第一，对主体资格的限制。它是指教育行政执法的主体必须具有执法权的教育行政机关或教育行政机关授权的组织。第二，对教育行政机关权力运用程度上的限制。即具有合法资格的执法主体的执法活动必须在法定权限内进行，超越法定权限的活动也不具有法的效力。（2）教育行政执法必须有法律依据。也就是说教育行政机关的执法活动必须有国家宪法、教育法律、行政法规、地方性法规、规章等作依据。（3）教育行政执法要符合法定程序。即教育行政执法应当符合法律、法规规定的程序。规定执法程序是为了规范执法人员的行为，防止执法人员滥用职权，维护当事人的合法权益，因此，行政执法应当严格依照规定的程序实施。如果不按照规定的程序执法，亦构成行政执法的违法。

【案例】

2000 年 2 月，湖北汇湾中学 18 名学生因为家庭贫困，其家长不让孩子上学。汇湾镇政府教育行政主管部门把这 18 名家长告上法庭。法院受理后，就在汇湾中学开庭审理此案。16 名学生的家长到庭。法庭上，原告和 16 名被告达成了调解协议。被告同意送子女上学，原告同意对这些贫困家庭减免学费。对 2 名没有出席法庭的家长，法院做了缺席判决。其内容与调解协议相同。事后，被告都主动履行了协议或执行了判决。同时，乡政府对 18 名学生的学杂费予以减免。

讨论：汇湾镇政府教育行政主管部门把这 18 名家长告上法庭的行为是不是教育行政执法行为？为什么？

分析：汇湾镇政府教育行政主管部门把这 18 名家长告上法庭的行为不是教育行政执法行为。理由如下：

父母或其他监护人不送应当接受义务教育的子女入学是违法行为。因为《义务教育法》第五条规定："凡年满 6 周岁的儿童，不分性别、民族、种族，应当入学接受规定年限的义务教育。条件不具备的地区可推迟到 7 周岁入学。"《义务教育法》第十一条第一款规定："父母或者其他监护人必须使适龄的子女或者其他被监护人按时入学，接受规定年限的义务教育。"《未成年人保护法》第九条规定："父母或者其他监护人应当尊重未成人接受义务教育的权利，必须使未成年人按照规定接受义务教育，不得使在校接受义务教育的未成年人辍学。"所以，父母作为法定监护人，具有送子女入学，不得无故辍学的法定义务。即使有正当理由需免学、辍学的，父母也必须履行法定的手续，而不得随意辍学。《义务教育法实施细则》第十二条规定："适龄儿童、少年需免学、辍学的，由其父母或者其他监护人提出申请，经县级以上教育主管部门或者乡级人民政府批准。因身体原因申请免学、辍学的，应当附具县级以上教育主管部门指定的医疗机构的证明。缓学期满仍不能就学的，应当重新提出缓学申请。"

案例中，家长无正当理由让应接受义务教育的子女辍学，是对适龄儿童受教育权的剥夺，是违反义务教育法的。所以，送子女入学绝非私事，而是一项法定的义务。

对于不送子女接受义务教育的父母的管理和处罚是由行政机关实施的，因为二者存在行政法律关系。《义务教育法实施细则》第四十条规定："适龄儿童、少年的父母或者其他监护人未按规定送子女或者被监护人入学接受义务教育的，城市由市、市辖区人民政府或者其他的机构，农村由乡人民政府进行批评教育；经教育仍拒不送其子女或者其他被监护人就学的，可视具体情况予以罚款，并采取其他措施使其子女或者被监护人就学。"据此规定，家长使接受义务教育的子女无故辍学，应由基层人民政府对学生家长进行批评教育。若教育无效，政府可依法给予罚款等行政处罚。受到行政处罚的辍学学生家长对行政决定不服的，根据《义务教育法实施细则》第四十条规定："可以依据法律法规的规定申请复议。当事人对复议决定不服的，可以依照法律、法规的规定，向人民法院提起诉讼。当事人在规定的期限内不申请复议，也不向人民法院提起诉讼，又不履行行政处罚决定的，由做出处罚决定的机关申请人民法院强制执行，或者依法强制执行。"

据此可知，案例中，乡政府教育行政主管部门起诉辍学学生家长是没有法律依据的，乡政府教育行政主管部门把这 18 名家长告上法庭的行为不是教育行政执法行为。

（二）权责统一原则

权责统一原则，是指在教育行政执法活动中，教育行政机关有权对教育行政相对人适用教育法律规范，同时，也承担由实施行政执法行为而引起的法律后果。从教育行政法律关系看，作为法律关系主体的教育行政机关和相对人之间是一种权利义务关系，这种权利义务关系要求教育行政机关在享有一定权力的同时，要承担相应的义务，这种义务的存在为相对人的权利提供了法律保证。权责统一原则意味着，教育行政机关权力的行使和责任的承担是相统一的，不存在只行使权力而不承担责任，也不存在只承担责任而没有权力的情形。

（三）越权无效原则

越权无效原则是由合法性原则引申而出，并对合法性原则进行反证，其含义是指超越法定职权范围的教育行政执法行为属于无效行为。教育行政执法必须遵循越权无效原则，方可避免重复执法，同时，在一定程度上也可以防止权力滥用。这一原则要求做到：（1）教育行政执法必须在法定职权范围内进行；（2）教育行政执法活动的进行过程必须符合法定的执法程序；（3）教育行政执法的内容与手段必须符合有关法律规定；（4）教育行政执法主体既然拥有某种职权，就必须使用才合法，否则也构成违法。

（四）合理性原则

合理性原则是指在进行教育行政执法时，所采取的措施、手段等在内容上要客观、适度、符合理性。

虽然行政机关是执行法律的机关，其行为皆应依法实施。但是，由于行政事务具有复杂性，立法机关不可能对所有的教育行政活动制定严密的法律规范完全约束行政行为，因而，在事实上和法律上都不得不承认行政机关享有一定程度的行为选择权，即自由裁量权。但自由裁量权若缺少约束，则容易出现被滥用。本着既能承认自由裁量权的作用，又应加强对自由裁量权的控制，在行政执法上提出合理性原则。贯彻合理性原则要求做到：（1）执法行为的动因，必须符合立法目的；（2）执法行为步骤，必须建立在正确考虑的基础上，即要符合客观规律；（3）执法行为内容要合乎情理。

对于不具有正当的动机（目的），不相关的考虑或不合理的内容的行政决定，都是滥用自由裁量权，是与法制精神相抵触的。不正当的目的，是指法律要求或授权以外的目的，如教育行政机关的工作人员在批准某校办学资格时，对其办学单位收费，就属追求不正当或不适当目的的行为。不相关考虑，是指在行政执法时，考虑了法律要求外的条件，如批准设立小学学校时，以该学校不具备网球场而予拒绝，就是考虑不相关因素。不合理的内容，是指行政决定内容不合规律、政策、道德或常理等。

第四节　教育法的适用

一、教育法适用的含义

（一）法的适用

法的适用，简称"司法"，一般指国家司法机关依照法定职权和程序，具体运用法律处理案件的诉讼活动，它是以国家名义运用法律行使国家司法权的活动，一般简称"司法"。与行政执法一样，是法的实施的重要形式。

作为国家司法机关实施法律的专门职能，法的适用具有以下特点：第一，法的适用是由特定的国家机关及其公职人员，按照法定职权实施法律的专门活动，具有国家权威性。第二，法的适用是司法机关以国家强制力为后盾实施法律的活动，具有国家强制性。第三，法的适用是司法机关依照法定程序、运用法律处理案件的活动，具有严格的程序性及合法性。第四，法的适用必须有表明法的适用结果的法律文书，如判决书、裁定书和决定书等。

（二）教育法律的适用

教育法律的适用，是指国家机关和公职人员依照法定的权限和程序，将教育法律适用于具体人和组织的专门活动。它包括教育法律的行政适用和司法适用两种形式，前者称教育行政执法，后者称教育司法。本节在教育司法的角度上使用教育法适用的概念，即教育司法是指司法机关按照法定方式查处教育违法案件和解决教育纠纷的专门活动。

二、教育法适用的特点

（一）教育法适用主体是国家机关

教育法适用的形式包括教育行政执法和教育司法，只有特定的主体才有权适用教育法，行使行政执法权和司法权。在我国，各级教育行政机关是教育行政执法的主体，各级法院、检察院是教育司法主体。任何国家机关工作人员在教育法适用中都是其所在机关的代表，以国家的名义实施教育法的活动，并不表明他们都是法律适用的主体。

（二）教育法适用具有国家强制力

由于教育法的适用常常与教育法律争端、教育违法行为相联系，没有国家强制力的介入，就没有办法使产生争议的现状恢复秩序。因此，司法机关依法所作的决定，所有教育法律当事者都必须执行，不得违抗。

（三）教育法适用具有程序法定性

教育法适用是司法机关按照法定职权和法定程序所进行的专门活动，程序性是教育法律适用最重要、最显著的特点之一。司法机关对教育案件的处理应当有相应的法律依据，否则无效。枉法裁判，应当承担相应的法律责任。

（四）教育法适用的法律文件具有法律拘束力

表明教育法适用结果的法律文书，如判决书、裁定书和决定书等都具有法律约束力，任何组织和个人都必须执行，不得擅自修改和违抗。同时，教育法适用结果的法律文书，也可以作为一种法律事实，引起具体教育法律关系的产生、变更和消灭。

三、教育法适用的要求

（一）准确

这是正确适用法律的前提与基础。准确地适用法律，首先，要求对事件的调查要清楚，证据要确凿。如果事实确认不准确，就难以正确适用法律。其次，对事件的处理要恰当。就是要以法律的规定明确责任，不能随意认定各个法律主体的责任，在定罪量刑时要罪刑相当。

（二）合法

合法要求司法机关及其工作人员处理案件必须在教育法规定的权限和程序的幅度内适用教育法，严格依法办案。对每个案件的处理，不仅要求定性和处理要符合法定标准和规格，而且办案的程序也必须符合法律的规定。

（三）及时

司法机关及其工作人员在受理教育纠纷案件后，要及时处理，不允许无故拖延和积压不办。教育司法活动必须在法律规定的期限内进行，符合法律规定的程序和时效，如果因为案情复杂，不能在法定期限内结案的，则应该按法定程序延长办案时间。教育类案件的受理按《民事诉讼法》的规定：法院在接到起诉状后，应在 7 日内决定是否立案，立案即表示受理；受理后 5 日内，向被告送达起诉状副本，当庭宣判后 10 日内送达判决书。法院适用普通程序审理的案件，应当在立案之日起 6 个月内结案；适用简易程序审理的案件，应当在立案之日起 3 个月内结案。

第五节　教育法实施的监督

一、教育法实施监督的内涵

（一）法律监督的含义

监督的原意指的是视察和督导之意。在现代社会中，其实质是对权力的制约、督导，防止权力的滥用和腐败，以使国家和社会组织协调、稳定和健康发展。建立和健全监督制度是组织管理或国家生活不可缺少的组成部分。

法律的监督有广义和狭义的不同理解。狭义的法律监督是指法定的国家机关按照法定职权和程序，对立法、执法和司法活动的合法性进行的监察和督促。按照我国宪法的规定，专门的法律监督机关是人民检察院。广义的法律监督是指所有社会主体包括国家机关、社会团体和组织以及公民个人对于各种法律活动的合法性进行的监察和督促。① 在法的一般理论中，法律监督是指广义而言，其监督主体既包括国家机关的监督，也包括社会力量的监督。从狭义看，法律监督的内涵如下。

1. 法律监督是对法律实施中严重违反法律的情况所进行的监督

---

① 马新福．法理学［M］．长春：吉林大学出版社，1995：369.

法律监督不包括对立法活动的监督，只是对法律实施情况的监督，并且是以监督严重违反法律的情况为主。

2. 法律监督是一种专门性的监督

法律监督的专门性突出表现在两个方面：一是法律监督权作为国家权力的一部分，由人民检察院专门行使，法律监督是检察机关的专门职责。检察机关如果放弃对严重违反法律的行为进行监督，就是失职。二是法律监督的手段是专门的。按照宪法和法律的规定，检察机关进行法律监督的手段是由法律特别规定的。如对职务犯罪立案侦查、对刑事犯罪提起公诉，以及对诉讼过程中违反法律的情况进行监督等，都是只有检察机关才有权使用的监督手段。

3. 法律监督是一种程序性的监督

法律对检察机关的法律监督规定了一定的程序规则，这些程序规则可能因监督的对象不同而有所不同。如对职务犯罪立案侦查有立案侦查的程序，对刑事犯罪提起公诉有提起公诉的程序，对人民法院已经生效的判决、裁定提起抗诉有提起抗诉的程序，纠正违法有纠正违法的程序。程序性的另一层含义是法律监督的效果在于启动追诉程序或者救济程序。

4. 法律监督是一种事后性的监督

只有当法律规定的属于法律监督的情形出现以后，检察机关才能启动法律监督程序，实施监督行为。并且司法活动、行政活动、国家工作人员的职务活动中可能出现的各种违法行为在程度上是不同的，只有在违法行为达到一定程度之后，检察机关才能启动法律监督程序实施监督。①

（二）教育法实施的监督

教育法实施的监督，广义上讲，是指各类国家机关、政治或社会组织和公民依法对教育法运行情况进行的审查、督促、纠正等活动。从狭义上讲，是指国家专门法制监督机关依照法定权限和程序对教育法运行情况进行的审查、督促、纠正等活动。在教育法学领域通常使用广义上的监督概念，国家机关和社会力量两个方面的监督，共同构成了教育法实施的监督体系。从教育法实施的监督体系看，教育法实施的监督方式可以分为自上而下和自下而上的双向监督，以及每一层级的横向监督。如上级法院对下级法院审理教育案件的监督，或下级法院对上级法院判决的异议，属于上下双向监督，同一层级部门的相互监督属于横向监督。

---

① 检察日报，2010-03-05.

教育法实施监督由教育法实施监督的主体、教育法实施监督的客体和教育法实施监督的内容共同构成。

监督主体指教育法监督权的实施者，即指明谁依法可以实施监督，它包括来自国家机构内部的自上而下或自下而上的国家监督，和来自国家机构外部的各种组织和个人的社会监督。国家监督由国家权力机关、行政机关和司法机关进行的具有国家强制力并能直接产生相应法律后果的监督。国家机关法律监督的权限和范围在宪法和有关法律中都有明确的规定，这种监督是强制性的，被监督者必须接受监督，并相应地根据监督的情况调整其行为。这种监督在教育法律监督体系中占据主导地位。社会监督由执政党、民主党派、社会团体和公民个人依法进行的不具有国家强制力而具有舆论作用的监督。社会组织的监督对立法、执法和司法的合理性具有重要的作用。但其对教育法律的监督不是强制性的，不具有法律效力。人民群众作为法律监督的主体是现代社会的事，因为在现代社会，国家主权在民，人民有责任对法律运作情况进行监督。

监督客体指教育法实施监督指向的对象，即监督谁，谁被监督。有观点认为，监督客体应该包括所有的国家机关，如国家权力机关、行政机关、司法机关和社会组织、公民个人，即包括各种国家机关，如国家权力机关、教育行政机关和司法机关等部门的教育立法、执法和司法活动，也包括对社会组织、公民个人实施的教育法律活动和违法犯罪行为所进行的监督。也有观点认为，监督客体只是立法、行政、司法机关和他们的公职人员，通过教育法律监督，促使被监督的国家机关及其工作人员严格依法办事，依法治教。这两种观点虽然有所不同，但是其共同之处都是强调监督客体应当是国家机关及其公职人员。国家机关及其公职人员之所以是监督客体的重点，主要是因为他们是实施国家相关教育法律、法规的法定机关，他们的一切公务活动对于教育法的实施影响重大。

监督的内容包括与监督客体行为合法性有关的所有问题。有观点认为教育法实施监督的内容是对有权的国家机关及其公职人员在教育立法、教育司法、教育行政执法活动中的监督。也有观点认为，除对上述内容的监督外，还包括对社会组织和公民个人参与教育活动的合法性进行监督。

二、教育法实施监督的意义

法律监督是国家实现其职能的重要手段，对健全国家法制具有十分重要的作用。构建完善的法律监督体系，是现代社会法治发展的重要标志，也是人类文明发展的必然。

（一）教育法实施的监督是保证教育法得以实施的重要手段

教育法的运行包括教育法制定与实施的不同环节。法的制定固然重要，但更为重要的是法的实施，法的实施需要法的监督。法律监督的实质，就在于保证体现国家意志的法的真正实现，使法真正成为全社会所有人都必须共同遵守的行为准则，如果没有完备的国家法的监督体系，法的实施就难以得到保障。国家权力机关作为教育法实施监督的主体，依照法定权限对教育法的制定进行监督，对违反制定程序及原则的教育法予以纠正。这种监督保障了教育法制定的权威性、严肃性和科学性。同样，教育法实施的各类主体对教育法实施中的违法行为进行监督，防止和纠正教育法实施中出现的失误和偏差，从而使由违反教育法而导致的教育损失降低到最小程度。①

（二）教育法实施的监督有利于保障教育法律关系主体权利和义务的实现

教育法律关系主体权利的享有和义务的履行都离不开教育法的实施，同样离不开教育法实施的监督。在实践中，权利得不到保障和义务不能够履行，往往是法的监督不能够贯彻到位的结果。如学生教育权的不平等，学习权的漠视，公正评价权的受侵犯；挪用、克扣教师工资，侮辱、殴打教师现象的存在；学校土地、资金、财产权益不能够得到保护，设备、实施、生活用品等存在安全隐患；地方政府教育经费、教育资金投入、管理的不规范，没有充分发挥把教育放在优先发展的战略地位以发展教育事业的职责等，都需要充分发挥教育法实施监督的必不可少的保障与督促作用。

（三）教育法实施的监督有利于依法治教目标的实现

依法治国是我国社会主义现代化建设的必然要求，依法治教是依法治国的组成部分。依法治教要求按照教育的法律规律发展教育，但是教育活动领域现阶段有法不依，违法不究，执法不严的现象时有发生，教育法难以得到有效实施，教育法的功能没有得到应有的发挥，良好的教育、教学环境没有得到保障，进而影响了教育、教学质量的提高，教育目标的实现。加强教育法实施的监督，依照教育法律规律管理、发展教育，促进教育事业的健康发展，符合当下教育发展的理念。

三、教育法实施监督的体系

我国教育法实施的监督体系，按照教育法监督的主体划分，可以分为包括

---

① 杨颖秀. 教育法学［M］. 北京：中央广播电视大学出版社，2012：81.

国家权力机关的监督、司法机关的司法监督、行政机关的行政监督等在内的国家机关监督，包括中国共产党的监督、民主党派的监督、社会组织的监督、社会舆论的监督以及人民群众的监督等在内的社会监督。

（一）国家机关对教育法实施监督

国家机关的监督是我国教育法律监督的核心部分，其特点是监督主体具有法定的权限和依据法定的程序进行监督，而且其监督具有直接的法律效力。

1. 国家权力机关对教育法实施监督

国家权力机关对教育法实施监督是指最高国家权力机关和地方国家权力机关在其职责范围内对教育立法和教育法实施情况的监督。权力机关的监督是最高层次的监督，具有最高权威性。国家权力机关的主体是各级人民代表大会及其常务委员会，国家权力机关对教育法实施监督主要体现在两个方面：对教育法制定活动的监督和对教育法实施活动的监督。

（1）国家权力机关对教育法制定活动的监督。

依据《宪法》的规定，全国人民代表大会有权制定和修改教育基本法和其他主要教育法律，可以改变或撤销全国人民代表大会常委会的不适当决定。全国人民代表大会常委会有权制定和修改除教育基本法和其他主要教育法律以外的有关教育法律，可以撤销国务院制定的同宪法和法律相抵触的行政法规、决定和命令，可以撤销省自治区、直辖市国家权力机关制定的同宪法、法律和行政法规相抵触的地方性法规和决议。县级以上人民代表大会可以改变或撤销本级人民代表大会常委会的不适当决议，撤销本级人民政府的不适当决定和命令。县级以上人民代表大会常委会可以撤销下一级人民代表大会及其常委会的不适当决议，撤销本级人民政府的不适当决定和命令。

（2）国家权力机关对教育法实施活动的监督。

全国人民代表大会及其常务委员会有权听取和审议国务院关于教育工作的报告，有权审查和批准国家教育实施方案和教育发展规划，审查和批准教育经费预算和决算情况，监督并保证教育法的全面贯彻实施。

各级人民代表大会及其常务委员会在开会期间有权就教育工作的有关问题向政府机关及其教育主管部门提出质询和询问，受质询的机关必须予以答复。

各级人民代表大会及其常务委员会有权代表人民监督教育行政部门、教育机构及其工作人员，对违法失职人员的行为，可以向人民代表大会及其常务委员会或者向有关教育管理机关、教育机构要求调查处理。

各级权力机关可以受理各种申诉和意见，督促有关部门采取措施予以纠正，从而保证教育法的正确贯彻实施。

2. 国家司法机关对教育法实施监督

国家的司法监督是指国家检察机关和国家审判机关对教育法实施情况实行的监督和制裁活动。

（1）国家检察机关的监督。

国家检察机关是指各级人民检察院，它们行使国家检查权。

根据宪法和有关法律的规定，人民检察院在国家司法系统内部对法院的审判活动，特别对刑事案件侦查、审判活动和刑事案件判决、裁定的执行是否合法享有监督权，其中当然包括有关教育方面的案件。此外，检察院对于各级政府及其工作人员在进行各级教育行政管理活动过程中是否坚持依法办事和廉洁奉公，也同样享有监督权。

（2）国家审判机关的监督。

各级人民法院是国家的审判机关，对教育法实施的审判监督，主要通过审理教育刑事案件、教育民事案件、教育行政案件，对教育法的实施情况进行检查与监督，能及时以国家强制力解决各种教育违法事件，能有效地追究违法者的法律责任并给予法律制裁，从而维护教育法制和教育秩序，保护教育机构的合法权益，保护教师和学生的教育权利和受教育权利，保护广大师生的人身权利和其他权利，为教育法的正确贯彻和全面实施提供直接的法律保护和强大的法律威慑力。[①]

3. 国家行政机关的行政监督

国家行政机关的行政监督指的是各级政府部门及其所属的教育行政部门和有关职能部门对教育法实施情况的监督，这种监督包括上下级行政机关相互监督和特设行政监察机关对行政的监督。

（1）各级政府的监督。

中央政府即国务院是最高国家行政机关。根据宪法和法律规定，国务院有权发布有关教育工作的行政法规、命令和指示，制定教育事业的发展规划，领导和监督教育行政部门的工作，检查和督促教育法在全国的贯彻执行情况，有权改变或撤销各部、委发布的不适当的命令、指示和规章，有权改变或撤销地方各级国家行政机关不适当的决定和命令，有权对教育行政部门工作人员实行

---

① 杨颖秀. 教育法学［M］. 北京：中央广播电视大学出版社，2012：82-85.

奖惩。县级以上地方各级人民政府有权改变或撤销所属各工作部门和下级人民政府不适当的决定。

（2）教育行政督导。

在教育系统内，还有一种特殊的对教育工作的行政监督，这就是教育督导制度。根据规定，教育督导职权由国家教育部行使，地方县以上均设教育督导机构。教育督导的主要任务是对下级人民政府的教育工作，下级教育行政部门和学校的工作进行监督、检查、评估、指导，保证国家有关教育的方针、政策、法规的贯彻执行和教育目标的实现。教育督导可分为综合督导、专项督导和经常性检查，由教育督导机构根据本级人民政府、教育行政部门或上级督导机构的决定实施。督导机构和督导人员根据国家有关的方针、政策、法规进行督导，并具有以下职权，列席被督导单位的有关会议；要求被督导单位提供与督导事项有关的文件并汇报工作；对被督导单位进行现场调查。

（3）教育行政监察。

教育行政监察是指国家行政监察机关对国家行政机关及其公职人员执行法律、法规和政策的情况以及违反政纪的行为的监察。依据相关法律规定，国家行政监察机关有检查权、调查权、建议权，并有一定的行政处分权。

（二）社会力量对教育法实施监督

社会力量的监督是指非国家机关的监督。社会监督的主体主要有中国共产党的各级组织、各民主党派、人民政协、社会团体、社会舆论和人民群众的直接监督等。这些监督没有严格的法律形式，是以社会或社会组织的名义，依据群众的主动精神或社会组织的章程来实施的监督。

1. 中国共产党的监督

我国宪法已经规定了中国共产党的领导地位，中国共产党作为执政党，在国家生活中居于领导地位，因而以它为主体所进行的监督乃至整个法律监督体系中具有十分重要的地位。中国共产党的监督通过两种方式实现：一是通过行使政治领导权，督促所有国家机关、政治或社会组织及企事业单位严格依据法律办事；二是通过党的纪律检查机关和党的组织系统对党员和党的组织活动的合法性进行监督。

2. 民主党派的监督

民主党派是指除执政党中国共产党以外包括中国国民党革命委员会、中国民主同盟、中国民主建国会、中国民主促进会、中国农工民主党、中国致公党、九三学社、台湾民主自治同盟在内的参政党的统称。民主党派作为参政党，参与国家方针、政策、法律、法规的制定执行，通过多种形式、多种途径广泛地参与对国家教育法实施的监督，有效地发挥教育法实施监督的作用。

3. 人民政协的监督

中国人民政治协商会议，简称人民政协，是中国人民爱国统一战线的组织，是中国共产党领导的多党合作和政治协商的重要机构，是中国政治生活中发扬社会主义民主的一种重要形式。人民政协是由中国共产党和各民主党派、无党派民主人士、各人民团体、各界爱国人士共同创立的。本着中国共产党同各民主党派和无党派民主人士"长期共存、互相监督、肝胆相照、荣辱与共"的方针，人民政协对国家大政方针和群众生活的重要问题进行政治协商，并通过建议和批评发挥参政议政、民主监督的作用。人民政协是广泛地联系和团结各阶层群众的纽带，对坚持和改善共产党的领导有重要的作用。历次政协会议与人大会议都会同期举行。政协委员通过列席人大及其常务委员的某些会议，听取或讨论政府工作报告，视察、访问、调查、研究教育法实施情况，发挥教育法实施监督作用。

4. 社会团体的监督

社会团体主要指工会、共青团、妇联等组织以及城市居民委员会、农村居民委员会等群众自治组织。社会团体通过建议、检举、申诉等形式监督教育法的实施。

5. 社会舆论的监督

社会舆论的监督主要通过广播、影视、报纸、杂志、书籍、网络等途径得以实现，社会舆论的监督具有事实公开、影响面广、时效快等特点，是一种有效、独特的监督形式。社会舆论的监督符合法律的精神，《宪法》第三十五条规定："中华人民共和国公民有言论、出版、集会、结社、游行、示威的自由。"

6. 人民群众的监督

人民群众对教育法实施情况的监督是宪法赋予人民群众的合法权利，《宪法》第四十一条第一款规定："中华人民共和国公民对于任何国家机关和国家工作人员，有提出批评和建议的权利；对于任何国家机关和国家工作人员的违法失职行为，有向有关国家机关提出申诉、控告或者检举的权利，但是不得捏造或者歪曲事实进行诬告陷害。"这种监督的方式包括批评、揭发、检举、控告、申诉和建议等形式，对教育法规实施也具有重要的保证作用。

【案例】

罗彩霞和王佳俊2004年毕业于邵东县第一中学，同时在该校参加了当年的高考（文科）。罗彩霞的高考成绩为514分，未收到当年高校的录取通知书，复读一年后考入天津师范大学。王佳俊的高考成绩为335分，远未达到普通高校本科最低控制录取线。该年度湖南省的高考录取分数线（文科）为：第一批本科568分；第二批本科531分；本科民办院校（树达学院、兴湘学院）460分，本科民办院校（其他院校）430分；第三批专本沟通录取分数线501分。

2004年9月，时任隆回县公安局政委的王峥嵘（王佳俊的父亲）在王佳俊班主任老师张文迪的帮助下，获得了罗彩霞高考成绩等相关信息，随后通过伪造罗彩霞的迁移证、高考档案，并通过同学关系最终使女儿王佳俊被贵州师范大学思想政治教育专业降低20分定向补录。贵州师范大学历史与政治学院院长唐昆雄，代领了假罗彩霞（即王佳俊）的录取通知书。

2009年3月1日，罗彩霞到建设银行办理网上银行业务时，被银行告知其本人信息与网上身份不符合。4月22日，罗彩霞一纸诉状将王佳俊作为第一被告，将王峥嵘、杨荣华、湖南邵东县第一中学、湖南邵东县教育局、贵州师范大学和贵阳市教育局分别作为第二、三、四、五、六、七被告起诉至天津市西青区人民法院。4月27日，罗彩霞在天涯社区发帖《高中同班同学冒名顶替上大学，我的伤害谁给埋单》，讲述自己无意中发现自己身份被人顶替，无法拿到教师证、毕业证的事情。5月5日，《中国青年报》以《公安局政委女儿冒名顶替上大学》为题率先报道了此事，随后众多媒体的介入，掀起了全国关于罗彩霞事件的舆论风波。

邵阳市于5月5日当天成立由邵阳市纪委牵头联合调查组，6日抵达邵东展开调查。7日，湖南省公安厅调查组抵达邵东展开调查。8日，假"罗彩霞"王佳俊的毕业证书、学位证书、教师资格证书等已被注销。8日，罗彩霞就冒名顶替一案再次以姓名权、受教育权被侵害为由，向天津市西青区南河镇法庭起诉王佳俊等人，6月罗彩霞又将贵州师范大学历史与政治学院院长唐昆雄教授追加为第八名被告。此前，罗彩霞曾三次向天津的法院起诉，但均被拒绝立案。

6月2日湖南省联合调查组发布调查终结通报称，王峥嵘因伪造、变造国家机关公文、证件、印章，涉嫌犯罪，已被邵阳市人民检察院批准逮捕，交由司法机关依法处理。涉及此案的邵东县一中教师张文迪、原邵东县公安局界岭派出所所长姚亮生因违纪违规，被邵东县纪委立案查处。其中，张文迪被给予留党察看一年和降级处分，姚亮生被给予留党察看一年和行政降级处分。

2009年7月3日，罗彩霞在其博客上传了天津师范大学毕业证书、学士学位证书和教师资格证等三个证书的照片。罗彩霞在接受记者采访时称，毕业证和学位证是在 7 月 1 日领到的，教师资格证是在 7 月 2 日领到的。

10 月 26 日，王峥嵘被湖南省邵阳市北塔区人民法院一审判处有期徒刑二年，与原犯的受贿罪所判处的有期徒刑三年数罪并罚，决定执行有期徒刑四年。

2010 年 8 月 13 日 13 时，湖南省长沙市中级人民法院第二审判庭宣判罗彩霞案，案件由天津市西青区人民法院审判员组成合议庭审理。经过四个多小时的庭审和调解，原被告双方达成和解协议，罗彩霞在庭下调解时作出很大让步，被告王峥嵘一次性向罗彩霞支付 4.5 万元赔偿金，罗彩霞放弃其他诉讼请求。庭审期间，王峥嵘的代理律师代表王峥嵘向罗彩霞鞠躬致歉。该案也成为侵犯姓名权案件获取赔偿数额最高的案件。①

讨论：结合案情，分析教育法实施监督的主体及其作用。

分析：本案件中教育法实施监督的主体包括国家机关的监督和社会的监督，尤其是社会监督中社会舆论的监督发挥了不可忽视的作用。本事件最初正是网络媒体的披露，才引发了新闻媒体的报道，并引起了相关国家政府部门的注意以及国家机关对事件的介入。国家机关对此事件具有国家强制力的监督，使弱者的权利较快地得到了维护，非法侵权行为得到了纠正，违法主体为其行为承担了应有的法律责任。可以说，此事件中，教育法实施监督的主体都较为恰当，充分发挥了其应有的监督功能，最终使法律关系主体的权利、义务、责任得到了落实。

第六节　教育法效力

一、教育法效力的含义

法律效力，即法律的约束力，是指人们应当按照法律规定行为。法律的效力来自制定它的合法程序和国家强制力。法律有效力，要求人们应当遵守、执行和适用法律，不得违反。

教育法效力，即教育法的有效性和可适用范围，包括教育法在时间、地域、对象、事项等方面所具有的国家强制力。正确适用教育法，必须明确教育法在什么情况下起约束作用。

---

① 刘万永. 罗彩霞事件报道是如何突破的 ［J］. 中国记者，2009（06）：42-44.

在教育法实施中有时会出现这样的情况，就是不同的教育法律会对同一案件有效，却发生了冲突，这是因为在法制的进程中，立法环节还不够完善所引发的矛盾。如果遇到这样的情形，在法律适用时一般应当遵循如下原则：第一，高位阶法高于低位阶法。即法的制定主体的地位高低影响法的效力层级的高低，等级高的主体制定的法律，效力自然高于等级低的主体制定的法律，如全国人民代表大会通过的《教育法》效力高于全国人民代表大会常务委员会通过的《义务教育法》。第二，特别法优于普通法。当同一位阶的特殊法和普通法产生冲突时，优先使用特别法，如对残疾儿童而言，《残疾人保障法》效力高于《未成年人保护法》。第三，新法优于旧法。同一位阶的新旧法律效力发生冲突时，优先使用新法。

二、教育法的时间效力

教育法的时间效力是指教育法律规范从何时开始生效与何时终止生效，以及教育法律规范对它颁布前的事项和行为有无溯及力。适用教育法律首先要考虑该法律是否已生效，未生效的教育法律不得适用。

确定教育法律规范的生效时间，一般根据教育法的具体性质和实际情况决定，有如下两种情况：一种情况是自发布之日起生效，如《学校卫生工作条例》和《学校体育工作条例》都是自发布之日起开始生效。另一种情况是在教育法公布后，经过一段时间的宣传和学习，或做一些准备工作之后开始生效，如《教育法》是 1995 年 3 月 18 日通过并公布，1995 年 9 月 1 日开始施行的。《义务教育法》是 2006 年 3 月通过，2006 年 9 月施行。我国教育法律第一次颁布及实施的时间如表 7-1 所示。

表 7-1　我国教育法律第一次颁布及实施的时间

教育法律名称	制定机关	颁布时间	实施时间
《中华人民共和国学位条例》	全国人大常委会	1980.2.12	1981.1.1
《中华人民共和国义务教育法》	全国人大	1986.4.12	1986.7.1
《中华人民共和国教师法》	全国人大常委会	1993.10.31	1994.1.1
《中华人民共和国教育法》	全国人大	1995.3.18	1995.9.1
《中华人民共和国职业教育法》	全国人大常委会	1996.5.15	1996.9.1
《中华人民共和国高等教育法》	全国人大常委会	1998.8.29	1999.1.1
《中华人民共和国民办教育促进法》	全国人大常委会	2002.12.28	2003.9.1

　　教育法律失效是指有效力的教育法律失去效力，教育法律规范终止生效的时间有以下几种情况：一是新的法律颁布后，原有的法律即失效。这样新法取代原有法律，同时在法律文件中明文宣布废止旧法，如《学校体育工作条例》公布后，该条例的最后一条规定《高等学校体育工作暂行规定》和《中小学体育工作暂行规定》两个部门规章同时废止。二是有的教育法律规范有特定的时间要求或明确的失效时间，期限一到就会自动失效。三是有的教育法律规范由原创制机关发布专门的决定明确宣布废止某些教育法规。四是法律规定的某一特定事件发生，法律失效，如 1987 年 6 月 30 日公布的《关于高等学校毕业生统一分配工作调遣费开支的规定》，由于高等学校毕业生统一分配制度的取消，该规章自然失效。

　　教育法的时间效力在实施时通常会涉及教育法的溯及力，教育法的溯及力，又称教育法溯及既往的效力，是指新的教育法律规范对它颁布以前的事项和行为是否有效，有无追溯及力。教育法律规范调整的是人们现实的教育行为规则，但是在教育法律规范公布以前，人们并不知道哪些行为是允许的，哪些是不允许的，因而谈不上去遵守它。因此，一般而言，教育法律规范只适用于生效后的事实和关系，不适用于生效前的事实和关系，即教育法律规范在具体的运用中一般并不溯及既往。具体来说，就是新的教育法一般不溯及既往的案件，既往的未决案件仍然依据旧法裁决，但是对新法生效前的案件规定的处罚更轻，则应依新法处理。

【案例】

　　原告刘燕文原是北京大学无线电电子系 92 级博士研究生。刘燕文在诉状中称，1996 年年初，其博士论文《超短脉冲激光驱动的大电流密度的光电阴极的研究》全票通过了论文答辩，并通过了系学位委员会的审查（系学位委员会专家投票结果赞成合格与不合格的票为 12 比 1），在校学位评定委员会审查时，做出了不批准学位论文答辩委员会报请授予刘燕文博士学位的决议的决定，北京大学据此做出向原告颁发结业证书的决定。

　　刘燕文称，他一直为这一决定不服，曾多次向北京大学的相关系、校有关部门询问未获得学位的原因，也曾向国家教育部反映情况，均未得到答复。1997 年他向法院起诉，但法院以"尚无法律条文"为由不予受理。1999 年 7 月，刘燕文获知田某一案，（田某诉北京科技大学拒绝颁发毕业证、学位证行政诉讼案），田某胜诉，于 1999 年 9 月 24 日，向北京市海淀区人民法院起诉，同日，北京市海淀区人民法院受理此案。

刘燕文在诉状中请求法院作如下判决：

1. 请求法院责令撤销北京大学拒绝颁发其博士学位证书和毕业证书的决定。

2. 请求法院判令北京大学颁发博士毕业证书并责令北大对刘燕文博士学位的授予予以重新审查。

北京市海淀区人民法院于 1999 年 12 月 17 日做出（1999）海行初字第 104 号行政判决，判决如下：

判决撤销被告北京大学 1996 年 1 月为原告刘燕文颁发的（96）研结证字第 001 号博士研究生结业证书；责令被告北京大学在判决生效后两个月内向原告刘燕文颁发博士研究生证书。

被告北京大学不服一审判决，随后向北京市第一中级人民法院提请上诉。

北京市第一中级人民法院于 2000 年 4 月 30 日做出（2000）一中行终字第 45 号行政裁定，以上诉人北京大学在本案审理过程中所提的诉讼时效问题，原审法院未能查清为由，裁定撤销（1999）海行初字第 104 号行政判决，发回北京市海淀区人民法院重新审理。

北京市海淀区人民法院重新审理后，认为法律对公民提起诉讼的期限作了明确规定，公民不服行政主体做出的具体行政行为，应当在法定的起诉期限内提起行政诉讼。原告于 1996 年 4 月 1 日签字领取的北京大学（96）研结证字第 001 号结业证书。原告提起行政诉讼的期限，应当从签字领取结业证书之日算起至 1997 年 7 月 1 日止。原告于 1999 年 9 月 24 日向北京市海淀区人民法院提起行政诉讼，已经超过法定起诉期限。原告虽然声称于 1997 年曾向其他法院起诉过，但由于原告未能举证，判决原告最终败诉。

讨论：结合案情讨论导致原告最终败诉的原因。

分析：原告最终败诉的原因主要是，原告没有能够举证其在起诉期限内提起过行政诉讼。依据法律的时间约束力原则，在具体的行政法律关系中，公民不服行政主体做出的具体行政行为，应当在法定的起诉期限内提起行政诉讼。由于主客观原因，本案原告未能在法律约束的时间效力范围内主张自己的权利，导致主张自己权利的法律约束力失效，最终败诉。

三、教育法的空间效力

教育法律规范的空间效力，是指教育法律规范发生效力的空间范围。由于具体教育法律的内容和制定机关不同，其效力范围也不完全相同。一般来说，一个主权国家，法律适用于主权管理范围所及全部领域，包括领土、领海、领空以及延伸意义上的领域，如驻外使领馆、航行或停泊于境外的飞机、轮船等交通工具上。只要是国家强制力到达的地方，就是法律规范生效的地方。

教育法律规范的空间效力，具体来说，按照教育法律的内容和制定的机关不同，其效力范围也不相同，大致有以下几种：一是全国范围内生效。即在国家的整个领域生效，在我国，凡是中央国家机关制定的教育法律、教育行政法规和其他规范性文件，除非有特殊规定，一经公布施行，就在全国有效。二是局部地区有效。地方各级国家机关发布的地方性教育法规只适用于其管辖的行政区域。三是具有域外效力。如 2003 年 3 月 1 日国务院颁布的《中华人民共和国中外合作办学条例》第三十四条第三款规定："中外合作办学机构颁发的外国教育机构的学历、学位证书，应当与该教育机构在其所属国颁发的学历、学位证书相同，并在该国获得承认。"这就给予了教育法律规范域外的效力。

四、教育法对人的效力

教育法律规范对人的效力是指教育法律规范对什么人生效的问题。教育法律规范无论是在时间上的效力还是在空间上的效力，最终都要落实到人的效力上。这里的"人"指法律关系主体，包括自然人和法人，也包括国际组织和国家。

法律对人的效力，世界各国主要采用四种原则：一是属人主义原则，即法律只适用于本国公民，不论其身在国内还是国外，非本国公民即便身在该国领域内也不适用。二是属地原则，法律适用于该国管辖地区内的所有人，不论是否本国公民，都受法律约束和法律保护，本国公民不在本国，则不受本国法律的约束和保护。三是保护主义原则，即以保护本国利益为标准，任何人只要损害了本国的利益，不论损害者的国籍与地域如何，都要受到该国法律的追究。四是折中原则，即以属地主义为主，以属人主义、保护主义为补充的原则。

我国教育法律规范对人的效力主要表现在两个方面：一是对中国公民的效力。中国公民在国内一律遵守中国教育法律规范。中国公民到国外定居，在受教育权方面以遵守定居国教育法为主。但如果到国外定居的中国公民还处于义务教育阶段，应在国外继续接受义务教育。如果定居国的义务教育年限比中国长，则以定居国为主；如果定居国的义务教育年限比中国短或没有实施义务教育制度，则以中国的规定为主。同时，在国外接受义务教育，中国没有支付学费的义务。

二是对外国人的效力。在中国的外国人，除依法享有外交豁免权的外，都应遵守中国的教育法律规范。但是，根据目前我国教育法的相关规定，有些内容对外国人不产生法律效力。如根据《教师法》和《教师资格条例》的规定，外国人不能在中国取得教师资格；根据《教育法》关于校长的任职条件的规定，外国人不能在中国的国有独资学校、国内其他举办主体举办的非合资性质的学校当校长。这些表明，教育法律规范对外国人产生的效力是比较复杂的。

五、教育法对事的效力

法律对事的效力是指法律对何种事项具有效力。法律只调整那些属于它调整的事项，对于那些不属于它调整的事项不具有法律效力。教育法只对与教育有关的事具有法律效力，也只有与教育相关的法规才能成为教育法规。如《未成年人保护法》只有某些部分内容属于教育条款，也只有这部分的教育条款规定了未成年人受教育的权利与义务，其他的与未成年人接受教育无关的条款并不属于教育法的法律效力调整的范围，也就不具有教育法的法律效力。

【案例】

教育行政部门在一次教育教学工作检查中发现，某县城关中学初中二年级的各班课程表有以下共同点：英语、数学、物理三门课程的授课节数比省里订的《课程计划》均增加了两节课；思想政治课、历史课、体育课均安排了一节课；音乐、美术、劳动技术课在课程表上根本没有；按规定到初三年级才开设的化学课却安排了两节。询问校长如此安排为何因，校长为难地说："升学压力太大，我们不得不如此呀！"

讨论：教育法对教育教学管理怎样才能发挥实际的效力。

分析：这是一种严重违反《义务教育法》及其实施细则、《关于全日制普通中学全面贯彻党的教育方针、纠正片面追求升学率倾向的十项规定》和《教学计划》的违法行为。

《义务教育法》第三条强调："义务教育必须贯彻国家的教育方针，努力提高教育质量，使儿童、少年在品德、智力、体质等方面全面发展，为提高全民族的素质、培养有理想、有道德、有文化、有纪律的社会主义建设人才奠定基础。"如果我们的中学都执行上述教学计划，我们的义务教育法就没办法实施。

《义务教育法实施细则》第二十条明确规定："学校必须按照国务院教育主管部门发布的指导性教学计划、教学大纲和省级教育主管部门制定的教学计划，进行教育教学活动。"毫无疑问，该学校的教学计划是违背这一规定的，必须立即纠正。

《教学计划》中明确指出："本课程计划是督导和评估学校教学工作的依据。各省、自治区、直辖市教育委员会、教育厅在本计划的指导下，可结合本地区的实际情况进行适当调整，并对地方安排课程的课程设置、课时分配做出明确规定。调整后的课程计划，报国家教育部备案，各地学校必须严格执行。"

该校的这种行为严重违反了《关于全日制普通中学全面贯彻党的教育方针、纠正片面追求升学率倾向的十项规定》的第一、三、五、六条的规定。任意砍掉、削减、增添有关课程、课时，挤占学生自学、自习及课余活动时间等做法其根源就在于教育思想不端正、片面追求升学率。要彻底纠正这些行为，就必须采取综合治理的措施，并且学校依照教育基本法律治校是整治违法行为的关键所在。同时，司法部门也必须加强监督，使依法治校更加顺畅。

【复习思考题】

1. 界定下列概念：教育法实施、教育法适用、教育行政执法、教育法遵守。

2. 简述教育法实施的形式。

3. 简述教育行政执法的主要形式。

4. 如何理解教育行政执法的原则？

5. 教育法遵守的形式包括哪些内容？

6. 为什么要遵守教育法？

7. 教育法适用有哪些特点？

8. 解释教育法的效力。

9. 简述教育法实施监督的体系。

【案例分析题 1】

2000 年某县教委制定的《中小学招生工作方案》中规定，该县实验小学的新生入学年龄为 6 周岁 10 个月。2000 年 8 月张某要求到该实验小学接受义务教育，被拒收，理由是该儿童至 2000 年 8 月 30 日入学前年龄只有 6 周岁 6 个月，达不到县教委规定的 6 周岁 10 个月。儿童张某的父亲则认为其子已达到了《义务教育法》第五条规定的 6 周岁应当入学的年龄，实验小学拒收系违反义务教育法的行为，就多次与实验小学交涉。实验小学坚决拒收该儿童。张某的父亲无奈，遂多次找县教委处理此事，而县教委却一直对此事不作处理。最后，张某以县教委为被告，向县法院提起行政诉讼，要求县教委对实验小学拒收其子入学一事做出处理，保护其受教育权。

问题：县教委对儿童张某入学的要求不作处理是不是教育行政执法行为？为什么？

【案例分析题 2】

2014 年 9 月 26 日，上午最后一节数学课，乌鲁木齐市米东区第 100 中学学生小杰由于没有完成数学作业，担心受到老师批评，在检查作业本时，小杰坚持称自己把数学作业本交给了数学课代表。然而，数学课代表和小组长称并没有收到小杰交来的作业本。作为数学教师的田某便就此开展调查。后来，在小杰的书包里，田某找到了作业本，作业没有做完。教师田某一生气，冲动下便伸手打了小杰。小杰的父母得知孩子被田某打了，心疼不已，十分生气，打电话质问田某，并在晚上 9 点多，把小杰送到米东区人民医院。后"乌鲁木齐市米东区第 100 中学教师连打学生 50 多个耳光"被报道，随即被各大网站转载，各大媒体也进行了刊登和报道。与此同时，新疆乌鲁木齐市米东区教育局立即成立了调查组，对此事进行调查，9 月 30 日米东区教育局决定给予乌鲁木齐第 100 中学体罚学生的教师田某开除处理。

问题：结合案情，分析如何才能使教育法得到有效的实施。

第八章 教育法律救济

【学习目的和要求】

1. 了解教育法律救济的含义、作用和途径

2. 理解并掌握教师申诉制度和学生申诉制度

3. 理解有关教育的行政复议、行政诉讼制度

【具体教学内容】

1. 教育法律救济概述

2. 教育申诉制度

3. 教育行政复议

4. 教育行政诉讼

5. 教育行政赔偿

第一节　教育法律救济概述

"有权利就必须有救济","没有救济的权利就不是真正的权利"。教育法律救济制度,是依法治教的重要内容,其对于保障学校、教师和学生的合法权益,促进教育法规的实施有着十分重要的意义。

一、教育法律救济的含义

"救济"通常被理解为对困难地区、困难人群予以金钱或物质上的帮助。而法律救济则与此有不同的意义,是指权益受到侵害的人,通过一定的程序和途径获得法律上的补救。

教育法律救济是指教育法律关系主体的合法权益受到侵害,通过一定的程序和途径获得法律上的补救,教育法律救济是法律救济在教育活动中的具体实现。

二、教育法律救济的特征

教育法律救济虽然是法律救济的重要组成部分,但是也有其自身的特殊性,其具有如下特征。

(一) 教育法律救济的直接依据是《教育法》

法律救济制度的基础和依据是《宪法》和其所确立的国家的民主制度和法治原则。我国宪法对各个领域的行政活动和公民活动规定了基本的行为准则,任何组织和个人都必须在宪法和法律规定的范围内活动。对于任何违法侵权行为,公民都有申诉、控告的权利。《宪法》规定"任何组织或者个人都不得有超越宪法和法律的特权",这使得社会生活中发生的任何违法侵权损害行为都逃不脱法律的追究和制裁,使合法权益受害者能获得法律上的救济。

教育法律救济则是在《宪法》原则的指导下,以《教育法》及其所确立的原则为直接依据,教育法律关系主体的合法权益受到非法侵犯时,均有权要求获得法律上的救济。

(二) 教育法律救济的前提条件是教育纠纷

一般而言,教育法律救济制度正是由于合理解决各种纠纷而建立的。这些纠纷的存在,是建立解决纠纷,补救权益受害者的法律救济制度的基础。没有权益的损害,就不会存在纠纷,没有纠纷,就无须建立解决纠纷的法律制度。

教育纠纷的存在是一种客观现实，只有从法律上提出解决纠纷的途径、程序和方法，使权益受害者得到补偿，才能消除纠纷。教育法律救济制度正是由此而产生。

（三）教育法律救济的基本依据是损害事实

损害事实是指因损害方实施了违法行为而造成了受害方财产上或人身上实际的损失。若没有发生教育损害事实，教育法律救济就无从发生。即使教育法律纠纷存在，但是并未因此而造成实际上的损害，即未出现损害事实，教育法律救济也无从发生。相对人只能在合法权益受到侵害的基础上才可以提出救济请求。

（四）教育法律救济的根本目的是权利补救

法律救济的最终目的是补救权益受害者的合法权益，这也是法律救济的基本功能。在教育行政法律关系中，教育法律救济只能适用于相对人，而不适用教育行政机关。这是因为教育行政机关在行政管理活动中拥有国家赋予的行政管理权力，它可以采取必要强制手段使行政权力畅通无阻，一般不会受到相对人的侵害。在教育行政诉讼实践中，即使法院判决维持教育行政机关的具体行政行为，也不属于对教育行政机关的救济。因为在教育行政诉讼期间不停止具体行政行为的继续执行，教育行政机关的权益未受损害，也就用不着救济。在教育民事救济活动中，侵犯他人权益者承担法律责任的方式也充分体现出补救受害者权益的特征，如停止侵害、返还财产、恢复原状、赔偿损失、赔礼道歉等都是对权益受损害者的补救。

三、教育法律救济的途径

教育法律救济途径，是指教育法律关系主体认为其合法权益受到损害时，请求法律救济的方式和程序。掌握教育法律救济的途径，有利于人们更好地利用各种救济方式，维护自身的合法权益。教育法律救济主要通过诉讼和非诉讼两种方式来实现。

（一）诉讼方式

教育法律救济的诉讼方式是指通过法定诉讼程序获得教育法律救济的司法救济方式。从我国现行法律制度看，凡是符合《行政诉讼法》《民事诉讼法》和《刑事诉讼法》规定的受案范围的案件，都可以通过诉讼获得司法救济。我国的《行政诉讼法》《民事诉讼法》和《刑事诉讼法》对各类诉讼案件的受案范围、起诉条件、审判程序等诸多事项作了详细规定，权益受害人可根据受害的性质、程度选择不同的诉讼方式获得法律救济。《教育法》对教育法律关系主体寻求教育法律救济的途径作了明确规定。

（二）非诉讼方式

非诉讼方式包括教育行政、教育仲裁和调节等方式。

1. 教育行政方式

教育行政救济主要有行政申诉、行政复议和行政赔偿。行政救济是教育法律救济的主要方式。

行政申诉是指公民的合法权益受到侵害时，向行政机关申诉理由，请求救济的活动。我国《教育法》和《教师法》规定了受教育者和教师申诉制度的行政救济方式。《教育法》第四十三条第四款规定：受教育者有"对学校给予的处分不服向有关部门提出申诉，对学校、教师侵犯其人身权、财产权等合法权益，提出申诉或者依法提起诉讼"的权利。《教师法》第三十九条规定了教师申诉的权利。

行政复议是行政救济的又一重要方式。我国1999年4月29日九届人大常委会第九次会议通过的《行政复议法》对这一行政救济方式作了具体规定，而《国家赔偿法》则对国家赔偿制度作了详细规定。

2. 教育仲裁和调解等方式

通过教育系统内部或机构以及其他民间方式来实施法律救济。随着教育法制的日趋完善，根据《教育法》和《教师法》的基本精神，我国正在逐步建立教育仲裁制度和校内调解制度。

第二节　教育申诉制度

教育申诉制度，是指教育法律关系主体在其合法权益受到损害时，向国家机关申诉理由，请求处理或重新处理的制度。申诉制度可分为诉讼上的申诉制度和非诉讼上的申诉制度两类。诉讼上的申诉是诉讼当事人认为已经发生法律效力的判决、裁定有错误，向人民法院或人民检察院提出申请，要求依法重新审理，给予纠正。诉讼上的申诉有刑事诉讼中的申诉、民事诉讼中的申诉和行政诉讼中的申诉三种。

非诉讼上的申诉制度，是指不以生效的判决、裁定为必要前提向司法机关以外的机构提出不服各种处分、处罚，要求改正的申诉。此类申诉范围较广，包括向中国共产党各级纪律检查委员会的申诉、向政府监督部门的申诉、向作出具体行政行为的上一级机关的申诉等。这里主要介绍教师申诉制度和学生申诉制度，这两种申诉制度都属于非诉讼的行政申诉制度。

一、教师申诉制度

（一）教师申诉制度的含义

教师申诉制度，即教师在其合法权益受到侵害时，依照法律、法规的规定，向主管的行政机关申诉理由、请求处理的制度。我国《教师法》第三十九条规定："教师对学校或者其他教育机构侵犯其合法权益的，或者对学校或者其他教育机构作出的处理不服的，可以向教育行政部门提出申诉，教育行政部门应当在接到申诉的三十日内，作出处理。""教师认为当地人民政府有关行政部门侵犯其根据本法规定享有的权利的，可以向同级人民政府或者上一级人民政府有关部门提出申诉，同级人民政府或者上一级人民政府有关部门应当作出处理。"这是宪法关于公民的申诉权利在教师身上的具体体现。

相对于其他形式的申诉制度，教师申诉制度具有如下特征：

1. 教师申诉制度是一项法定申诉制度

《教师法》明确规定了教师申诉的程序，各级人民政府及其有关部门必须依法在规定的期限内对教师的申诉作出处理决定，使教师的合法权益得到及时救济。学校及其他教育机构、有关部门对上级行政机关作出的处理决定，负有执行的义务，否则，即应承担相应的法律责任。而其他非诉讼中的申诉，如信访等，虽然对维护教师的权益有一定的保障作用，但在某种程序上会影响申诉人受损的合法权益的恢复和补救，这也就解释了为什么要在《教师法》中专门规定教师申诉制度。

2. 教师申诉制度是一项专门性的权利救济制度

它在宪法赋予公民享有申诉权利的基础上，将教师这一特定专业人员的申诉权利具体化。这就使教师申请制度和一般的信访工作区别开来，包括受理的主体、时限和效力三个方面。

3. 教师申诉制度是非诉讼意义上的行政申诉制度

它是由行政机关依法对教师的申诉，根据法定行政职权和程序作出行政处理的制度。其行政处理决定具有行政法上的效力，而诉讼法上的申诉制度则是公民对司法机关已经发生法律效力的判决、裁定不服，而向法院或检察院提出申诉，请求再审的制度。

（二）教师申诉的范围

《教师法》对教师可以对学校或其他教育机构及教育行政机关提出申诉的

范围规定得比较宽泛。

1. 教师认为学校或其他教育机构侵犯由《教师法》规定的其合法的权益的，可以提出申诉

这里的合法权益，包括《教师法》规定的教师在职务聘任、科研、工作条件、民主管理、培训进修、考核奖惩、工资福利待遇、退休等各方面的合法权益。当然，是否侵犯了教师的合法权益，要通过申诉后的查办才能确认，但只要教师认为学校或其他教育机构侵害了其合法权益，就可以提出申诉。

2. 教师对学校或其他教育机构作出的处理决定不服的，可以提出申诉

在这里，学校或其他教育机构的处理决定，可能侵害了教师的合法权益，也可能没有侵害教师的合法权益。但教师对处理不服，就可以提出申诉。

3. 教师认为当地人民政府的有关部门侵犯其《教师法》规定的合法权益的，可以提出申诉

被申诉人仅限于当地人民政府的有关行政部门，可能是教育行政部门，也可能是其他行政主管部门，但不能以政府为被申诉对象。其他企业、事业单位或个人侵犯教师合法权益的，不列入教师申诉的范围。

同时，申诉还存在一个时间范围。只有在《教师法》生效之后发生的案件，才可以依照《教师法》提起申诉，"法不溯及既往"。

（三）受理教师申诉的机关

受理教师申诉的机关，因被申诉的主体的不同而有所区别。教师如果是对学校或其他教育机构提出申诉，受理申诉的机关为主管的教育部门；如果是对当地人民政府的有关行政部门提出申诉，受理申诉的机关可以是同级人民政府或者上一级人民政府对口的行政主管部门。这里需要指出的是，提出申诉不要向行政机关的个人提出，而应向行政机关提出。否则，该申诉将被按一般的群众来信处理。

（四）教师申诉制度的主要环节和程序

教师申诉制度由申诉的提出、受理和处理三个环节组成，并依次进行。

1. 申诉的提出

教师提出申诉，应当以书面形式提出。申诉书应载明如下内容：①申诉人的姓名、性别、年龄、住址等；②被申诉人的名称、地址、法定代表人的姓名、性别、职务等；③申诉要求，主要写明申诉人对被申诉人因侵犯其合法权益或不服其对申诉人的处理决定而要求受理机关进行处理的具体要求；④申诉理由，主要写明被申诉人侵害其合法权益或不服被申诉人处理决定的事实依

据，针对被申诉人的侵权行为或处理决定的错误，提出纠正的法律、政策依据，并陈述理由；⑤附项，写明并附交有关的物证、书证或复印件等。

2. 对申诉的受理

有关行政部门接到申诉书后，应对申诉人的资格和申诉的条件进行审查，分不同情况，作出如下处理：①对于符合申诉条件的应予以受理；②对于不符合申诉条件的，可以答复申诉人不予受理；③对于申诉书未说清申诉理由和要求的，要求重新提交申诉书。

3. 对申诉的处理

行政机关对受理的申诉案件，应当进行全面调查核实。根据不同情况，分别作出如下处理决定：①学校或其他教育机构的管理行为符合法定权限和程序，适用法律、法规正确，事实清楚，维持原处理结果；②管理行为存在着程序上的不足，决定被申诉人补正；③对于被申诉人不履行法律、法规和规章的职责，决定限期改正；④管理行为的一部分适用法律、法规和规章错误的，可以变更原处理结果或不适用部分；⑤管理行为所依据的内部规章制度与法律、法规及其他规范性文件相抵触的，可撤销原处理决定。

对教师提起的申诉，主管教育行政部门应当在收到申诉书的次日起 30 天内进行处理。在移送管辖的情况下，从有管辖权的主管教育部门接到移送的申诉案件的次日起计算期限。主管教育行政部门逾期未作处理或者久拖不决的，或其申诉内容涉及人身权、财产权以及其他属于行政复议、行政诉讼受案范围的，申诉人可依法提起行政复议或者行政诉讼。

行政机关作出申诉处理决定后，应当将申诉处理决定书发送给申诉当事人。申诉处理决定书自送达之日起发生效力。申诉当事人对申诉处理决定书不服的，可向原处理机关隶属的人民政府申诉复核。其申诉内容直接涉及人身权、财产权及其他属于行政复议、行政诉讼受案范围的，可依法提起行政复议或者行政诉讼。

二、学生申诉制度

（一）学生申诉制度的含义和特征

学生申诉制度，是指学生在其合法权益受到侵害时，依照《教育法》及其他法律的规定，向主管的行政机关申诉理由，请求救济的制度。我国《教育法》第四十二条规定，学生享有对学校给予的处理不服向有关部门提出申诉，对学校、教师侵犯其人身权、财产权等合法权益提出申诉或者依法提起诉讼的权利，这是教育法赋予学生维护自身合法权益的一项民主权利。教育部于2005年3月29日颁布了《普通高等学校学生管理规定》，其中第五十六到六十二条对校内学生申诉制度作出了比较完整的规定，对于其他层次的学校也具有重要的参考意义。

学生申诉制度具有如下特征：学生申诉制度是受《教育法》保护的法定的申诉制度，不同于其他意义上的申诉制度。凡是学生认为学校、学校工作人员、教师侵犯其合法权益时，均可向学校申诉机构提起申诉。任何阻碍、压制乃至剥夺学生申诉权利的行为，均构成违法行为，应承担相应的法律责任。

学生申诉制度是特定的权利救济制度。学生申诉制度的本质，在于补救学生受损害的合法权益。由于学生特定的身份和在教育教学活动中地位，决定了当其合法权益受到侵害时，其本人既不能采取拒绝履行决定的方式来补救自己，也无权采取强制手段制止或纠正其侵犯行为，因此，《教育法》赋予了受教育者申诉的权利，这是维护学生这一特定主体合法权益的法律救济保障。

（二）学生申诉的范围

《教育法》对受教育者申诉范围的规定比较宽，这对维护学生在学校或其他教育机构中的合法权益是十分有利的。依提出申诉的对象和内容可分为如下几种。

（1）学生对学校给予的处理不服的，包括学籍、考试、校规等方面，有权申诉。例如，某校初二学生因在教室走廊踢球，将教室的玻璃打破，校长以其违反校规为由，给予开除学籍的处理。校长实施的这一决定违背了《教育法》及《义务教育法》的有关规定，侵犯了学生接受义务教育的权利，学生有权提起申诉。

（2）学生对学校侵犯其合法财产权利的可以提出申诉。例如，对学校违反《义务教育法》实施细则和地方性法规乱收费的，有权提起申诉。包括学校违法设定因迟到、打架、不交作业进行的"罚款"，以及其他的"实验费""补课费"等。

（3）学生对学校侵犯其人身权利，可以提起申诉。例如，学生对学校在校纪管理中处理不当而侵害了其人身健康权、名誉权的，有权申诉。

（4）学生对教师侵犯其合法财产权利可以提出申诉。例如，学生对教师强迫其购买与教学无关的物品，有权申诉。

（5）学生对教师侵犯其人身权利可以提出申诉。例如，学生对教师私拆、扣压信件而导致其身、心伤害的，污辱体罚学生的，放学后长时间留校限制学生人身自由的，非法搜查学生书包等，均有权申诉。

（6）学生对学校或教师侵犯其知识产权可以提出申诉。例如，教师剽窃学生的著作权、发现权、发明权或其他科技成果权，学校强行将学生的知识产权收归学校等，这不仅侵害了学生的人身权，同时也侵犯其财产权，学生有权提出申诉。

（三）学生申诉制度的申诉人和被申诉人

1. 申诉人

学生申诉制度的申诉人主要包括合法权益受到侵害的受教育者本人及其监护人。在这里，监护人可依法律规定产生。如我国《民法通则》规定，父母、祖父母、外祖父母、兄、姐分别应为未成年的子女、孙子女、外孙子女、弟、妹的监护人；也可依据监护人父母的遗嘱委任产生。

2. 被申诉人

学生申诉制度的被申诉人，一般是指学生所在的学校或者其他教育机构、学校工作人员以及教师。这里包含两层含义：一是学生对学校或其他教育机构按照学生管理规定给予的处分不服提出申诉，其被申诉人只限于学校及其他教育机构；二是学校、学校工作人员、教师侵犯学生人身权、财产权等合法权益时，这些侵权主体都可以作为被申诉人。

（四）学生申诉的程序

学生申诉要遵循一定的程序。一般步骤为：首先提出申诉；等待主管机关的受理审查；听取对申诉的处理结果。提出申诉可以以口头或书面形式。以口头形式提出的要讲明被申诉人的自然状况，申诉的理由和事件发生的基本事实经过，最后提出申诉要求。书面形式的申诉要求：①写明申诉人的年龄、性别、住址、与被申诉人的关系等；②写明被申诉人的名称、地址、法定代表人的姓名、性别、职务等；③写明申诉要求，主要写明申诉人对被申诉人因侵犯其合法权益或对某个具体行为的实施，要求受理机关重新处理或撤销决定的具体要求；④申诉理由和事实经过，要求写明被申诉人侵害申诉人合法权益的事实经过和处理决定的事实与法律政策依据，并陈述理由。只要认为是受侵害，都可提出申诉。

主管机关接到学生的口头或书面申诉后，可以依具体情况经审查后作出不同的处理。对于属于自己主管的，予以受理；对于不属自己主管的，告知学生向其他部门申诉或驳回申诉；对于虽属本部门主管，但不符合申诉条件的，告知学生不能申诉；对于未说明申诉理由和要求的，可要求其再次说明或重新提交申诉书。主管机关对于口头申诉应在当时或规定时间内作出是否受理的答复；对于书面申诉则应在规定时间内给予是否受理的正式通知。

(五) 对申诉的处理

主管机关受理申诉后，应该对事件进行调查核实，根据实际情况作出正确处理：①如果学校、教师或其他教育机构的行为或决定符合法定权限或程序，适用法律规定正确，事实清楚，可以维持原来的处分决定和结果；②如果处分或决定违反相关的法律法规规定，侵害申诉人合法权益，可以撤销原处理决定或责令被申诉人限期改正；③具体处分决定或具体行为决定的一部分适用法律、法规或规章错误，或事实不清的，可责令退回原机关重新处理或部分撤销原决定；④处理或决定所依据的规章制度或校纪校规与法律、法规及其他规范性文件相抵触时，可撤销原处理决定；⑤如果学校、教师确有侵犯学生人身权、财产权的，应当责令学校、教师予以赔礼道歉或赔偿损失。学生对申诉处理结果不服的，可依法向法院起诉。

【案例】

甘露原系暨南大学华文学院语言学及应用语言学专业2004级硕士研究生。2005年间，甘露在参加现代汉语语法专题科目的撰写课程论文考试时，提交了《关于"来着"的历时发展》的考试论文，任课老师发现其提供的考试论文是从互联网上抄袭的，遂对其进行批评、教育后，要求重写论文。甘露第二次向任课老师提供的考试论文《浅议东北方言动词"造"》，又被任课老师发现与发表于《江汉大学学报》2002年第2期《东北方言动词"造"的语法及语义特征》一文雷同。2006年3月8日，暨南大学作出暨学〔2006〕7号《关于给予硕士研究生甘露开除学籍处理的决定》，给予甘露开除学籍的处分。甘露不服，向广东省教育厅提出申诉，广东省教育厅于2006年5月16日作出粤教法〔2006〕7号《学生申诉决定书》，认为暨南大学对甘露作出处分的程序违反《暨南大学学生违纪处分实施细则》第三十三条的规定，影响甘露的陈述权、申诉权及听证权的行使，不符合《普通高校学生管理规定》第五十五条、第五十六条的规定，责令暨南大学对甘露的违纪行为重新作出处理。暨南大学收到广东省教育厅的决定书后，于2006年6月1日将调查谈话通知单送达给甘露母亲赵小曼，并于当天就甘露违纪事件进行调查。2006年6月2日，暨南大学华文学院向暨南大学学生违纪处理委员会办公室建议给予甘露开除学籍的处分。6月6日，暨南大学研究生部向学校领导提交有关给予硕士研究生甘露开除学籍处理报告，建议对甘露作出开除学籍的处理。6月7日，暨南大学将违纪处理告知书送达给甘露母亲赵小曼，并制作了告知笔录。2006 年 6 月 13 日，赵小曼将陈述、申辩材料交暨南大学。暨南大学也对甘露陈述申辩作了记录。2006 年 6 月 15 日，暨南大学学生违纪处理委员会召开会议，决定给予甘露开除学籍的处分，并将给予甘露开除学籍处分的意见提交校长办公会议进行讨论。6 月 19 日，暨南大学召开 2006 年第 16 次校长办公会议，会议决定同意给予甘露开除学籍的处分，并制作了暨学〔2006〕33 号《关于给予硕士研究生甘露开除学籍处分的决定》（以下简称《开除学籍决定》），对甘露作出开除学籍处分。6 月 21 日，暨南大学将处分决定送达给赵小曼。6 月 23 日，暨南大学又通过特快专递 EMS 将《开除学籍决定》寄送给甘露。2007 年 6 月 11 日，甘露以暨南大学作出的开除学籍决定没有法律依据及处罚太重为由，向广州市天河区人民法院提起行政诉讼，请求撤销暨南大学作出的开除学籍决定并承担案件诉讼费。广州市天河区人民法院以（2007）天法行初字第 62 号行政判决维持了开除学籍决定。甘露不服提起上诉。广东省广州市中级人民法院判决驳回甘露上诉，维持原判。后甘露向广东省高级人民法院申请再审，该院以（2010）粤高法行监字第 6 号驳回再审申请通知驳回其再审申请。甘露不服，提出再审要求，广东省广州市高院经审查后认为原生效判决可能存在适用法律错误的情形，以（2010）行监字第 1023 号行政裁定提审本案。依据《中华人民共和国行政诉讼法》第六十一条第（二）项和最高人民法院《关于执行〈中华人民共和国行政诉讼法〉若干问题的解释》第五十七条第二款第（二）项的规定，判决如下：

一、撤销广东省广州市中级人民法院（2007）穗中法行终字第 709 号行政判决和广州市天河区人民法院（2007）天法行初字第 62 号行政判决。

二、确认暨南大学暨学〔2006〕33 号《关于给予硕士研究生甘露开除学籍处分的决定》违法。

一、二审案件受理费共计人民币 100 元，由被申请人暨南大学负担。

讨论：学生对高校作出的开除学籍的处分决定可否提起诉讼？人民法院应如何审理？

分析：根据《教育法》的规定，高等学校有权对受教育者进行学籍管理，实施奖励或者处分。高等学校学生应当遵守《高等学校学生行为准则》《普通高等学校学生管理规定（2005）》，并遵守高等学校依法制定的校纪、校规。高等学校在对违纪学生作出开除学籍等直接影响受教育权的处分时，应当坚持处分与教育相结合原则，做到育人为本、罚当其责，并使违纪学生得到公平对待。违纪学生针对高等学校作出的开除学籍等严重影响其受教育权利的处分决定不服的，可依法提起诉讼，人民法院应当予以受理。

人民法院在审理此类案件时，应依据法律法规、参照规章，并可参考高等学校不违反上位法且已经正式公布的校纪、校规。在本案中，法院根据《行政诉讼法》第五十七条；《行政诉讼法》第六十一条；《教育法》第五十四条；《普通高等学校学生管理规定（2005）》第五十五条和《教育部关于印发〈高等学校学生行为准则〉的通知》等法律法规的精神作出了上述判决。

第三节　教育行政复议

一、教育行政复议的含义和特征

教育行政复议，是指教育行政管理相对人认为教育行政机关作出的具体行政行为侵犯了其合法权益，向作出该行为的原行政机关或其上一级行政机关提出行政复议申请，由受理的教育行政机关根据相对人的申请，对发生争议的具体行政行为进行复查，依法作出维持、变更或撤销具体行政行为的一种裁决活动。1999 年 4 月 29 日第九届全国人民代表大会常务委员会第九次会议通过了《行政复议法》是行政复议制度最高级别的立法。

在申诉制度中，无论是教师还是学生提出申诉请求，要求行政机关处理，已经涉及了行政复议的范畴。但是，提出行政复议的相对人，不仅包括教师、学生这些自然人，也可以是其他行政管理相对人，如学校或其他教育机构等法人。

教育行政复议具有以下特征。

1. 教育行政复议是一种特殊的行政行为

首先，教育行政复议是行政机关依法行使职权的行为，不受其他机关、社会团体和个人的非法干涉。教育行政复议是行政机关依法行使职权，解决教育行政纠纷的行政行为，而不是司法机关解决纠纷的诉讼活动。其次，教育行政复议是依申请而发生的行政行为。教育行政复议是由行政管理相对人提出复议申请而引起的，相对人的申请是教育行政复议的前提条件。再次，教育行政复议是行政司法行为。教育行政复议虽是行政机关的行为，但从其法律关系、行为程序和方式来看，又具有司法活动的特征。教育行政复议在复议范围、复议管辖、受理和作出决定的期限、复议机构、审理与决定、期限与送达等方面都有严格的规定。

2. 教育行政复议的提出以行政机关的具体行政行为为对象

抽象行政行为具有普遍约束力，并不针对特定的人或事。如果对抽象行政行为不服，不能申请行政复议，只能向制定该规范性文件的行政机关的同级权力机关或该行政机关的上一级行政机关提出审查申请。只有行政机关作出具体行政行为时，才能申请教育行政复议。

3. 教育行政复议的申请人只能是教育行政管理相对人，被申请人只能是作出具体行政行为的行政机关

在教育行政管理活动中，行政机关和管理相对人的地位并不平等，只有在教育行政管理相对人认为行政机关具体行政行为侵犯其合法权益时，才能提出申请进行复议，因而，被申请人只能是行政机关。

4. 教育行政复议案件的审理，不适用调解

复议机关在审理复议案件的过程中不得进行调解，也不得以调解作为结案方式。其原因在于：调解的基础是双方地位平等，可以自由处分自己的权利。在教育行政复议中，相对人和行政机关之间的地位并不平等，而且行政机关行使的是国家行政权力，无权自由处分，不能通过协商、妥协改变原来已作出的具有公定力的行政决定。

二、教育行政复议的受案范围

教育行政复议的受案范围，是指教育行政复议机关对哪些行政行为具有行政复议审查权。要明确教育行政复议的受案范围，首先要明确一般行政复议的受案范围。

对于一般行政复议，原则上来说，所有侵犯相对人人身权和财产权的具体行政行为都属于复议申请范围。《行政复议法》第六条对一般行政复议的受案范围作了如下具体规定：

（1）对行政机关作出的警告、罚款、没收违法所得、没收非法财物、责令停产停业、暂扣或者吊销许可证、暂扣或者吊销执照、行政拘留等行政处罚决定不服的；

（2）对行政机关作出的限制人身自由或者查封、扣押、冻结财产等行政强制措施决定不服的；

（3）对行政机关作出的有关许可证、执照、资质证、资格证等证书变更、

中止、撤销的决定不服的；

（4）对行政机关作出的关于确认土地、矿藏、水流、森林、山岭、草原、荒地、滩涂、海域等自然资源的所有权或者使用权的决定不服的；

（5）认为行政机关侵犯合法的经营自主权的；

（6）认为行政机关变更或者废止农业承包合同，侵犯其合法权益的；

（7）认为行政机关违法集资、征收财物、摊派费用或者违法要求履行其他义务的；

（8）认为符合法定条件，申请行政机关颁发许可证、执照、资质证、资格证等证书，或者申请行政机关审批、登记有关事项，行政机关没有依法办理的；

（9）申请行政机关履行保护人身权利、财产权利、受教育权利的法定职责，行政机关没有依法履行的；

（10）申请行政机关依法发放抚恤金、社会保险金或者最低生活保障费，行政机关没有依法发放的；

（11）认为行政机关的其他具体行政行为侵犯其合法权益的。

《行政复议法》第七条还进一步规定，公民、法人或者其他组织：认为行政机关的具体行政行为所依据的下列规定不合法，在对具体行政行为申请行政复议时，可以一并向行政复议机关提出对该规定的审查申请。这类规定是：①国务院部门的规定；②县级以上地方各级人民政府及其工作部门的规定；③乡、镇人民政府的规定。前款所列规定不含国务院部、委员会规章和地方人民政府规章，这些规章的审查依照法律、行政法规办理。

根据《行政复议法》这一规定，行政机关的行政活动将受到行政复议的全面审查和监督，受到行政机关具体行政行为侵害的公民、法人和其他组织，有权要求行政机关对其具体行政行为所依据的规范性行政文件进行审查。对于违法的规范性行政文件，有权行政机关将根据法定程序予以撤销。《行政复议法》的这一规定，不仅使更多的行政活动受到法律监督，而且将极大地增加公民、法人或其他组织在行政复议中得到有效救济的机会。

教育行政复议的受案范围要符合两个条件：一是符合一般行政复议的规定；二是行政机关的具体行政行为所侵犯的应是教育法规所保护的教育关系。《义务教育法实施细则》第四十三条对此作出了复议规定：当事人对行政处罚不服的，可以依照法律、法规的规定申请复议。在此，如果相对人对公安机关就扰乱义务教育学校秩序的行政处罚不服时，可提起教育行政复议，因为它既符合一般行政复议受案范围第一条的规定,又符合教育法所保护的法律关系的条件。另外,教育行政复议的被申请人通常是教育行政机关,但也包括其他行政机关。例如,财政机关向学校乱摊派、乱罚款时,被申请人就是财政机关。

三、教育行政复议的程序

(一) 申请

申请是指公民、法人或其他组织认为行政机关的具体行政行为侵犯其教育法所保护的合法权益,依照法律规定的条件向有关机关提出复议的要求。申请人应以书面形式在 60 日内提出复议申请。复议申请书应载明下列内容:申请人的自然情况(姓名、性别、年龄、职业、住址等),被申请人的名称、地址,申请复议的要求和理由;附交有关的物证、书证或复印件,提出申请的日期。

(二) 受理

受理是指教育行政复议机关基于相对人的申请,经审查认为符合法律规定的申请条件,决定立案,并准备审理的行为。复议机关决定受理的标志是立案,一旦立案,复议机关必须依法对案件进行审理,复议申请人和被申请人法律地位平等,申请人不得重复申请复议。

(三) 审理

审理是教育行政复议的中心阶段。复议机关应当在受理之日起 7 日内将复议申请书副本发送被申请人,被申请人在收到复议申请书副本之日起 10 日内,应向复议机关提交作出具体行政行为的有关材料或者证据,以及答辩书。被申请人逾期不答辩的,不影响复议。

复议机关根据复议申请书和被申请人提供的材料、证据和答辩书,对原行政执法决定进行审查。通过审查,查明事实真相,确定原行政执法决定是否违法、失当,是否侵害了申请人的合法权益。行政复议应以书面形式进行,复议机关认为必要时,也可采取其他方式。

(四) 决定

决定是指对案件进行审理后,在判明具体行政行为的合法性、正当性的基础上,有关机关作出相应的裁断。复议机关应在复议期限内(自受理之日起 60 日内)作出决定。复议决定有:维持决定,补正程序决定,撤销和变更决定,履行职责决定,赔偿决定。

(五) 执行

复议决定生效后具有国家强制力,复议双方应自觉履行,否则,将强制执行。在教育行政复议的过程中，如果行政机关拒绝履行复议决定的，复议机关可以直接或建议有关部门对该行政机关的法定代表人给予行政处分；复议参加人或其他人阻碍复议人员依法执行职务的，在未使用暴力和其他威胁手段的情况下，由公安机关给予行政处罚；在使用暴力或其他威胁手段的情况下，则依法追究刑事责任；复议机关工作人员失职的，复议机关或有关部门应批评教育或给予行政处分，直至追究刑事责任。

第四节　教育行政诉讼

一、教育行政诉讼的含义和特征

教育行政诉讼是行政诉讼的一种，它是指公民、法人或其他组织认为行政机关的具体行政行为侵犯了其教育法所保护的合法权益，而以行政机关为被告提起诉讼，人民法院在双方当事人和其他诉讼参与人的参加下，进行审理作出判决。

教育行政诉讼有以下特征：

1. 教育行政诉讼当事人的特殊性

教育行政诉讼的原告是认为行政机关的具体行政行为侵犯其合法权益的公民、法人或其他组织，被告是作出具体行政行为的行政机关。在教育行政诉讼中，被告始终是行政机关，原告始终是公民、法人或其他组织。

2. 教育行政诉讼内容的特殊性

教育行政诉讼必须是行政机关行使职权作出的具体行政行为，而当事人不服的诉讼。教育的行政诉讼所要解决的问题在于判断行政机关的具体行政行为是否合法。

3. 教育行政诉讼作用的特殊性

教育行政诉讼兼具救济和监督两种性质。通过行政诉讼，一是可以保护相对人的合法权益，给予相对人受损的合法权益以救济；二是可以监督行政机关依法行政，不滥用职权。

二、教育行政诉讼的受案范围

《行政诉讼法》第二条规定："公民、法人或者其他组织认为行政机关和行政机关工作人员的具体行政行为侵犯其合法权益，有权依照本法向人民法院提起诉讼。"也就是说：人民法院只受理对行政机关具体行政行为不服的案件，只要相对人"认为"行政机关和行政机关工作人员的具体行政行为侵犯了其合法权益，就可以提起行政诉讼。

对于具体的受案范围，《行政诉讼法》第十一条列举了八种具体行政行为：①对拘留、罚款、吊销许可证和执照、责令停产停业、没收财物等行政处罚不服的；②对限制人身自由或者对财产的查封、扣押、冻结等行政强制措施不服的；③认为行政机关侵犯法律规定的经营自主权的；④认为符合法定条件申请行政机关颁发许可证和执照，行政机关拒绝颁发或者不予答复的；⑤申请行政机关履行保护人身权、财产权的法定职责，行政机关拒绝履行或者不予答复的；⑥认为行政机关没有依法发给抚恤金的；⑦认为行政机关违法要求、履行义务的；⑧认为行政机关侵犯其他人身权、财产权的。除前款规定外，人民法院受理法律、法规规定可以提起诉讼的其他行政案件。

《行政诉讼法》第十二条规定，人民法院对公民、法人或者其他组织提出的下列事项不予受理：①国防、外交等国家行为；②行政法规、规章或者行政机关制定、发布的具有普遍约束力的决定、命令；③行政机关对行政机关工作人员的奖惩、任免等决定；④法律规定由行政机关最终裁决的具体行政行为。例如《中华人民共和国专利法》第四十三条规定："评审委员会对申请人关于实用新型和外观设计的复审请求所作出的决定为终局决定。"对此项决定不服提起诉讼的，人民法院不予受理。

三、教育行政诉讼的管辖

教育行政诉讼的管辖是指人民法院组织系统内部审判第一审教育行政案件的权限划分。教育行政诉讼的管辖大致分为级别管辖、地域管辖、裁定管辖。

（一）级别管辖

级别管辖是指上下级人民法院之间受理和审判第一审教育行政案件的权限划分。一般来说，最高人民法院管辖全国范围内重大、复杂的第一审教育行政案件；高级人民法院管辖本辖区重大、复杂的第一审教育行政案件；中级人民法院管辖本辖区内重大、复杂的教育行政案件以及由国家教育部的具体行政行为引起的案件；基层人民法院管辖第一审教育行政案件。

（二）地域管辖

地域管辖又称区域管辖，是指同级人民法院之间受理和审判第一审教育行政案件的权限划分。一般来说，教育行政案件由最初作出具体行政行为的教育行政机关所在地的人民法院管辖。经过复议并改变原具体行政行为决定的，也可由复议机关所在地的人民法院管辖。教育行政案件因不动产而提起的，由不动产所在地人民法院管辖。

（三）裁定管辖

裁定管辖是指人民法院裁定教育行政案件的管辖权。它包括三种情形：一是移送管辖，指人民法院将已受理的案件，移送给有管辖权的人民法院审理；二是指定管辖，指上级人民法院以裁定的方式，指定某下级人民法院管辖某一案件；三是管辖权的转移，指上级人民法院决定或同意，将有管辖权的案件，由下级人民法院移送上级人民法院，或由上级人民法院移送下级人民法院。

四、教育行政诉讼的程序

（一）起诉

起诉是指公民、法人或者其他组织认为行政机关的具体行政行为侵犯了其教育法所保护的合法权益，依法向人民法院提出诉讼请求，要求人民法院予以救济的行为。它要求有明确的被告、有具体的诉讼请求和事实根据、属于人民法院管辖、符合受案范围、符合起诉的日期限定。

（二）受理

受理是指人民法院经过审查之后，应当在 7 日内立案或作出不予受理的决定。

（三）审理

开庭审理前，人民法院在立案之日起 5 日内，将起诉状副本发送被告，并告知被告应当在收到起诉状副本之日起 10 日内向人民法院提交作出具体行政行为的有关材料，并提出答辩状。在收到被告答辩状之日起 5 日内，将答辩状副本发送原告。被告不提出答辩状的，不影响人民法院审理。法院确定合议庭组成人员，确定开庭审理的时间、地点，并在开庭之前 3 日内传唤、通知当事人和其他诉讼参与人。人民法院审理教育行政案件，分为宣布开庭、法庭调查、法庭辩论、合议庭评议、宣判五个阶段。

（四）判决

人民法院对行政案件审理后，应根据不同情况作出判决：具体行政行为证据确凿，适用法律、法规正确，符合法定程序的，维持原判；具体行政行为主要证据不足，适用法律法规错误，违反法定程序，超越、滥用职权的，判决撤销或部分撤销原判；被告不履行或者拖延履行法定职责的，判决其在一定期限内履行；行政处罚显失公正的，判决变更处罚决定。

当事人不服人民法院第一审判决的，有权在判决书送达之日起 15 日内向上一级法院提起上诉。当事人不服人民法院第一审裁定的，有权在裁定书送达之日起 10 日内向上一级人民法院提起上诉。逾期不提起上诉的，人民法院的第一审判决或者裁定发生法律效力。

（五）执行

执行是指人民法院使生效的判决、裁定、调解书等付诸实践。当事人必须履行人民法院发生法律效力的判决、裁定。公民、法人或者其他组织拒绝履行判决、裁定的，行政机关可以向人民法院申请强制执行，或依法强制执行。对拒不履行的，依法追究其法律责任。

【案例】

原告卢某于 2004 年 6 月 11 日向被告朝阳区教委申诉，要求朝阳区职工大学对本人教学考核成绩的评定作出说明，并提出了学术委员会是选举还是任命的、何时获得任职资格、是否参加学术评价的全过程等十六个问题。被告朝阳区教委 2004 年 7 月 8 日作出朝教申 [2004] 01 号《申诉处理决定书》，决定"朝阳区职工大学在接到本决定书七日内，对申诉人提出的问题作出书面答复"。该决定书于 2004 年 7 月 12 日邮寄送达原告卢某，同日直接送达朝阳区职工大学。2004 年 7 月 13 日，朝阳区职工大学作出"关于卢某问题的答复"，并送达卢某。2004 年 7 月 21 日，被告朝阳区教委收到原告卢某提交的以"朝阳区教育委员会"为抬头的一份书面材料，在该材料中，原告称："至七月十四日，学校不但拒绝就我的问题给予任何答复，相反，却由系主任转来对我进行恐吓、威胁的所谓答复（见《关于卢某问题的答复》）。"为此，原告请求被告依法督促学校切实执行区教委依法作出的决定。被告朝阳区教委在接到原告的该份书面材料后，与朝阳区职工大学取得联系核实该校履行行政决定情况。朝阳区职工大学于 2004 年 8 月 20 日将《关于卢某问题的答复》呈送朝阳区教委。朝阳区教委将上述情况告知卢某。卢某仍不服，向朝阳区人民法院提起诉讼。

原告诉称：我于 2004 年 6 月 11 日依法向被告朝阳区教委提交申诉书，被告朝阳区教委于 2004 年 7 月 8 日作出朝教申 [2004] 01 号《申诉处理决定书》（以下简称《决定书》）。《决定书》明确要求朝阳区职工大学在 7 日内对我提出的问题作出书面答复。在规定时间内，朝阳区职工大学拒绝执行《决定书》。我于 2004 年 7 月 21 日将朝阳区职工大学拒绝执行《决定书》的情况书面告知被告朝阳区教委，请求被告采取有效措施，要求朝阳区职工大学立即履行被告作出的处理决定。但是，被告至今未给我答复。我认为，被告在作出《决定书》后，不依法采取措施，履行其保护教师合法权益的职能及依法履行其对学校的管理职责，以保障其依法作出的决定得到有效的执行，构成了实质的行政不作为。故诉至法院，请求法院判决被告履行对作出的《决定书》申请法院强制执行的法定职责。

被告辩称：2004 年 6 月 11 日，原告向我委提出申诉。2004 年 7 月 8 日，我委依法作出《决定书》并送达给双方当事人。2004 年 7 月 21 日我委收到原告递交的反映朝阳区职工大学拒绝执行我委处理决定的书面报告。因当时正值暑假，无法联系到学校相关负责人。暑假结束后，我委于 2004 年 8 月 18 日向朝阳区职工大学了解《决定书》的执行情况。学校回复已按《决定书》的要求于 2004 年 7 月 13 日对卢某作出了书面答复，并将该书面答复呈送给我委。我委欲将此情况告知原告，但多次拨打原告手机其均未接听，后终于与原告取得联系并将此情况告知原告。因而我委已经依法作出处理决定，并督促学校执行了该处理决定，依法履行了全部法定职责，不存在行政不作为，原告的诉讼请求没有任何事实依据。另外，根据《最高人民法院关于执行〈中华人民共和国行政诉讼法〉若干问题的解释》第八十八、九十条的规定，行政机关和行政裁决确定的权利人均有权对行政裁决申请法院强制执行。如果原告认为学校未履行行政处理决定，我委也未申请法院强制执行该决定，其完全有权利自行到法院申请强制执行，原告不能因自己放弃该项权利而认为我委构成行政不作为。综上，请求法院驳回原告的诉讼请求。

朝阳区人民法院经审理认为，行政机关依法作出的行政决定具有执行力。行政决定的强制执行可分为司法强制和行政强制。但依据《行政诉讼法》第六十六条的规定，强制执行行政决定的前提是行政决定确定的履行义务人在法定期限内不提起诉讼又未履行生效决定。本案中，被告朝阳区教委针对原告卢某要求朝阳区职工大学就其提出的与教学检查成绩评定相关的十六个问题进行答复的申诉，于 2004 年 7 月 8 日作出《申诉处理决定书》，认为卢某要求答复的问题与教学检查成绩评定一事具有一定的关联性，学校应就学术委员会评定部分对以上问题应进行答复。故决定朝阳区职工大学在接到决定书七日内，对卢某提出的问题作出书面答复。2004 年 7 月 13 日，朝阳区职工大学作出了《关于卢某问题的答复》，从答复中可以看出，学校对学术委员会的组成、学生座谈会的组织、学生评价等关系教学评定的问题作出了具体的回答，而学校对卢

某针对学术委员会个人提出的问题，答复其学校没有责任代为回答。本院认
为，虽然被告朝阳区教委最终作出的决定是要求"朝阳区职工大学在接到本决
定书七日内，对申诉人提出的问题作出书面答复"，但这一决定应该和作出决
定的理由相互映合，也即结论中的"对申诉人提出的问题作出答复"必须受理
由中的"一定的关联性"和"就学术委员会评定部分"所制约。朝阳区职工大
学于 2004 年 7 月 13 日作出的《关于卢某问题的答复》，在"与教学检查成绩
评定一事具有一定的关联性"的基础之上，"就学术委员会评定部分"书面答
复了原告卢某所提出的问题，该书面答复即是履行了被告朝阳区教委处理决定
的内容。因此，朝阳区教委作出处理决定后，朝阳区职工大学已经在决定书确
定的履行期限内作出了《关于卢某问题的答复》且送达卢某，在朝阳区职工大
学自动履行行政决定书的情况下，已不存在申请法院强制执行的问题。

本案原告卢某在朝阳区职工大学已向其作出答复后仍认为朝阳区教委负有
申请法院强制执行的义务，并以此为由提起诉讼，其诉讼理由的实质是对学校
作出的答复不满。本院认为，学校是否作出令卢某满意的答复并不是判断学校
是否自动履行了行政处理决定的标准。原告卢某对答复有任何异议应通过正当
渠道向有关机关反映。综上，原告卢某要求被告履行申请法院强制执行其作出
的处理决定的诉讼请求不能成立，本院不予支持。据此，依据《最高人民法院
关于执行〈中华人民共和国行政诉讼法〉若干问题的解释》第五十六条第
（一）项之规定，判决驳回原告卢某的诉讼请求。

一审宣判后，卢某不服，向北京市第二中级人民法院提起上诉称：一审判
决认定事实不清、适用法律错误，请求撤销一审判决，要求朝阳区教委履行对
《决定书》申请强制执行的法定职责。被上诉人认为其不存在行政不作为，上
诉人的诉讼请求没有任何事实依据，请求二审法院维持一审判决。

北京市第二中级人民法院查明的事实与一审相同。

北京市第二中级人民法院经审理认为，行政机关依法作出的行政决定具有
执行力。强制执行行政决定的前提是行政决定确定的履行义务人在法定期限内
不提起诉讼又未履行生效决定。本案查明的事实表明，朝阳区教委针对卢某要
求朝阳区职工大学就其提出的与教学检查成绩评定相关的十六个问题进行答复
的申诉，于 2004 年 7 月 8 日作出《申诉处理决定书》，该决定书要求朝阳区职
工大学在接到决定书七日内，对卢某提出的问题作出书面答复。2004 年 7 月
13 日，朝阳区职工大学作出了《关于卢某问题的答复》，从答复中可以看出，
学校对学术委员会的组成、学生座谈会的组织、学生评价等关系教学评定的问

题作出具体的回答，而学校对卢某针对学术委员会个人提出的问题，答复其没有责任代为回答。《关于卢某问题的答复》，在"与教学检查成绩评定一事具有一定的关联性"的基础之上，"就学术委员会评定部分"书面答复了原告卢某所提出的问题，该书面答复即是履行了被告朝阳区教委处理决定的内容，且将书面答复送达了卢某。在朝阳区职工大学已自动履行行政决定书的情况下，已不存在申请法院强制执行的问题。故一审法院认定卢某要求朝阳区教委履行申请法院强制执行其作出的处理决定的诉讼请求理由不能成立是正确的，本院予以维持。据此，依照《中华人民共和国行政诉讼法》第六十一条第（一）项的规定，判决驳回上诉，维持一审判决。

讨论：（1）在当事人逾期不履行行政决定的情况下，行政机关不依法自行或申请人民法院强制执行的，是否构成行政不作为？

（2）行政机关作出行政处理决定后，如果受决定羁束的义务人不履行义务，而行政机关又不采取执行措施，那么，相关权利人能否以行政机关不作为为由起诉行政机关呢？

分析：《行政诉讼法》第六十六条规定："公民、法人或者其他组织对具体行政行为在法定期限内不提起诉讼又不履行的，行政机关可以申请人民法院强制执行，或者依法强制执行。"因此，行政决定作出后，在受约束的当事人逾期不履行行政决定的情况下，行政机关有申请人民法院强制执行或依法强制执行的职责；未依法履行该职责的，构成行政不作为。《城市规划法》第四十二条规定："……当事人逾期不申请复议、也不向人民法院起诉、又不履行处罚决定的，由作出处罚决定的机关申请人民法院强制执行。"可见，行政机关有维护行政行为公定力、拘束力和执行力的职责，在当事人逾期不履行行政行为内容的情况下，行政机关必须依法自行或申请法院强制执行。行政职责不容放弃，行政机关不履行该职责，利害关系人可以对该不履责行为提起诉讼；由此遭受损害的，可一并申请国家赔偿。

关于行政机关作出行政处理决定后，如果受决定羁束的义务人不履行义务，而行政机关又不采取执行措施，相关权利人能否以行政机关不作为为由起诉行政机关的问题，《行政诉讼法》并无规定，而《最高人民法院关于执行〈中华人民共和国行政诉讼法〉若干问题的解释》第九十条规定："行政机关根据法律的授权对平等主体之间民事争议作出裁决后，当事人在法定期限内不起诉又不履行，作出裁决的行政机关在申请执行的期限内未申请人民法院强制执行的，生效具体行政行为确定的权利人或者其继承人、权利承受人在 90 日内可以申请人民法院强制执行。享有权利的公民、法人或者其他组织申请人民法院强制执行具体行政行为，参照行政机关申请人民法院强制执行具体行政行为的规定。"该规定明确了生效具体行政行为确定的权利人，在行政机关未申请人民法院强制执行的情况下，享有"代位申请强制执行权"，即代替行政机关向人民法院申请强制执行。但该条款并没有明确行政机关在申请执行期限内不申请人民法院强制执行是否构成行政不作为，相关权利人能否对此提起行政诉讼。

从理论上讲，行政机关拥有行政权，而完整的行政权应当包括公定力、确定力、拘束力和执行力四种法律效力，其中的执行力是指对已经生效的行政行为，行政主体依法有权采取一定手段，使其法律效力得以实现。可见，执行力是对行政主体和行政相对人双方的一种法律效力。上述两主体对行政行为所设定的内容都具有实现的权利、义务，如果行政行为为行政相对人设定义务，则行政主体具有要求相对人履行义务的权利，行政相对人负有履行的义务；如果行政行为为相对人设定权利，也为行政主体设定义务时，则相对人具有要求行政主体履行义务的权利，行政主体负有履行的义务。因此，当行政机关作出一项行政处理决定后，如果相对人逾期不履行，则行政机关有在法定期限内自行强制执行或申请法院强制执行的义务，行政处理决定所确定的权利人也有要求行政机关自行强制执行或申请法院强制执行的权利；行政机关不作为的，权利人应有权向人民法院提起行政诉讼。

本案中，法院在判决中肯定了卢某的行政诉讼原告主体资格，但由于在客观上朝阳区教委所作出的行政处理决定所确定的义务已经被朝阳区职工大学履行，故不存在行政机关未履行而申请人民法院强制执行这一义务的问题。

第五节　教育行政赔偿

一、教育行政赔偿的含义和特征

教育行政赔偿是指教育行政机关及其工作人员在执行职务过程中，违法行使职权侵犯了公民、法人或其他组织的合法权益，造成了损害，依照《国家赔偿法》由国家给予的赔偿。行政赔偿在《行政诉讼法》上又称"行政侵权赔偿"。

教育行政赔偿一般有如下特征。

1. 主体特定性

行政侵权行为的主体是教育行政机关及其公务员，这是教育行政赔偿的前提。它不同于一般民事法律关系中的侵权损害之处在于民事侵权行为主体可以是任何人或组织，而教育行政赔偿的产生是由于教育行政机关或公务员在实施教育管理活动时，违法侵权给公民或法人造成损失而给予的经济赔偿。

2. 执行职务性

教育行政侵权行为与行使教育行政权力相联系。教育行政权力的行使表现为执行行政职务，即职务行为是构成教育行政赔偿的基础。非职务行为不会导致行政赔偿责任，它可能导致民事侵权，此时公务人员要对自己的行为负责，国家对此不承担责任。

3. 违法行政性

违法行政的本质在于它的社会危害性，它不仅侵犯了公民或法人的合法权益，更重要的是它削弱了法律，使国家的权威受到了严重影响，伤害了人民对国家的感情，从而具有社会危害性。对违法行政后果进行赔偿正是为了消除违法行政所造成的恶果。

4. 国家赔偿性

因为执行职务而发生教育行政侵权行为，不由公务员个人向受侵权损害者承担责任，而由国家向受损害者承担责任，但是，这并不等于不追究公务员的侵权责任。一般而言，在教育行政机关内部，可以对违法执行职务的公务员追究纪律责任，但不能以公务员内部的纪律责任代替行政机关对受损害者承担的责任。

教育行政赔偿的主体是国家，这是由于这种责任的发生系由国家权力的运用所致。国家是抽象概念，它的活动表现为具体行政机关的活动。公务员的职务行为也是受行政机关委托并以行政机关的名义作出的，其行为应视为行政机关的行为，因此，国家责任直接承担的形式是由行政机关代表国家并以国家名义对受损害者承担赔偿责任。

5. 法律责任性

教育行政赔偿是具有法律意义上的责任。首先，这种责任一般由法律规定，如《国家赔偿法》等法律、法规的侵权责任规范。其次，这种责任的承担形式通常是具有法律上的惩戒意义，如金钱赔偿、返还原物等。再次，这种责任的承担是法律上的救济，即补救、恢复受损害者的合法权益。

二、行政赔偿责任的构成要件

行政赔偿责任的构成要件是指国家承担赔偿责任所应具备的前提条件。根据《国家赔偿法》的规定，国家承担侵权赔偿责任的构成要件由损害事实、侵权行为主体、执行职务的行为违法和因果关系四个方面组成。

（一）损害事实

国家赔偿制度的主要功能是对损害进行补救，因而任何侵权赔偿责任都以损害事实的存在为首要条件，没有损害事实，也就谈不上赔偿。根据我国的实际，并不是任何损害都能得到赔偿，《国家赔偿法》规定的损害赔偿范围限于：第一，对人身权和财产权造成的损害予以赔偿，对公民其他权益的损害，如精神损害等，国家不予赔偿。第二，由于侵犯人身权和财产权所引起的财产损害，国家予以赔偿。第三，财产损害中只赔偿直接的损失，对间接损失不予赔偿。那么，哪些损害是对人身权和财产权的损害呢？

1. 对人身权的损害

根据国家赔偿法的有关规定，又可分为对人身自由权的损害与对生命健康权的损害。

（1）对人身自由权的损害。人身自由权指公民依法享有的不受他人支配或控制的权利以及行动自由的权利。对人身自由权的侵害主要表现为违法剥夺或限制他人人身自由。导致人身自由权损害的国家侵权行为是多种多样的，主要包括行政执法行为中的违法拘留、劳教、扣留、收审等，执行职务中的非法拘禁、扣押等。

（2）对生命健康权的损害。所谓生命健康权是指公民依法享有的保护身体不受非法侵害的权利，对生命健康权的损害，主要表现为因国家侵权行为致使公民身体受到伤害或者死亡。

2. 对财产权的损害

财产权是指具有经济利益的权利，包括物权、债权、著作权、专利权、商标权等。导致财产权损害的国家侵权行为包括行政行为中违法罚款，吊销许可证和执照，责令停产停业，查封、扣押、冻结财产，没收财物，违法征收财物、摊派费用等。

（二）侵权行为主体

侵权行为主体也是构成国家赔偿责任的必要条件之一，即国家只对一定范围的主体的侵权行为承担赔偿责任。依据《国家赔偿法》的规定，我国的侵权行为主体包括国家机关和国家机关工作人员两类。国家机关是指享有一定权利，执行国家职能的国家机构系统，包括国家行政机关、国家审判机关与国家检察机关等。在教育行政赔偿中专指国家教育行政机关。国家机关工作人员是指在上述国家机关中担任一定职务，依法执行公务，并以此领取报酬的人员，包括公务员、审判员、检察人员、公安人员、国家安全人员以及法律、法规授权的组织成员，受上述国家机关委托执行公务的组织成员或个人事实上执行公务的人员。在教育行政赔偿中专指教育行政机关的工作人员及受教育行政机关委托执行公务的组织成员。

（三）执行职务的违法行为

执行职务的违法行为是国家侵权责任中最根本的构成要件，它说明了国家承担赔偿责任的最根本原因。所谓执行职务违法行为是指违法执行职务的行为。这里包含两层含义：一是违法，包括违反有关法律、法规及具有法律效力的规范文件。二是违法行为必须是在行使国家职权过程中发生的行为。国家机关工作人员行使与职权无关的个人行为给他人造成损害的，不适用国家赔偿，但可以请求民事赔偿。

属于执行职务范围的行为有：

1. 构成职务行为本身的行为

例如，教育行政机关违法封闭民办学校的行为，工商行政管理机关违法吊销许可证和执照、责令停产停业的行为等。这类行为的特点是，其本身就是国家机关实施的行为。

2. 与职务内容密不可分的行为

这类行为的特点是其本身不是职务行为，而是事实行为，却与职务内容密切相关。这类行为一种是为执行职务而采取不法手段的行为，例如，在动员辍学学生返校就读时，收缴其家长农业生产工具和家庭生活用品。另一种是利用职务之便，为个人目的所为的行为，例如，某职务评审工作人员与某甲有私怨，在某甲的教师职务评审中故意从中作梗。

（四）违法侵权行为与损害事实之间具有因果关系

这是侵权主体对损害承担法律责任的基础与前提。如果缺少这种因果关系，那么行为人就没有义务对损害负责；反之，教育行政侵权行为与损害事实之间存在因果关系，则构成行政赔偿。在我国国家赔偿责任构成要件中的因果关系，通常指直接因果关系，即行为与结果之间存在着逻辑上的直接关系。其中，行为并不要求是结果的必然或根本原因，而仅仅是导致结果发生的一个较近的原因，至于其间关联性的紧密程度，则完全由人民法院根据具体案件的情况来判定。

三、行政赔偿的范围

我国国家赔偿法在行政诉讼法规定的基础上，针对目前实际存在的问题，将行政赔偿的范围仅限于侵犯人身权与财产权的违法行政行为。根据《国家赔偿法》第三条和第四条关于赔偿范围的规定，包括以下几个方面。

（一）侵犯人身权的违法行政行为

1. 违法拘留或者违法采取限制公民人身自由的行政强制措施的行为

实施行政处罚与行政强制措施都属于行政机关的职务行为，违法实施这两种具体行政行为构成了职务行为本身违法。凡限制人身自由的行政强制措施存在事实不清，适用法律错误，未遵守法定程序等问题，均属于违法行政强制措施。已造成公民人身自由受到限制或剥夺的既成事实的，国家应当承担赔偿责任。

2. 非法拘禁或者以其他方法非法剥夺公民人身自由的行为

这类行为是指行政机关及其工作人员在执行职务中，在不具有行政拘留或限制人身自由行政强制措施权限或者虽具有上述权限但尚未依法作出决定的情况下，非法剥夺公民的人身自由，其方式是非法拘禁、非法扣留、绑架、强制禁闭，等等。此类行为的特点是，一般不属于行政机关及其工作人员的职务行为，却与职务行为有关联性，或者是为了执行职务而采取的非法手段，例如，税务人员对拒不纳税的个体户予以拘禁，以迫使其履行纳税义务；教师非法罚留学生，限制学生人身自由的行为。

3. 以殴打等暴力行为或者唆使他人以殴打等暴力行为造成公民身体伤害或者死亡的违法行为

此类行为是行政机关工作人员在行使职权时实施或唆使他人实施的行为，其本身并不是职务行为，但却与职务行为密切相关，或者是执行职务的手段，或者是假借职务之便实施的，或者是在执行职务的时间或场所实施的，例如，某监考工作人员，将在考试中作弊的某甲带到考试办公室后不久，有一教育行政机关的工作人员从外进来，看到某甲态度不好，便踢了某甲一脚，造成某甲脾脏破裂。由于该行为是在执行职务时间内实施的，因此属于行政范围。

4. 违法使用武器、警械造成公民身体伤害或者死亡的违法行为

此类行为是指行政机关工作人员在行使职权时违反国家有关武器、警械使

用规定而使用枪支、警棍、手铐、警绳、催泪弹等致他人伤亡的行为。这类行为一般是在执行职务中发生的。例如，人民警察在执行公务中对于抗拒拘留的违法行为，可以使用警棍。而某警察在拘留某乙时，仅仅因为乙要求其出示证件，就用电棍将其打伤，如果违法使用武器、警棍是在执行公务完毕后，则属于该警察个人故意伤害行为，由其个人承担责任，国家对此不负责任。

5. 造成公民身体伤害或死亡的其他违法行为

此类行为是指行政机关及其工作人员在执行职务中实施的除上述四种违法行为以外的违法行为而致他人伤亡的情形，例如，公安机关的警车在执行公务中违反交通规则将某公民撞死。

（二）侵犯财产权的违法行政行为

1. 违法实施罚款、吊销许可证和执照、责令停产停业、没收财产等行政处罚行为

根据国家赔偿法的要求，上述行政处罚必须符合以下两个条件，国家才予以赔偿：一是上述行政处罚违法，即其合法性已被行政机关或者司法机关裁决否定；二是事实上上述行政处罚已经执行并造成了侵害相对人财产权的结果，例如，财物已经没收上缴，这部分财物的所有权已经从受害人转移至行政机关。

2. 违法对财产采取查封、扣押、冻结等行政强制措施的行为

这里的行政强制措施属于限制财产的强制措施，这几种强制方法由于都对当事人财产权的行使予以一定限制或剥夺。为切实保障当事人的合法权益，法律一般对行使上述强制措施都规定了严格的条件及程序，行政机关必须依法实施上述行为，如果违反法律规定而致损害的，受害人有权请求国家赔偿。

3. 违反国家规定征收财物、摊派费用的行为

这是指行政机关在没有法律依据的情况下凭借职权，要求相对人履行某种义务，如直接从教师工资中扣钱、强行拿走农民财物等，这种行为是与依法行政原则相违背的，同时，侵犯了公民、法人或其他组织的财产权。对于这种"乱收费""乱摊派"的行为，任何公民、法人或其他组织都有权予以拒绝，对于财物或金钱已被行政机关强制征收的情况，受害人有权要求国家赔偿。同样，对于行政机关在向相对人违法征收财物或摊派费用而与相对人发生争执，争执中损坏了相对人财物的，相对人也有权要求国家赔偿。

4. 违法侵犯财产权造成损害的其他行为

这是指行政机关及其工作人员在执行职务中实施除上述三种违法行为以外

的其他违法行为，而侵犯了相对人财产权并造成损害的情形，例如，因行政机关拒绝履行保护财产权的法定职责或者对于受害人要求行政机关保护其财产的申请不予答复，致使他人将受害人财产毁损。行政机关这种违法不作为致使受害人财物损害的情形，就属于这里所说的"其他行为"。

四、行政赔偿的义务机关

根据《国家赔偿法》第七条、第八条的规定，我国行政赔偿的义务机关包括以下几类。

（一）实施侵害的行政机关

行政机关及其工作人员违法行使行政职权侵犯公民、法人和其他组织的合法权益造成损害的，该行政机关为行政赔偿义务机关。在此情况下，违法行使职权的行为以该行政机关的名义作出。作出该行为的工作人员完全是为了执行命令或决定，其本人并没有主动违法的行为，如某行政机关违法作出摊派城市建设费用的决定，由其工作人员执行。该项违法行为属该行政机关违法行使职权，而非执行人员个人违法行使职权。

两个以上行政机关共同行使行政职权时侵犯公民、法人和其他组织的合法权益造成损害的，共同行使行政职权的行政机关为共同赔偿义务机关，并根据具体情况划分赔偿份额。

（二）法律、法规授予行政权的组织

法律、法规授予行政权的组织在行使授予的行政权时，侵犯公民、法人和其他组织的合法权益造成损害的，被授权的组织为行政赔偿义务机关。作为行政赔偿义务机关的此类组织必须具备以下条件：

（1）有法律、法规明确授予的行政权。法律指全国人民代表大会及其常委会通过的各类法律及具有法律效力的规范性文件，如决定、决议等。法规指行政法规和地方性法规。在我国，有法规制定权的机关为国务院、省级人民代表大会及其常委会以及省、自治区人民政府所在地的市和经国务院批准的较大的市的人民代表大会及其常委会。

（2）在行使被授予的行政权时侵犯公民、法人和其他组织的合法权益并造成损害。

（三）委托的行政机关

受行政机关委托的组织或个人在行使受委托的权力时侵犯公民、法人和其他组织合法权益造成损害的，委托的行政机关为赔偿义务机关，如某市税务机关委托某酒店代征宴席税，酒店老板超额征收，引发行政赔偿，此时，委托的市税务机关为行政赔偿义务机关。

（四）行政复议机关

行政复议是指行政管理相对人对行政机关的具体行政行为不服而要求行政机关进行审查并作出裁决的制度，受理复议申请，依法对具体行政行为进行审查并作出裁决的行政机关即行政复议机关。只有复议决定加重了被复议机关损害的情况下，复议机关才对加重的损害部分承担赔偿责任。对于由最初作出具体行政行为的行政机关所造成的损害，该行政机关为赔偿的义务机关。

（五）上述赔偿义务机关被撤销后的赔偿义务机关

上述赔偿义务机关被撤销的，继续行使其职权的行政机关为赔偿义务机关，没有继续行使其职权的行政机关的，撤销该赔偿义务机关的行政机关为赔偿义务机关。

五、行政赔偿的程序

（一）行政赔偿的提起

赔偿请求人向教育行政机关请求赔偿，应递交"行政赔偿申请书"，及有关的证据材料。申请书应当具备以下事项：①受害人的姓名、性别、年龄、工作单位和住所，法人或者其他组织的名称、住所和法定代表人或者主要负责人的姓名、职务；②具体赔偿要求，事实根据和理由；③赔偿义务机关；④申请的年、月、日。

行政赔偿程序由非诉讼程序（行政程序）与诉讼程序（司法程序）两部分组成。在我国原则上行政赔偿请求人必须首先向行政赔偿义务机关提出赔偿请求，由行政赔偿义务机关先行通过行政程序予以解决。只有当行政赔偿义务机关不受理行政赔偿请求人的赔偿请求或者行政赔偿请求人对赔偿数额有异议时，行政赔偿请求人再诉请人民法院予以裁决。

（二）行政赔偿申请的受理

赔偿义务机关收到请求赔偿的申请后，要对之进行审查。主要审查下列几项内容：①是否符合行政赔偿的要件；②申请书的形式和内容是否符合要求；③申请人要求赔偿的损害是否确系由本行政机关及其工作人员或受本机关委托的组织和个人的违法行为造成；④申请赔偿的损害是否属于《国家赔偿法》所规定的赔偿范围。如果经审查，所有这些要求都已达到，则应受理。如果发现：①申请书内容、形式有缺漏，应告知申请人予以补正；②如果申请人不具有请求权，应告知要由有请求权的人来申请；③申请人已丧失申请权利的，应告知其不予受理的原因。

如果审查结果认为该申请符合赔偿条件，赔偿义务机关应即与请求权人进行协商。双方就赔偿问题达成一致意见后，应制作具有法律效力的"赔偿协议书"，载明赔偿方式、金额、履行方式和期限等，并在自收到申请之日起两个月内，依照赔偿协议书中的规定给予赔偿。

赔偿义务机关赔偿损失后，应当责令有故意或者重大过失的工作人员或者受委托的组织或者个人承担部分或者全部赔偿费用。对有故意或者重大过失的责任人员，有关机关应当依法给予行政处分；构成犯罪的，应当依法追究刑事责任。

(三) 行政赔偿申请的拒绝

被请求的赔偿义务机关在收到请求权人的申请后，通常以两种方式拒绝赔偿：①认为本机关无赔偿义务，因而应在收到申请后以书面的形式告知请求人不予赔偿，并说明不予赔偿的理由。②收到申请后，置之不理，超过两个月的法定期限不予赔偿，或者赔偿请求人对赔偿数额有异议，这种情况可以被认为是默示的拒绝。请求人不论遇到何种方式的拒绝，均可在三个月内向人民法院提起赔偿诉讼，通过司法程序求得损害赔偿。

【案例】

原告陈×华是广东商学院的教师，被告是广东省教育厅。2008 年 8 月 6 日，被告收到原告来信反映其从事教学 25 年，在 2007 年 7 月《计算机应用基础》课程考试后改卷中，陈×雄教师严重违反学校规定，用草稿纸代替成绩登记表，该草稿纸无班级、无姓名、无课程科目，作为成绩登记表交其，其不接收，被学校认定其是重大教学事故。2008 年 8 月 19 日，被告将上述来信转广东商学院，要求该学院按《信访条例》规定的办理期限办结，并告知办结情况，同时书面答复信访人。广东商学院在 2008 年 8 月 28 日收到该转办函后，于 2008 年 10 月 30 日向被告提交了粤商院报字 [2008] 60 号《关于我院陈×华同志反映问题的报告》。2008 年 11 月 4 日，原告收到了广东商学院监察处于 2008 年 10 月 20 日作出的教学事故复议决定书。2009 年 10 月 9 日，广东省信访局开出粤来访 [2009] 1129 号信访事项介绍信给原告带交被告，指原告等两人到省委、省政府上访反映的信访事项，根据"属地管理、分级负责，谁主管、谁负责"的原则，请被告予以接谈处理，并注明此介绍信 3 天内有效，拆封、复印或涂改无效。被告则表示未收到该介绍信。在审理期间，原告未能提供要求行政赔偿的具体事实依据。一审驳回陈×华的诉讼请求。陈×华不服，提出上诉。广州市中级人民法院，依照《中华人民共和国行政诉讼法》第六十一条第（三）项、《最高人民法院关于执行〈中华人民共和国行政诉讼法〉若干问题的解释》第五十条第三款的规定，判决如下：

一、撤销广州市越秀区人民法院作出的（2010）越法行初字第217号判决；

二、确认被上诉人对上诉人2008年8月6日的申诉未作出处理的行为违法。

一、二审案件受理费各50元，均由被上诉人广东省教育厅负担。

讨论：教育行政部门对于教师认为学校侵犯其合法权益的申诉，教育行政部门应当如何处理。

分析：《教师法》第三十九条第一款规定："教师对学校或者其他教育机构侵犯其合法权益的，或者对学校或者其他教育机构作出的处理不服的，可以向教育行政部门提出申诉，教育行政部门应当在接到申诉的三十日内，作出处理。"据此，教育行政部门对于教师认为学校侵犯其合法权益的申诉，教育行政部门应当予以处理。广东省教育厅在收到陈×华的申诉后，至今未作任何答复，已属于不履行法定职责的情况。广东省教育厅以其已将陈×华的申诉来信转给广东省商学院为由，抗辩其不存在不履行法定职责，但是广东省商学院答复与否并不能免除广东省教育厅的法定职责，陈×华提出的赔偿要求并未予以支持。依照《国家赔偿法》第二条规定：国家机关和国家机关工作人员违法行使职权侵犯公民、法人和其他组织的合法权益造成损害的，受害人有依照本法取得国家赔偿的权利。本案中，广东省教育厅不存在违法行使职权的行为，陈×华要求被告承担经济损失赔偿责任及在媒体公开书面道歉没有事实及法律依据。陈×华要求广东省教育厅赔偿精神损失，亦不符上述规定，同时现行的《国家赔偿法》中并未规定有精神赔偿的赔偿项目。法院做出的上述判决的法律依据来自于《行政诉讼法》第六十一条，《最高人民法院关于审理行政赔偿案件若干问题的规定》第三十三条，《最高人民法院关于执行〈中华人民共和国行政诉讼法〉若干问题的解释》第二十七条、第五十条、第五十六条，《最高人民法院关于行政诉讼证据若干问题的规定信访条例（2005）》第二条和《国家赔偿法》第二条的相关规定。

【复习思考题】

1. 界定下列概念：教育法律救济、教师申诉制度、学生申诉制度、教育行政复议、教育行政诉讼、教育行政赔偿。

 2. 简述法律救济的特征。

 3. 简述法律救济的渠道。

 4. 简述教师申诉、学生申诉的特征。

 5. 简述教育行政复议的程序。

 6. 简述教育行政诉讼、教育行政赔偿的意义和特征。

 7. 简述行政赔偿责任的构成要件。

【案例分析题】

 原告梁×原系中央美术学院 2002 级雕塑系学生。2007 年 1 月 20 日下午，原告在参加全国硕士研究生入学考试英语科目考试时，中央美术学院保卫处工作人员发现在其学院图书馆东侧一辆本田轿车中有两男一女手持对讲机讲话，经审查，三人承认在给原告发送答案，协助原告作弊。考试结束后，监考老师责令原告交出随身携带的电子通信设备。随后，监考老师填写了《硕士研究生入学考试初始违规学生记录表》，记录表中考生违规事实一栏记载的内容为：携带与考试内容有关的电子通信设备参加考试，并有原告及考场巡视员、督考员签名；处理依据和意见一栏中记载的内容为取消各科考试成绩，并加盖中央美术学院招生办公室的公章。中央美术学院招生办公室代表北京教育考试院于当日对其作出《硕士研究生入学考试违规处理决定书》，认定原告本次考试各科考试成绩无效。原告于 2007 年 1 月 21 日、22 日，分别向学校递交了书面检查，原告在检查中称"在考前半个月左右，在网上买了一份考研的答案及一套无线耳机，对方答应考试一个小时后通过手机短信的方式传到考场外我找的人，在英语考试的中间在外面传送答案的同学被学校老师及保卫处的老师发现。在考试结束后，在我身上携带的无线耳机，最终由教务处的老师确定我是'携带与考试内容相关的文字材料或者存储有与考试内容相关资料的电子设备参加考试'"。2007 年 3 月 28 日，中央美术学院作出《拟开除梁×学籍处分的通知书》送达原告，告知其享有申请听证的权利。2007 年 4 月 3 日，原告向中央美术学院提出听证申请。2007 年 5 月 11 日，中央美术学院作出听证通知书，并于 5 月 14 日送达原告。2007 年 5 月 16 日，中央美术学院举行听证会。2007 年 6 月 5 日，经中央美术学院院领导办公会研究决定，同意给予原告开除学籍的处分。2007 年 6 月 8 日，中央美术学院作出《关于开除梁×学籍处分的决定书》，并于当日送达原告。原告不服该处分决定，于 2007 年 6 月 16 日向中央美术学院提出申诉申请。2007 年 6 月 28 日，中央美术学院作出

《关于雕塑系学生梁×申诉结果的通知书》，维持其作出的开除梁×学籍的处分。原告不服，于2007年7月16日向被告提出申诉申请。被告于2007年8月27日作出京教法申字［2007］第12号《学生申诉处理决定书》，维持中央美术学院作出的《关于雕塑系学生梁×申诉结果的通知书》及《关于开除梁×学籍处分的决定书》，并送达给原告。梁×以北京市教委作出的《学生申诉处理决定书》无事实根据和法律依据为由，向法院提起行政诉讼。北京市西城区人民法院依照《最高人民法院关于执行〈中华人民共和国行政诉讼法〉若干问题的解释》第五十六条第（四）项、第六十二条第一款的规定，作出如下判决：驳回原告梁×的诉讼请求。案件受理费50元，由原告梁×负担（已交纳）。原告不服，提起上诉，北京市第一中级人民法院依照《中华人民共和国行政诉讼法》第六十一条第（一）项的规定，作出如下判决：驳回上诉，维持一审判决。二审案件受理费50元，由上诉人梁×负担（已交纳）。

问题：1. "确认考试成绩无效"与开除学籍是否违反了"一事不再罚"原则？

2. 本案应该适用《国家教育考试违规处理办法》还是《普通高等学校学生管理规定》？

3. 考试作弊是否必然导致开除学籍的处分？

参考文献

一、著作

1. 杨颖秀. 教育法学 [M]. 北京：中央广播电视大学出版社，2012.

2. 劳凯声. 变革社会中的教育权与受教育权：教育法学基本问题研究 [M]. 北京：教育科学出版社，2003.

3. 黄才华，刘冬梅. 依法治教概论 [M]. 北京：教育科学出版社，2002.

4. 瞿葆奎. 教育学文集——日本教育改革 [M]. 北京：人民教育出版社，1991.

5. 戴本博. 外国教育史：中册 [M]. 北京：人民教育出版社，1990.

6. 秦梦群. 美国教育法与判例 [M]. 北京：北京大学出版社，2006.

7. 李晓燕. 教育法学 [M]. 北京：高等教育出版社，2008.

8. 郑良信. 教育法学通论 [M]. 南宁：广西教育出版社，2000.

9. 孙霄兵. 受教育权法理学 [M]. 北京：教育科学出版社，2003.

10. 张静. 学生权利及其司法保护 [M]. 北京：中国检查出版社，2004.

11. 顾明远，梁忠义. 世界教育大系——职业教育 [M]. 长春：吉林教育出版社，2000.

12. 杨挺. 教育法学 [M]. 重庆：西南师范大学出版社，2011.

13. 沈宗灵. 法理学 [M]. 北京：北京大学出版社，1999.

14. 郝维谦，李连宁. 各国教育法制的比较研究 [M]. 北京：人民教育出版社，1997.

15. 邓建华，蒋先福. 教育法学基础 [M]. 长沙：湖南师范大学出版社，2001.

16. 袁兆春. 教育改革与发展：我国教育法体系的完善 [M]. 济南：山东人民出版社，2009.

17. 黄葳. 教育法学 [M]. 广州：广东高等教育出版社，2002.

18. 陈鹏，祁占勇. 教育法学的理论与实践 [M]. 北京：中国社会科学出版社，2006.

19. 劳凯声. 教育法学 [M]. 沈阳：辽宁大学出版社，2008.

20. 马克思恩格斯全集（第 3 卷）[M]. 北京：人民教育出版社，1956.

21. [美] 约翰·罗尔斯. 正义论 [M]. 北京：中国社会科学出版社，1998.

22. [苏联] 苏霍姆林斯基. 和青年校长的谈话 [M]. 上海：上海教育出版社，1993.

23. 余雅风. 新编教育法 [M]. 上海：华东师范大学出版社，2008.

24. 杨海坤. 宪法基本权利新论 [M]. 北京：北京大学出版社，2004.

25. 马新福. 法理学 [M]. 长春：吉林大学出版社，1995.

26. [德] 弗·鲍尔生. 德国教育史 [M]. 北京：人民教育出版社，1987.

27. [法] 爱弥尔·涂尔干. 教育思想的演进 [M]. 李康译，渠东校. 上海：上海人民出版社，2003.

28. [美] 鲁思·本尼迪克特. 菊与刀 [M]. 吕万，熊达云等译. 北京：商务印书馆，1990.

29. Gerd Hohorst，Jürgen Kocka，Gerhard A. Ritter. Sozialgeschichtliches Arbeitsbuch，Band 2，Materialien zur Statistik des Kaiserreichs 1870-1914 [M]. München，1978.

30. Hans-Ulrich Wehler. Deutsche Gesellschaftsgeschichte，Band 3，Vonder "Deutschen Doppelrevolution" bis zum Beginn des Ersten Weltkrieges 1849-1914 [M]. München，1995.

二、论文及其他

1. 李楠. 德国义务教育法制变迁历程探究 [J]. 安康学院学报，2012（2）.

2. 蔡颖. 试析德国现代化进程中的教育改革 [J]. 湖州师范学院学报，2007（3）.

3. 胡劲松. 20 世纪上半叶的德国教育现代化进程 [J]. 华南师范大学学报（社会科学版），2005（3）.

4. 秦雅勤. 透视魏玛共和时期教育改革 [J]. 学理论，2012（20）.

5. 赖秀龙. 德国教育政策的制定及启示 [J]. 现代教育管理，2009（11）.

6. 李晓燕. 学生的权利和义务论纲，河北师范大学学报（教育科学版）[J]，2009（8）.

7. 姜大源. 德国联邦职业教育法译者序 ［J］. 中国职业技术教育，2012（10）.

8. 费爱伦，谭移民. 联邦德国职业教育法规体系 ［J］. 外国教育资料，1997（4）.

9. 周丽华. "与洪堡告别"——战后联邦德国高等教育政策述评 ［J］. 比较教育研究，2006（4）.

10. 俞可. 在生存与发展的夹缝之间——德国高等教育改革全面展开 ［J］. 上海教育，2007（5）.

11. 甄瑞. 德国教育体系概况 ［J］. 时代教育（教育教学版），2010（1）.

12. 卢祖元. 中、美、日三国现代教育立法之比较 ［J］. 江苏高教，2002（5）.

13. 王嫣. 美国教育立法与美国教育发展 ［J］. 外国教育研究，1994（3）.

14. 刘庆仁. 美国教育改革概况：1994—2000 年 ［J］. 世界教育信息，2001（10）.

15. 李雪峰，何晓东.《不让一个孩子落后》法案对中国教育的启示 ［J］. 宜宾学院学报，2011（10）.

16. 李素敏. 日本教育法制的特点 ［J］. 日本问题研究，1996（1）.

17. 李仕明，吴坚强，唐小我. 知识经济高新技术产业人才美日经济的发展启示 ［J］. 研究与发展管理，2000（2）.

18. 李水连. 日本教育立法发展述要 ［J］. 外国教育研究，1994（1）.

19. 罗朝猛. 日本《教育基本法》修订的历程、动因、内容及其争论 ［J］. 比较教育研究，2007（8）.

20. ［日］渡边治，田中孝彦. 现在为什么修改教育基本法（上）［J］. 教育，2003（4）.

21. 刘毓. 二战以来日本教育法制特点浅议 ［J］. 外国中小学教育，1997（6）.

22. 张玉堂. 清末教育立法及其特点 ［J］. 四川师范大学学报（社会科学版），1993（4）.

23. 李露. 论抗战时期的教育立法 ［J］. 集美大学学报，2002（2）.

24. 高金玲. 关于中国教育法制建设的思考 ［J］. 广西师范大学学报，2004（3）.

25. 谢志东. 教育行政机关的国家公务员 ［J］. 人民教育，1997（3）.

26. 劳凯声. 高等教育改革与高等学校的法律地位 [J]. 高等师范教育研究，1993 (1).

27. 褚宏启. 学校在行政法律关系中的地位论 [J]. 教育理论与实践，2000 (3).

28. 申素平. 对学校法人地位的新思考 [J]. 中国高等教育，2005 (12).

29. 褚宏启. 锦上添花与雪中送炭：校长专业标准何以必要——我国《义务教育学校校长专业标准》的特征与价值 [J]. 人民教育，2013 (12).

30. 联合国教科文组织，关于教师地位之建议书 [J]. 现代学术研究专刊，1996 (1).

31. 成有信. 教师职业的公务员性质与当前我国师范院校的公费干部学校特征 [J]. 教育研究，1997 (12).

32. 黄葳，孟卫青. 英、美、法、德、日中小学教师法律地位的比较 [J]. 比较教育研究，2002 (6).

33. 蔡永红，肖艺芳. 日本教育公务员制度的特点及对我国的启示 [J]. 教师教育研究，2011 (11).

34. 檀传宝. 论教师的义务 [J]. 教育发展研究，2000 (11).

35. 姚金菊. 宜确立学校的"公法法人"法律地位 [J]. 首都师范大学学报（社会科学版），2010 (6).

36. 褚宏启. 浅谈学校权利的有限性 [J]. 教学与管理，1999 (1).

37. 褚宏启. 学校在行政法律关系中的地位论 [J]. 教育理论与实践，2000 (3).

38. 胡劲松，葛新斌. 关于我国学校"法人地位"的法理分析 [J]. 教育理论与实践，2001 (6).

39. 胡劲松，周丽华. 试析德国公立学校的法律地位 [J]. 华南师范大学学报（社会科学版），2002 (3).

40. 韩智芳. 外国学校管理史话（十一）——现代英、日、德学校教育改革及其管理体制 [A]. 纪念《教育史研究》创刊二十周年论文集（17）——外国教育政策与制度改革史研究 [C]. 北京：中国地方教育史志研究会、《教育史研究》编辑部，2009.

41. 冯志军. 日本教育法规研究 [D]. 苏州大学，2004.

42. 皮进. 明治时期日本教育法制改革的历史考察 [D]. 西南政法大学，2005.

43. 牛志奎，若井弥一. 日本教育法制建设的新动向——《教育基本法》及相关教育法律的修订［A］. 劳凯声. 中国教育法制评论（第 6 辑）［C］. 北京：教育科学出版社，2009.

44. 郭泽霞. 中国当代教育立法研究［D］. 曲阜师范大学，2011.